山川
歴史モノグラフ
㊱

宋代の学校

祭祀空間の変容と地域意識

梅村尚樹
Umemura Naoki

山川出版社

Local schools in Song China :
The transformation of ritual spaces and local identities
by
UMEMURA Naoki
Yamakawa-Shuppansha Ltd 2018

宋代の学校　目次

序　章　祭祀空間としての学校と宋代地域社会　3
1　「宋代」という時代　5
2　宋代「学校」研究のもつ意義　12
(1)　儒教における「学校」　12
(2)　科挙と学校　15
(3)　地域社会と先賢祠　18
3　これまでの研究　21
(1)　宋代教育史　21
(2)　宋代士大夫論の射程　24
第一章　北宋前半期における廟学　31
1　宋初の孔子廟と学校　34
2　巡幸と曲阜の廟学　39
3　慶暦の興学と学田賜給　41
4　「廟」から「学」へ　47
5　「学宮」観念の確立　54

第二章　地方官学の興起と文翁伝説――58
1　『漢書』循吏列伝における文翁――59
2　宋代における文翁言説の端緒――61
3　文翁伝説の盛行と成都府学――63
(1)　成都府学における慶暦の興学　63
(2)　文翁言説の継承と成都府学――呂陶の場合　66
(3)　文翁言説の継承と成都府学――胡宋愈の場合　69
(4)　「石室先生」文同　70
(5)　南宋、成都府学における文翁言説――李石の場合　72
4　文翁伝説への対抗――76
(1)　蘇州学の場合　76
(2)　福建興学の象徴、常袞　78
(3)　常袞の興学とその実態　79
(4)　福州府学における常袞　83
5　「郷賢」としての文翁――85

第三章　地方官の着任儀礼　89

1　北宋中期頃までの概況　91

2　北宋時代の祝文　95

(1) 謁廟祝文とその全体像　95

(2) 北宋中期頃までの謁廟祝文　97

(3) 熙寧以降北宋末まで――曽鞏と蘇軾の例から　100

3　南宋時代の祝文　103

(1) 南宋初期の制度化とその背景　103

(2) 南宋期祝文の全体的傾向　105

(3) 朱熹の場合　106

(4) 孫応時の場合　107

(5) 南宋中期以降　108

4　謁廟儀礼と管理体制　110

第四章　先賢祭祀の理論　123

1　北宋末の学校観と「瞽宗に祭る」　126

2　「凡釋奠者必有合也」の解釈　131

3　南宋期における「必有合」の展開　135
4　魏了翁による通祀批判　138
5　郷先生の概念について　149

第五章　先賢祭祀と祖先祭祀　154

1　先賢祠と祖先祭祀――魏了翁の思想から　155
(1)　楊文安公祠堂記　155
(2)　殷少師祠堂記　158
2　先賢祠への学校関与　161
(1)　葉適『水心集』にみる先賢の後裔　161
(2)　常熟県重建学記　162
(3)　艾軒先生(林光朝)と艾軒祠　165
(4)　修復艾軒祠田記　167
(5)　城山三先生祠記　169
3　学校内先賢祠の多様化――仏寺から学校へ　172
(1)　宴雲寺玉陽先生韓公祠堂記　172
(2)　衢州修群賢祠記　173

第六章　南宋末から明初にいたる学校祭祀――180
1　書院と祖先祭祀――182
(1)　官学と書院の数量的傾向　182
(2)　明道書院――元代書院の雛型　184
(3)　濂渓書院の場合　194
2　元代書院の先賢――196
(1)　元代前半期における祀典の整備　196
(2)　元代前半期の書院建設からみる先賢の地位　198
3　天下に通祀することと一郷に専祠すること――204
(1)　南宋末から元初の官学先賢祠　204
(2)　熊禾の孔子廟議　208
(3)　黄溍の作為　214
(4)　明初、宋濂の「孔子廟堂議」　218
終　章　変容する学校と地域意識――221
1　変容する儀礼祭祀空間としての学校――221
2　士人社会における地域コミュニティとしての場――224

3 地域伝統の創造と地域意識の先鋭化 228
4 宋元代士大夫と朱子学——士大夫論とのかかわりにおいて 230

あとがき 234

索引 1
参考文献 10
註 16

宋代の学校　祭祀空間の変容と地域意識

序章　祭祀空間としての学校と宋代地域社会

中国の学校といえばどのようなイメージをもつ人が多いだろうか。例えば、現在の中国における受験戦争の厳しさはよく知られており、将来子どもにいい大学を出て、立身出世させようと思えば、幼い頃から資金や時間を教育に費やすのは当然とされる。韓国も同様であり、かつての日本にも程度の差はあれ、そういった学歴社会が存在したといってよいだろう。このような過酷な受験競争を引き起こした要因はさまざまあるだろうが、文化伝統的には科挙にその淵源が求められ、科挙そのものは存在しない日本の場合も、学歴と官僚制とのかかわりから、これらは東アジア特有の現象とみられていた。

このような観点をわかりやすく提示したのが宮崎市定である。一九四六年出版の『科挙』(秋田屋)と、それを補うべく具体的な内容を中心として書き下ろした新書版の『科挙——中国の試験地獄』(中央公論社、一九六三年)があり、とくに後者では、日本の国家公務員試験とその前段階にあたる大学受験競争のイメージに重ね合わせながら、清代中国の科挙制度を描いている。中でも受験生の視点を交えながら、幾度にもわたる試験を一つずつ突破していく様は生々しく、一人の人生を賭けた大変な挑戦であったことを読者に強く印象づける。そこでは本番である科挙試験だけでなく、その前段階に相当する学校でも、入学試験から始まり卒業して科挙の受験資格を得るまで、試験による選抜を繰り返しており、よりいっそう科挙合格にいたる長い道のりを感じさせるのである。

とはいえ、印象に残りやすい具体的で生々しい記述は、主に清代の後半（十九世紀頃）、科挙制度が成熟しきった時期を題材として描かれている点は注意を要する。科挙制度は六世紀の隋代に始まり、唐を経て十〜十二世紀の北宋時代に、その後長く続く諸制度が完成している。宮崎は科挙制度を「中国近世」を定義づける重要な指標と考え、北宋期の科挙改革を中国史上の重要な変化と位置づけるから、その後の千年近い時間の中での変容にはあまり注意を向けず、むしろ進歩を止め停滞し続けた制度とみなしている。

中国前近代の学校、とりわけ官立学校のイメージは、現在にいたるまで、宮崎の描いたこの視点が大きな影響を与えているように感じられる。それは科挙受験の予備選抜機関へと転じ、教育機関としての本分を失った、科挙の付属物としての姿である。社会全体における科挙制度の巨大さ、重要さを考えれば、その指摘も的外れではないし、科挙そのものが教育全体に与えた影響、さらには科挙の伝統が現代中国の教育に与えている影響も無視できるものではない。しかし千年以上も続いた学校のあり方、仕組みを理解するのに、科挙の付属物という消極的な位置づけのみで十分であろうか、というのが本書の基本的な立ち位置であり、出発点でもある。そこで本書では学校がもつ別の二つの側面に注目したい。一つは儒教とのかかわりからみる、学校の宗教施設としての側面であり、もう一つは知識階級である士大夫《したいふ》層にとっての、地域社会における公的空間としての側面である。

儒教が「宗教」であるか否かは人によって見解が分かれるところであろう。儒教は統治理念として、あるいは学問の系統としての側面が強く、宗教としての「儒教」ではなく「儒学」ととらえるべきだとする見解があり得る。[1] しかし、儒教の教義には、天地をはじめとしてさまざまな自然神が存在するほか、祖先祭祀が教義の中核的存在を占めている。また儒教の教えに従う者は、自分と祀るべき対象との関係性によって、定められたふさわしい礼を用いて祈りを捧げなければならない。筆者はこれこそまさに宗教的営みであると考える。また儒教の主要な崇拝対象である孔子廟についていえば、歴史上、仏教の仏寺や道教の道観と相互補完的な関係にあったり、あるいは対抗的な関係にあったりした。儒教の教えの性質上、それを実践する者は「士」の身分に限られ、「庶」にはおよばなかったから、仏教や道教に比して民間宗教としての色彩は薄いが、それでも「庶」まで含めて、人々の生活規範に対して大きな影響力をもったことは疑いない。

また「士大夫」層というのも、本書にとって重要な鍵となる概念である。元来「士大夫」とは、古の時代における身分、「卿」「大夫」「士」のうち、下位二つを併称したもので、「庶」と対をなす。一般には、中国史を貫いて存在する知識階級を指すと考えて差し支えないが、日本戦後の中国史研究においては独自のニュアンスを含んでおり、それについては研究整理の中でふれることとしたい。

宗教施設としての面と、公的空間としての面、この二つの側面が学校の特色として明確になってくるのが宋代のことであり、それは続く元代から明初にいたって一つの形を結ぶ。本書はこれらの過程を描くことによって、明清社会へとつながる新たな学校像を提示しようとするものである。

1 「宋代」という時代

ここで時代背景となる宋代について、その背景を概観しておこう。[2] 王朝としての宋王朝は九六〇年に初代皇帝となる、太祖趙匡胤《ちょうきょういん》(位九六〇～九七六)が即位したことに始まる。宋王朝の一つ前の統一王朝は唐であったが、国際色豊かで栄華を誇った唐王朝も、八世紀半ばに勃発した安史の乱を契機として、衰退へと向かうことになる。各地に藩鎮節度使が割拠する事実上の分権化はこの頃から始まっており、八七五年に始まる塩商人の反乱、黄巣の乱によって唐王朝の命脈は絶たれた。一時黄巣の乱にも加わっていた朱全忠(梁太祖、位九〇七～九一二)が唐から禅譲を受け、梁(後梁)を建てたのが九〇七年のこと、以後中国地域はめまぐるしく王朝の交代する五代十国時代へと突入する。わずか五〇年ほどの間に、北方の中原地域では五つの王朝が交代し、南方などその他の地域では、各地に独立した政権が維持されただけでなく、中原より北方では耶律阿保機《やりつあぼき》(契丹太祖、位九一六〜九二六)が契丹を建国している。唐王朝の崩壊をきっかけとして、中国地域のみならず、内陸アジアも含めて動乱の時代へと突入したのである。宋の太祖趙匡胤は、後周の禁軍司令官として武勲を重ねていたが、仕えていた後周世宗(位九五四〜九五九)が没したのを機にクーデターを決行、汴州《べんしゅう》で禅譲を受け皇帝の位に就いて国号を宋とし、都を「封を開く」という意味の開封《かいほう》と改名した。しかしこの時点ではまだ統一王朝としての体裁は整っておらず、当面の課題は各独立政権を服属させることにあった。南方の大国であった南唐はすでに後周に服属していたため宋はそれを引き継いだが、その後、後蜀《こうしょく》・南漢・呉越・北漢などを服属させ、再び統一王朝となったのは九七九年のことであり、すでに太祖は没し、その弟の太宗(位九七六〜九九七)が皇帝の位を継いでいた。領土上は、契丹(遼)の有する燕雲十六州が問題として残されていたが、以後一一二六年の靖康《せいこう》の変にいたるまで、ほぼ一定した支配領域を確保した安定政権が続くこととなる。

宋王朝の治世の特徴を一言であらわした言葉が「文治政治」であろう。動乱の時代を経て統一を果たした政権は、皇帝自身がそうであったように、当初は武人がその功績によって多く中枢に存在した。しかし太祖は文人官僚も重んじ、二代目の太宗の時代になるとさらに文人官僚の登用に力を入れ、科挙を大幅に拡充したのである。これは急激に拡大した版図をおさめるには、地方官として信頼に足る人物を育成、抜擢する必要があったためで、このことがほぼ二十世紀初頭まで続く科挙中心の官僚制に結びつくことになる。文治国家を不動のものたらしめたのが、それに続く真宗朝(九九七〜一〇二二)・仁宗朝(一〇二二〜六三)の時代である。三代目の真宗はその廟号を「真」とするように、道教への傾倒を示した皇帝として知られるが、しかしそれは儒教を軽視するというよりは、儒教と道教を融合させる性質のものであった。政治・外交上は遼(契丹)との間に澶淵《せんえん》の盟を結び、国境紛争を充実しつつあった経済力で解決し、以後しばらく平和と安定の時代をもたらしたことが重要である。近年の研究では、この澶淵の盟は宋—遼間の外交関係だけでなく、

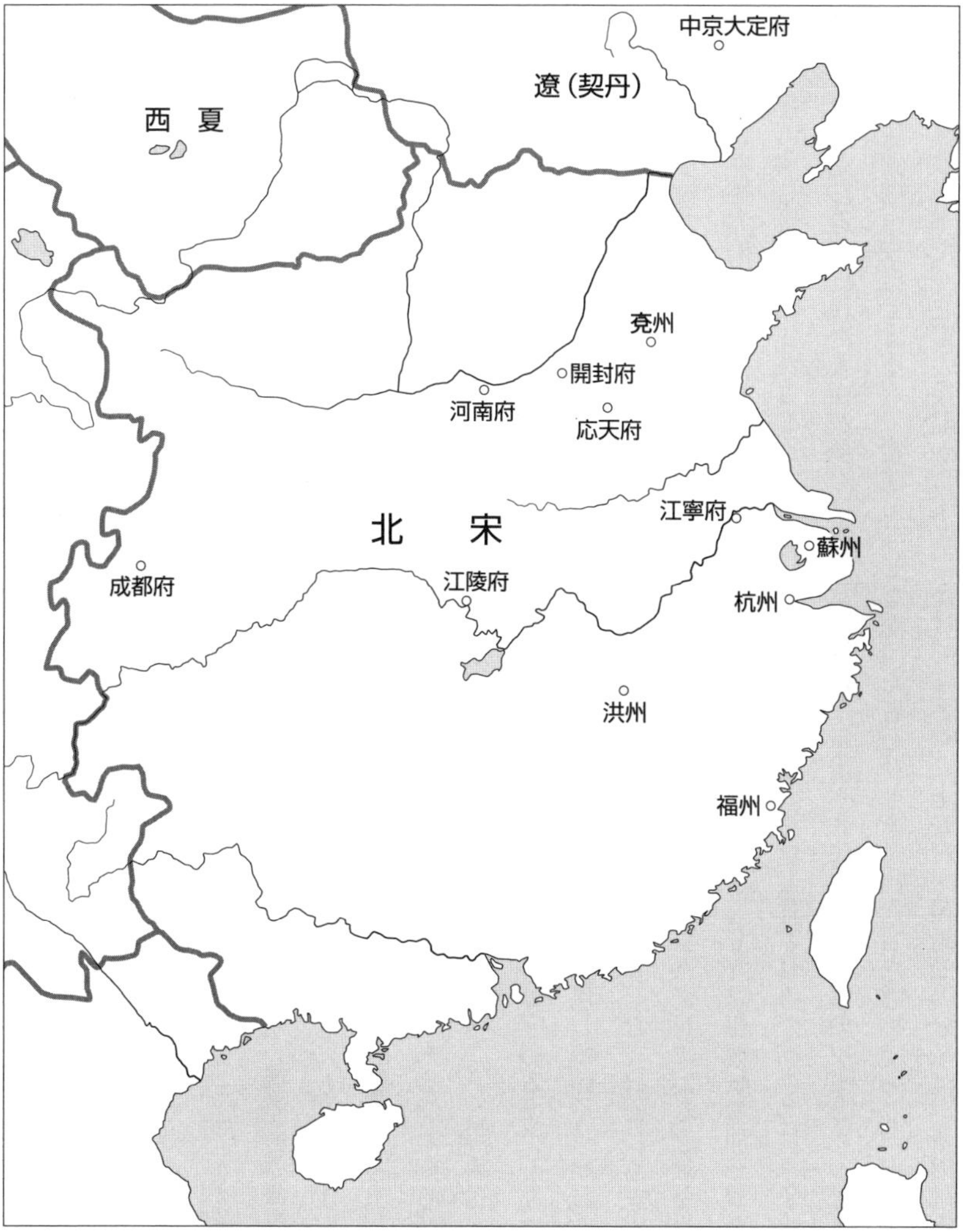

政和元(1111)年北宋領域図(譚其驤主編『中国歴史地図集　宋・遼・金時期』地図出版社，1982年をもとに作成)

遼―西夏間の関係など、広く中央ユーラシアの外交関係を安定させた重要な契機であったことが指摘されている。このような平和と安定の時代を継承し、それを謳歌したのが仁宗朝の時代であった。儒教による理念をより前面に打ち出し、四〇年以上にもおよぶ治世を実現させたこの時代は、後世、宋代士大夫の理想とみなされるようになる。科挙を通じて仕官した新進官僚が中央政府でも活躍し始め、そこから出世した人物の中には、宰相や皇帝に対しても発言権をもつ者があらわれた。范仲淹《はんちゅうえん》（九八九～一〇五二）を先駆とし、それに続いた韓琦《かんき》（一〇〇八～七五）・文彦博《ぶんげんはく》（一〇〇五～九六）・欧《おう》陽脩《ようしゅう》（一〇〇七～七二）らがその代表であり、彼らは門閥貴族でも、武人でもなく、儒教的教養を基礎とする学問と試験によって、政権の中枢までいたったのである。范仲淹らは改革を掲げ、儒教理念にもとづく新たな政治を志向すると同時に、思想の面でも唐代の学問ではなく、古の理想の世を再現すべきとする復古思想を打ち出した。これは士大夫のあるべき姿を古から続く「道」によってあらわすことから、のちに道学と呼ばれ、朱子学の核心部分の一つとして継承されていく。欧陽脩らの次の世代が、王安石（一〇二一～八六）・司馬光（一〇一九～八六）・蘇軾《そしょく》（一〇三七～一一〇一）に代表される面々で、六代神宗朝（一〇六七～八五）から七代哲宗朝（一〇八五～一一〇〇）を彩る主役となった。王安石は欧陽脩らの改革志向を引き継ぎ、皇帝神宗の信任を得ることで、さまざまな改革を実現していく。いわゆる新法であるが、社会経済的には農民の保護を目的として、大地主・大商人と利害対立を引き起こした。ほかにも王安石は礼制改革に熱心に取り組み、学校の改革はこの一環として位置づけることもできる。しかし王安石による急激な改革は大きな反発も生んだ。改革に非協力的な人物を政権中枢から遠ざけ、さらに科挙学校を通じた思想統制も加わったため、王安石派と非王安石派という党派が形成されるようになる。一般に新法党と旧法党と称されるが、のちに朱子学に連なる道学派は、最終的に新法党に退けられた人物が多く、新法党は後世、朱子学者によって攻撃の対象となった。ただし当時の現状としては、旧法党は一枚岩ではなく、新法に与しなかった者をひとまとめにした呼称であり、旧法党内でも意見の一致をみないことは多かった。北宋の後期から末期にかけて、とくに王安石・司馬光の死後は、新旧両党による抗争が政治の主

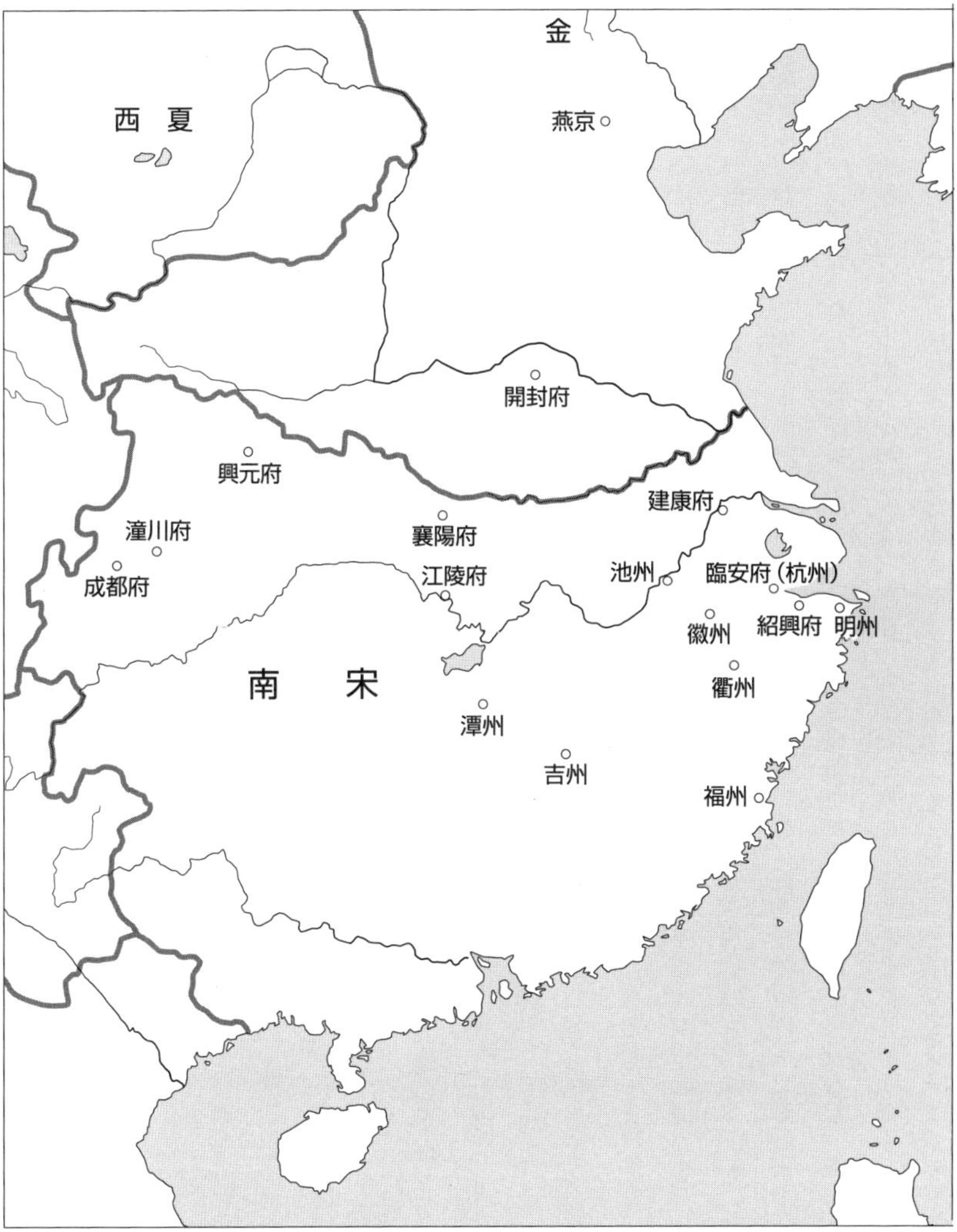

紹興12（1142）年南宋領域図（譚其驤主編『中国歴史地図集　宋・遼・金時期』地図出版社，1982年をもとに作成）

流をなし、八代徽宗(位一一〇〇〜二五)は新法党系の政治を継承しつつも、そこから新たな政治を志したが、一一二六年、遼を滅ぼした金が余勢を駆って宋の首都開封を陥落、徽宗と九代欽宗(位一一二五〜二七)は金に連行される。このとき、開封にいなかった欽宗の弟が皇帝に即位し、金軍を避けて江南まで逃避行をおこなった。そして一一二九年に、杭《こう》州を臨時の都たる臨安府としたが、これが南宋王朝である。

南宋は当初亡命政権に過ぎず、皇帝の高宗(位一一二七〜六二)も頻繁にその居所を移動していた。臨安に近い長江下流域だけでなく、四川や湖北も対金の前線として予断を許す状況ではなく、中央から統制のとれた軍隊を派遣することもできなかったから、各地で起こった金に反発する自衛組織、すなわち義勇軍が対金戦争の主役であった。そんな中から台頭した一人が有名な岳飛(一一〇三〜四二)であるが、金軍を江南から退けただけでなく、一時は攻勢に転じる勢いをみせ、南宋政権は徐々に落ち着きを取り戻していく。しかし当時宰相として強い権力を握っていた秦檜《しんかい》(一〇九一〜一一五五)は、対金強硬路線を主張する岳飛ら軍人を抑え、一一四一年、金との和議にこぎつけると、各地に散らばる軍団を中央の統制下におさめること、いわゆる兵権回収を進めて政権の安定化を図った。ここに金・南宋の国境が画定され、以後モンゴル帝国(元)の侵攻まで続く、比較的安定した南北分裂の時代を迎えることになる。南宋初代皇帝の高宗は、混乱期も含めれば三六年の長きにわたる治世を実現し、宋王朝を継承する存在として正統性を確立することに努めた。宋金和議以降に注力された各種政治制度や礼制の復興がそれであり、豊かな江南の経済力を背景に、新たな文化の土台を築き上げたといえる。続く孝宗(位一一六二〜八九)・光宗(位一一八九〜九四)の時代は、南宋における理想の時代とみなされるようになるが、この頃朱熹《しゅき》(一一三〇〜一二〇〇)があらわれ、新たな学術体系である朱子学を構築した。朱子学は北宋の程顥《ていこう》(一〇三二〜八五)・程頤《ていい》(一〇三三〜一一〇七)の兄弟から連なる学術を正統とし、理と気による宇宙の生成を理解する哲学的な思想や、士個人がおこなうべき礼の細則を組み上げた点などに特徴がある。ただし朱子学の興った当時はむしろ異端の扱いをされており、朱熹の晩年、寧宗朝(一一九四〜一二二四)の初期には、朱子学は異学とされ公的な場では禁止されるにいたった。しかし朱熹の死後、その思想は急速な広まりをみせ、魏了翁《ぎりょうおう》(一一七八〜一二三七)や真徳秀(一一七八〜一二三五)という後継者の努力もあり、次の理宗朝(一二二四〜六四)には一転して正統学問の地位を得、朱熹や朱熹が正統とした周敦頤《しゅうとんい》(一〇一七〜七三)・程顥・程頤らが公式に再評価されることになる。寧宗朝は三〇年、理宗朝は四〇年も続くが、その後の度宗《たくそう》朝(一二六四〜七四)以降の約一五年間も加えれば、南宋およそ一五〇年の過半を占めることとなる。この時期、内陸アジアではモンゴルが台頭し、中国北方を支配する金への圧力を強め、中国地域にもその版図を広げていった。一二三四年、モンゴル軍が金軍を追い詰め、最終的に開封を陥落させて金を滅ぼすと、今度はモンゴルと南宋の間の緊張が一気に高まり、南宋政権は再び強い軍事圧力にさらされるようになる。一二七三年、ついにモンゴル軍は南宋最大の防衛拠点である襄陽を攻め落とし、一二七六年には臨安を占領して実質的に南宋は滅亡した。その後、文天祥らが率いる残党が抵抗を続けるも、一二七九年に中国地域は再びモンゴル帝国、元朝の支配下に統一されるのである。

経済的にみれば、唐後半期(八世紀後半以降)から宋・元代にかけて、中国地域では農業生産力や水運に代表される流通が飛躍的に発達し、中国史全体を通じてみても高い経済成長を遂げている。とくに北方よりも南方で生産力と人口が伸びて、南北の経済力が逆転し、長江中流域や東南沿岸地域(浙江や福建)では新たな開拓が進められた。さらに北宋の首都開封の陥落により、北方から南方へと大量の人口流入が起こったが、南宋期の南方はそれを支えるだけの経済力を蓄えていたのである。南宋期の政治の特徴として、「専権宰相」と呼ばれる強い権力を掌握した宰相が、長期にわたって君臨したことがあげられる。これは後世からは政治を壟断したとして批判されることも多いが、高い経済力と安定した政治は豊かな文化を生み出すことにつながった。しかし一方で、本来支配すべきはずの北方を失ったままであるという現実は、彼らに屈折した感情をもたらし、その思想文化にも影を落としている。このような環境で開花した「江南文化」は、その後も江南社会の変遷とともに、元・明代へと受け継がれていくのである。続く元朝は広く中国地域を支配するにあたって、これらの文化を尊重した。南宋期に南方で確立された朱子学は、元朝治下で北方にも浸透し、中国地域全体で正統的地位を得ている。学校と孔子廟はさらなる広がりをみせ、孔子に対する祭祀は宋王朝より手厚かったほどである。その後、明末の陽明学の興起など、思想的には異なる流れもあったが、朱子学は清末にいたるまで官学としての地位を維持しつづけており、儒教およびその規範の社会への浸透は、宋代とくに南宋期に大きな画期を迎えたといえるのである。

2 宋代「学校」研究のもつ意義

(1) 儒教における「学校」

現在我々は、「学校」という言葉を教育施設の意味で用いるのが普通であり、それは現代中国においても同様である。しかし「学校」という語は、そもそも儒教の主要なテクストである経書の中にあらわれる語で、例えば『孟子』に次の一節がある。滕《とう》の文公が国をおさめるやり方を尋ねたのに対し、孟子が提言した内容の一部である。

庠《しょう》・序・学・校をつくり、これによって人々を教化します。「庠」というのは「養」の意味で、「校」というのは「教」の意味で、「序」というのは「射」の意味です。夏王朝は（これらの施設を）「校」といい、殷王朝は「序」といい、周王朝は「庠」といい、「学」は（夏殷周）三代がみな用いた名で、すべてこれらは人倫を明らかにするのが目的でした。[3]

ここでは、庠・序・学・校はすべて人々を教化する施設で、時代によってその呼び方が異なっていたと述べている。ところが別の経書である『礼記《らいき》』学記篇には、「古の時代の教は、家ごとに塾があり、党ごとに庠があり、術《すい》ごとに序があり、国に学があった」[4]という記述がある。党というのは家が五〇〇集まった単位で、術というのは党が五〇〇集まった単位のことだから、民を管理するための一定の集団ごとに、名前の異なる施設がおかれていた、という意味に理解される。これらの説明で厄介なのは、『孟子』と『礼記』で言葉の定義が異なっている点であり、さらに『礼記』明堂位篇や『礼記』王制篇にも似たような内容で、「瞽宗《こそう》」とか「東膠《とうこう》」とか異なる言葉と定義があらわれるため、後世の儒学者たちもこれらを整合的に解釈するのは困難だった。その困難を乗り越え、解釈をするのが注釈者の仕事だから、歴代をみればさまざまな説が存在するが、総合すれば結局のところ、古の時代にあったとされる教化のための諸施設は、それらしきものの存在は確かだが具体的にはよくわからない、と結論するしかない。そういった曖昧なものを一括して普通には「学」と呼び、例えば宋代であれば、制度上、中央の学を太学、州の学を州学、県の学を県学というように呼んだ。一方で、より抽象的な概念としての制度全体や、あるいは学の総称としては、「学校」や「庠序」という語も用いられた。これらは経書にみえる語であることから、より格調の高い雅語としてのニュアンスをもち、詔や上奏文などに好んで用いられたのである。

　学校という言葉には以上のような歴史的経緯がある。また「学校」の目的である「教」という言葉についていえば、漢代に『孟子』に注釈を加えた趙岐《ちょうき》をはじめとして、歴代の儒者は「教化」の意味でこれを用いている。趙岐によれば、「教化」というのは、礼と義によって人々の倫理規範を正すことであり、それが学を設置する目的であるという。このような内容は、現代語における広義の「教育」の範疇には入るものの、意味する範囲にずれがあることも確かで、「学校」というものが本来、人々に儒教の教えを広め、儒教的な徳目を身につけさせるための施設であった、ということは重要な点である。

　そして実際に学校の歴史を振り返れば、漢代には首都に国立大学たる太学を設置し、五経博士がおかれるなど、学校は儒教を学び広める拠点となってきたのである。「学」と名のつく官設の学校は、中央、地方を問わずそうであり、とりわけ唐代以降には、中央の国子監から地方における州学や県学まで、すべて孔子廟が併設されるようになった。孔子廟は、儒教で最も尊崇される孔子を祀る施設であるが、唐中期以降には孔子だけでなく、孔子の弟子や儒教の発展に尽くした過去の儒学者もともに祀るよう、規定されるようになる。首都の孔子廟には歴代多くの皇帝が自ら赴いて釈奠《せきてん》という儀礼をおこなったし、地方の学校では地方長官が同様に孔子らに祈りを捧げたのである。この釈奠は重要な意味をもつため、本書でもたびたび言及することになるが、釈奠の語義は本来「置く」という意味しかない。それが事実上、孔子を祀ることを意味したのは、これにも経学上の解釈の問題があった。『礼記』の一節がその根拠とされたが、その展開については本論で述べることとしたい。

　このようにして唐代に学校と孔子廟が併設されるようになると、釈奠は学内の孔子廟でおこなわれることが一般化し、それによって孔子廟と学校は不可分のものと理解され、「廟」と「学」の概念上の境界が曖昧になっていく。「廟学制度」とも呼ばれるこの体制は、唐代以降、清代までほぼ一貫して維持され、さらに朝鮮や日本など東アジア全体に定着していくことが指摘されている。[5]さらに経書には、釈奠以外にも郷飲・郷射・養老・献馘《けんかく》などさまざまな儀礼が学校と関連づけて示されている。実際におこなわれたのは釈奠と郷飲[6]くらいだが、学校は本来的に、儒教における儀礼祭祀の空間として位置づけられていたことがわかるであろう。そうであれば、宋から清にいたるまでの学校の歴史を、単に科挙受験とのかかわりのみから理解していては、重要な側面を切り捨ててしまうことになりかねない。学校を、孔子廟を中心とする宗教施設としての面からもとらえなおすことは、以上のような意味をもち、中国前近代の学校を理解するために欠かせない視角であるといえる。

　宋代は、学校の歴史の中で、地方学校が急速に普及した画期にあたる。科挙の導入により急拡大した新興知識階層に支えられ、また宋代に展開した新たな思想の影響を受けながら、清代まで続く地方学校の基盤が確立するのである。その際に、唐代に確立された廟学制度をはじめとして、儀礼祭祀空間としての学校がいかなる意味をもったのかは、学校がここまでの広がりをもった理由にもかかわる重要な問題であるはずだが、従来この視点は軽視されていたといわざるを得ない。

(2) 科挙と学校

科挙と学校は、時代によって変遷があるものの、制度上少なからぬ関係があり、そのため両者は緊密に結びついたものとして理解されることが多く、これは冒頭で紹介した宮崎著書にもみられる前提である。しかし、そのような見方では宋代の学校について十分理解できない理由がもう一つある。それは宋代の学校政策が、科挙を批判する文脈から生まれたものだからである。

ここで宋代学校政策の概要を簡潔に振り返っておこう。それ以前、唐初期には全国の州県に学を設置するよう詔がくだされた。しかし、その後の実態は史料の問題もあって不明瞭であり、少なくとも宋代の人からみれば不十分であった上に、唐後半期から五代の戦乱を経て地方学校は途絶した、というのが宋初期の一般的な認識であった。宋代、とくに北宋中期以降の地方官学の普及が、のちの時代に語り継がれる模範となったのとはまったく様相が異なるのである。

北宋中期の仁宗の治世には、儒教を基本とした政治改革が実行に移され、その中で積極的な地方学校振興策が採用された。とくに慶暦四(一〇四四)年にくだされた興学の詔では、基本的に全国の州と一定以上の規模を有する県すべてに官学を設置することが命じられ、これによって以後各地で建学があいつぐことになる。神宗朝の時代には、王安石ら新法党政権のもとで学校政策はさらに積極的に進められ、地方官学の振興とあわせて中央の太学で三舎法が施行された。これは太学内に上舎・内舎・外舎の三段階を設け、外舎の優秀者を内舎へ、内舎の優秀者を上舎へ進め、上舎の優秀者には官位を与える制度であった。いってみれば、太学の中に三段階の選抜を設け、最終的な卒業者には科挙合格に近い資格を与えるものだったから、通常の科挙試験を経ることなく、学校の試験のみで仕官へといたる道がはじめて開かれたことになる。さらに北宋末の徽宗の時代に、同じく新法党の蔡京《さいけい》(一〇四七〜一一二六)らが政権を担うようになると、地方官学にまで三舎法を適用し、地方の上舎から太学へと進む制度を加えたことで、地方官学から太学を経由して仕官にまでいたるピラミッド構造が確立された。蔡京は同時に将来的な科挙の廃止まで宣言していたから、これは科挙制度を完全に学校制度に置き換えるという構想であった。実際には蔡京が失脚したため、この構想は白紙に戻されただけでなく、地方官学における三舎法も撤回されることとなった。

南宋以後は、学校と科挙の制度上の結びつきは北宋後期より弱まるが、それでも地方官学の普及は衰えをみせることはなく、地域社会に定着していくのである。それは宋元交代を経ても同様であり、北方においても北宋から金、元へといたる過程で、戦乱による衰退をはさみながらも基本的には普及を続けていった。

たしかに地方学校政策は、科挙改革と同時期に進行した一連の政策とみることが可能である。清代まで視野に入れて長期的にみれば、科挙制度の安定的な運用の開始と地方学校の普及とは軌を一にしており、教育の普及を背景として、両者はどちらが欠けても成り立たなかった可能性は高い。とはいえ、北宋時代の学校政策は科挙制度への批判がその基調にあり、少なくとも科挙に従属して学校が存在するという認識でなかったことは間違いない。

ここで北宋中期に学校改革を主導した欧陽脩が、学校について論じた文章を紹介しよう(『文忠集』巻一一二「議学状」)。

古の時代は家ごとに塾があり、党ごとに庠があり、遂《すい》(=術)ごとに序があり、国に学があった。天子や諸侯の子弟から国に選ばれた俊才まで、学に入らない者はなく、成童になってから学び始め、四〇歳で仕官した。礼楽《れいがく》のかたちを習い、仁義のおしえを講じ、孝悌《こうてい》のおこないをあつくし、これによって父兄を養い、年長の者につかえ、友を裏切らず、財には清廉で、皆に対して謙譲につとめ、その身を修め、家に孝行をし、その徳を隣村にまでおよぼし、評判が郷党に広く知れ渡ってから、大衆にその評価を尋ね、長老のうち信用できる者にお墨つきを得てから、その人を推薦した。それを秀士といい、しばらくしてそのうちのとても優秀な者を選んで選士とし、さらにしばらくしてその中のとても優秀な者を選んで俊士とし、さらにその中のとても優秀な者を選んで進士とし、それからようやくその人物の議論を判断して、その人材の程度にふさわしい官を授けたのである。そもそも生まれてから七、八〇年で死ぬというのが人間の通常の寿命である。古の時代は四〇歳で仕えるというのだから、その半生で学をなし、そのおこないが審査され、また隣村や郷党にまで広く評価される、そうしてようやくその人となりがわかるのである。[7]

　これは科挙による拙速な人材登用を批判し、学校の効用を説いた文章である。寿命が七、八〇年、四〇歳まで勉学に励むというのは、いかにも気の長い話であるが、これは『礼記』内則篇の記述を前提にしたものであり、推薦と選抜については『礼記』王制篇に書かれる内容なので、必ずしもこのまま現実社会に反映させるべきだと考えていたわけではない。しかし学校で周囲の人から「徳行」を評価され、それをもとに官位を授けるべきだという主張は、科挙の弊害を学校制度によって改めることができると考えられていたことを示している。このような考え方が当時の改革者、とくに新法党に継承され、北宋期の学校改革が進められていくのである。

　例えば学校改革の最重要人物といえる王安石は、『周礼《しゅらい》』の理念にもとづいて諸改革を推し進めたのはよく知られており[8]、その学校観を端的に示したものとして「乞改科條制劄子」(『臨川文集』巻四二)の冒頭があげられる。

伏して思いますに、古の時代には、士を採用する方法は皆学校を基本としたために、上は道徳が一つとなり、下は習俗が完成され、その人材は皆世の役に立つに十分でした。先王の恩沢が尽き、教養(教化と養士)の法が根差すべき場所がなくなったために、優れた才をもつ士はいても、学校の師や友を通じてその才を完成させることができなくなったのです。これが今の論者たちが憂えている問題なのです。[9]

　この上奏ではこれに続いて、今すぐに古の制度のようにすれば問題が大きいので、まずは科挙の改革をおこない、朝廷が広く学校をつくるのを待ち、その後に三代(夏殷周)の時代の教育選挙の法を導入すべきだとしている。重要なのは、一連の改革がこのような理念的な思想に裏づけられていた点であり、当時の政治家に共有された儒教の思潮は、その政策に直接に反映されたのである。しかもその対象が教化を目的とする学校である以上、他の政策以上に理念的側面が強くなるのは当然のことといえるだろう。

この点を考慮に入れて、本書では学校に対する理念的な分析を重視している。歴史学では通常、このような著名な政治家の書く文章は、具体的な現実への対応に注目が集まり、古典の引用に代表される理念的な説明は捨象されることが多い。しかしこのような建前の中からは、彼らにとって当然の感覚、常識のようなものを読み取ることができ、しかもその常識は時代とともに変化するのである。その変化がいかなる現実を反映したものであるのかは、時代相を知るための重要な鍵となるが、このような理念を通じて当時の認識を理解しようと思えば、彼らと同様、経書にもとづいて読み解くことは避けて通れない。

次に、科挙と学校が、当時の人々にどのようなものととらえられていたのかを知るためには、もう一点考えなければならないことがある。それはすでに宮崎も描いたように、科挙というのは合格するまでの道のりが極めて厳しく、最後までのぼりつめることのできる者が非常に限られるという特徴である。これを額面通りに受け取れば、リスクの高い賭けにほかならず、大多数の不合格者はなぜ科挙をめざすのかという問題が発生してくる。科挙制度という仕組みは、王朝国家からみれば、人材の主要な供給源であり官僚制度を支える大きな柱であるが、一人の受験者からみれば、はるかな高みへとつながる細い糸に過ぎない。とはいえ、その細い糸は、皇帝のいる都から各地域へと無数に張りめぐらされた糸であり、その糸の末端は各地の学校へとつながっていたのである。

(3) 地域社会と先賢祠

官学は北宋中期以降、全国への設置が進められ、宋・元代を経て一貫して普及を続けた。それは中央の政策によるものだったが、実際に多くの学校が地域に定着し、新法党による過激な科挙学校改革が破綻した後も、それは変わらなかった。そうであれば、学校が各地域に浸透し、地域士人層に受容されていった背景を今一度考えてみる必要があろう。地域士人層からみた場合、学校とはどのように認識され、彼らが学校をどのように内面化していったのか、という問題である。

理念上、学校の目的はその地に住む人々の教化にあったから、中央からみれば広範な官学の設置は、まさに支配領域全体の教化、すなわちイデオロギー統一の前線基地ともいえるものであった。経書の中には「政教」という語がしばしばみられるように、儒教イデオロギーにおいては政治と教化は一体のもので、教化は政治の目的でもあり手段でもあった。官学の普及はこのイデオロギーに沿ったものであり、学校は地方統治の根幹と位置づけられるようになるのである。

その具体的なあらわれは儀礼にみることができる。中央からみれば、儀礼面における学校の普及とは、孔子を祀り釈奠をおこなう、画一的な場を全国に敷きつめることに等しい。地方官は春秋の二度、学校で釈奠をおこなわなければならなかったし、地方官が赴任地に到着したら、まず学校に行き孔子に拝謁するようになっていった。地方官にとってみれば、全国どこに行っても同様に学校と孔子廟が存在し、地方官祭祀の中心に位置づけられたから、これを遵守することは王朝に奉仕する官僚としての責務であった。そしてそれら儀礼が、唐代とは異なり、地方官のみならず学校に住む学生・職員、場合によってはそれ以外の地域士人層とともにおこなわれるようになったのが、宋代の大きな特徴であった。すなわち学校は、地域を統治する地方官が地域士人層と直接交わる場であり、また地域士人層同士が起居をともにする空間でもあったから、いわばイデオロギーの面において皇帝権力を下から支える末端の現場だったのである。

科挙を重視する見方に立てば、このような士人層の統制や掌握は、主に科挙試験を中心とした、巨大な官僚制度によってなされたと考えられる。しかし不合格者、すなわち官僚になれない受験者を大量に生み出す科挙制度下にあって、ペーパーテストによる過酷な競争を強いるのみでは、膨張する士人層を統制することは難しかったと思われる。そうであれば、地方官と地域士人層、科挙合格者と不合格者もしくは未合格者との溝を埋め、非官僚層にも連帯意識を共有させる仕組みが必要になる。まだ官僚になっていない士人が多く集う学校は、このような機能が備わったからこそ、地域社会に受容され得たのではないか、という仮説を立てることができる。

このような観点から宋代の学校をみたとき、先賢祠の問題が浮かび上がってくる。先賢祠とは、先賢すなわち歴史上の偉大な人物を祀った祠であり、歴代数多くつくられ、中には長い年月にわたって維持されたものもある。宋代の大きな特徴は、これら先賢祠がしばしば学校の中で祀られるようになり、それが時代を下るとともに数を増し、普遍化してくるという点である。この傾向は元以降にも引き継がれ、明代には制度化されてあらゆる学校で先賢を祀り、しかもその数はおびただしいものとなっていった。つまり学校は、孔子とその弟子以外にも、大量の人物を祀る一大祭祀施設へと変貌していったのである。例えば中でも多くの先賢祠を祀った福建興化の学校(府学)の例をみてみよう。

興化の歴史を記した地方志[10]によれば、南宋の紹熙年間(一一九〇~九四)にはじめて「名賢祠」がおかれたが、そこには一六人の名前があげられている。明代の制度では「郷賢(その土地出身の立派な人物)」を祀る郷賢祠と「名宦《めいかん》(地方官としてその地に赴任した立派な人物)」を祀る名宦祠に分離されるが、明の宣徳八(一四三三)年時点では郷賢祠だけで六三人を数え、明正統年間(一四三六~四九)には七五人、成化八(一四七二)年には八一人となり、清代の初め頃には一八〇人以上、乾隆年間には二一八人、最終的には二二二人にのぼったことが記されている。名宦祠も乾隆年間で一〇五人、最終的には一一五人を数え、さらには孔子の弟子や過去の儒学者、儒教発展の系譜である道統に連なる人物を、あわせて一七〇人以上祀っていたから、合計すれば五〇〇人を超える人物を祀る場に発展したことになる。このような体制が形成された理由と過程は宋代にあり、元、明はそれを発展的に継承したのである。逆にいえば、祭祀空間として宋代学校の歴史をみるとき、先賢祠の展開は重要な問題となり、のちの学校の特徴を理解するために欠かせない要素ということができる。とくに広範に普及した地方官学において、地域社会とのかかわりや地域における学校の意義を示唆してくれるため、先賢祠の具体的な展開とともに、なぜこれらを学校に祀らねばならなかったのか、当時の人々の意識変化を通して、学校と地域意識の問題に迫ることとしたい。

3　これまでの研究

(1)　宋代教育史

次に先行研究の整理を通じて、ここまで述べてきた本書の問題意識をより明確にしていこう。これまでの宋代学校研究には、大きく分けて二通りのアプローチが存在した。一つは教育史の視点であり、もう一つは科挙史とのかかわりからみる視点である。

学校が教育機関と位置づけられる以上、主に教育史の文脈で論じられるのは当然であるが、まず通史としての中国教育史において、宋代はどのように位置づけられているのであろうか。陳東原『中国古代教育』(商務印書館、一九三四年)[11]以来継承される伝統的な見方に共通する特徴は、教育がおおいに普及し、朱子学を代表とする新しい学術が生起した時期として宋代を描く傾向である。宋代は地方にまで広く官設の学校が普及した一方で、教育を担った中心的存在は私設の書院や家塾であり、中央権力から比較的独立して自由な立場から新たな学術の発展を支えたものとしてとらえられる。しかも元明以降、清末にいたるまでその傾向は一貫したため、その基盤を築いた時期として宋代が位置づけられているのである。その意味から宋代教育史における最も重要な展開は、書院を拠点とした朱子学の興起であって、官学の広範な普及はその前段階における基礎とはなったものの、清末まで科挙制度と一体となって存在し、科挙受験のためだけの存在へと変貌を遂げていったものとして、北宋の学校政策も含めて高い評価は与えられない。

このような認識は、中国大陸において概説書として出版された宋代教育史にも継承されている。苗春徳《びょうしゅんとく》主編『宋代教育』（河南大学出版社、一九九二年）および苗春徳・趙国権『南宋教育史』（上海古籍出版社、二〇〇八年）は、それぞれ宋代研究叢書・南宋史研究叢書の一書として編まれたもので、それまでの研究成果の蓄積をまとめた概説書である。宋代のみあるいは、南宋時代のみに焦点をあてているため、制度や社会背景についても通史より踏み込んだ記述がなされるが、両書とも教育思想の占める割合が高いのが大きな特徴で、思想史の展開に重点をおいていることがうかがえる。例えば苗春徳主編『宋代教育』は、道学とその周辺に存在した代表的な人物の教育実践、教育思想を列伝体で記しており、学派の区分や内容説明にいたるまで、多くを明末清初に編まれた黄宗羲《こうそうぎ》『宋元学案』に拠っている。このように教育思想史を列伝体で綴る形式は、中国の研究、整理において古くから定着しており、明代以降『宋元学案』以外にも各種の学案が編まれたし、任時先『中国教育思想史』（商務印書館、一九三七年）をはじめとして、現代でも「教育思想史」を冠する研究が多くみられることからもそのことがうかがえる。[12] しかも宋代に関して記述される内容は、周敦頤以降、朱熹とその門人にいたる道学の道徳論・修養論が主体となるため、朱子学発展の歴史としての色彩が濃くなりがちである。『南宋教育史』の方も同様の問題を抱えており、その扱う時期のために、朱子学に代表される書院教育により傾斜する結果となっている。とくに南宋以降、朱子学の体制教学化と書院の展開、朱子学自身が官学と科挙を批判したことなどを通じて教育の発展を描くため、南宋期にも普及を続けた官学にはあまり注意が向けられていない。総じていえば、中国史全体の教育史の中で、朱子学や陽明学に代表される、宋明理学の発展史という観点から、宋代教育史はその一部として長らく位置づけられていたのである。

宋代教育史の専論としていくつか重要なものがあるが、一九六〇年に日本で刊行された寺田剛『宋代教育史概説』（博文社）[13]は、教育の内実ではなく、教育制度についての研究であり、教育史を学校の歴史という観点からとらえている。そのため、北宋期における官学普及から南宋末の書院の興起までをバランスよく描くが、全体としては官学を中心とした学校普及の歴史を描いているといえよう。学校制度という点でいえば、現在にいたるまで袁征『宋代教育』（広東高等教育出版社、一九九一年）が最も詳細で広範な研究といえる。官学に重点をおき、その教育課程、学生が地方学校から中央の太学へといたる際の昇級制度、教職員の選任まで、官製の教育制度とその運用を詳述している。それ以後、宋代官学に関する包括的な研究はあらわれておらず、制度の詳細を個別に論じたり、各地域における個別事例を紹介するにとどまっているのが現状である。[14] 台湾の周愚文『宋代的州県学』（国立編訳館、一九九六年）は宋代の地方官学のみに焦点をあてた専著で、宋代に存在した地方官学を地方志等からほぼ網羅的に抽出、その普及状況を示しており、その発展の概略を具体的に示した点は価値がある。[15] ただし南宋後半期までには官学の学生は科挙受験に向かうばかりとなり、教育の理念が失われてしまったとするのは、従来の官学に対する理解と変わらないものである。

書院研究についてもふれておきたい。本書では第六章を除き、基本的に書院は扱っていない。これは、本書の視角である祭祀に関して、宋代のほとんどの時期で官学が主要な位置を占めたことによる。官学と書院の比較については第六章も参照してもらいたいが、宋代教育史が書院を中心として描かれるのが一般的なので、書院研究の重要なものについても言及しておく必要がある。書院研究のまとまった著作は主に通史として書かれるものが多く、その先駆として有名なのは盛朗西『中国書院制度』（中華書局、一九三四年）である。各種史料を駆使し、書院建設を時期・地域ごとにその分布を示し、書院発展の歴史を数量的に把握した点が特徴としてあげられる。この手法はのちの書院研究の多くに踏襲され、利用史料を逐次追加することでその結果を補正してきた。[16] それらによれば、北宋から南宋にかけて書院は一貫して発展を続けるが、南宋の朱子学運動によりのちの元明に続く基盤となる飛躍的な発展を遂げた点、また地域的偏りが大きく、江西地域は時代を通じて最も書院が発達したことなどは共通した見解である。[17] 現時点での到達点を示す、近年の包括的な研究である鄧洪波『中国書院史』（東方出版中心、二〇〇六年）をみれば、詩文なども含めて利用可能な史料を最大限利用するとともに、書院と官学の相互補完的な関係が注目されている。唐代頃より書院はさまざまな形態で存在し、宋代の官学発展の時期にも書院は着実な発展を続け、南宋期より歴史の表舞台にあらわれるという。

また一九九〇年代以降には欧米で宋代の士大夫研究・道学研究が隆盛した。その流れを受けて、南宋の書院を道学による広域ネットワークの拠点と位置づけたのがリンダ＝ウォルトンの研究である。[18]また陳雯怡は、南宋末から書院が王朝の統制下に入っていく、いわゆる「書院の官学化」だけでなく、官学も書院の教育理念の影響を受けたことを「官学の書院化」と表現し、道学を中心とする教育への転換を描いている。[19]

近年刊行された李弘祺『学以為己——伝統中国的教育』（香港中文大学出版社、二〇一二年）は概説書であるが、アメリカを中心に活動してきた著者の集大成ともいえるもので、元来、宋代科挙と官学の関係や教育と社会の関係に注目して論じてきた著者らしく、広範にわたる包括的な内容となっている。一貫した視座としてその特徴をみるならば、教育哲学と呼ぶべきものから中国の伝統を見据えている点があげられ、官による統制の影響を受けながらも、在野で根強く続けられた対抗的な文化こそが中国教育の伝統であるという見方に立っている。その中で宋代の朱子学は、個人のための教育という観点を提示したことにその意義があり、中国教育史における一大転換と位置づけている。

(2)　宋代士大夫論の射程

次に学校を地域社会の中において理解する際、踏まえなければならないのが士大夫論に関する研究蓄積である。ポイントは大きく分けて三つあり、一、科挙との関係、二、地域史叙述、三、思想史と社会史の融合があげられる。

宋代以降、清代まで続く中国社会をどうみるかという問題は、戦後日本の中国史研究において主要なテーマであった。内藤湖南が提唱した「唐宋変革論」[20]は、唐と宋の間に大きな画期を認め、宋代以降を中国の「近世」とするもので、それを発展的に継承した宮崎市定は、宋から清までの王朝交代を繰り返しの歴史とみなした。[21]その中で、中国「近世」の主要な根拠となる「皇帝独裁」を支えたのは科挙制度であり、学校は科挙の付属物へ転化したとみなされたのである。一方で、大土地所有者として宋代の官僚層をとらえた周藤吉之[22]らは、宋代以降を中世ととらえて宋近世説と対立した。

このような時代区分論の中で重要な論点の一つとなったのが、知識階級でもあり、地主階級でもある「中間的支配階層」が、社会においてどのような役割を果たし、王朝国家による皇帝権力とどのように関係をもったのか、という問題であった。

一九六〇年代以降、明清史の分野では「郷紳」研究が主要な問題として浮上する。郷紳は明末清初期に特徴的にあらわれ、在地で官僚をも凌ぐ権力を行使した大土地所有者であり、彼らの権力の源泉は何か、在地における支配がどのような構造になっていたのかが、時代区分の問題、あるいは中国における封建制度のあり方などと関係して議論がおこなわれた[23]。これら議論の帰結として重要なのは、森正夫による「士大夫」研究の提唱である。森は、宮崎がかつて読書人・官僚・地主の「三位一体」の新貴族階級を「士大夫」と呼んでいたことを再発見し[24]、郷紳のあり方を政治的・経済的・文化的側面を総合してとらえるべきとして、これを「士大夫」と呼び、かつ宋代以降の「士大夫」を一貫して研究する必要性を説いた。この視点はのちに「地域社会論[25]」として一九九〇年代頃の明清史研究に大きな影響を与えたが、宋代史においても士大夫研究が盛んにおこなわれるようになったほか、地域における個別事例の発掘が進められるなど影響がみられた[26]。

そしてもう一つ、一九八〇年代以降の宋代士大夫研究に大きな影響を与えたのが、欧米の研究動向、とくにロバート＝ハートウェル[27]とロバート＝ハイムズの研究[28]であった[29]。ハートウェルの研究は二段構えになっており、まず第一段階は、スキナーのマクロリージョンの理論[30]を応用して、中国地域を八つの大地域と二二の中地域に分割し、各地域の人口動態による開発段階を可視化して、江西など宋代に新たに開発されたフロンティア地域の存在を示した。次に第二段階として、宋代を中心に五五〇〇人分もの伝記史料や墓誌を利用して、その婚姻関係を分析、「貴族(aristocrat)」から「郷紳(gentry)」へと政治的エリートが変容する転換点を、一一〇〇年頃(北宋末)に設定したのである。この研究を引き継ぎ、より実証的に洗練させたのがハイムズであった。ハイムズはフロンティア地域の代表として江西撫《ぶ》州に焦点をあて、北宋から南宋への移行期に、士大夫の婚姻戦略が超域的な中央志向から域内の地域志向に転換したと論じ、また科挙については、科挙合格を最優先する志向から、地域社会への奉仕を重視する志向に転換した、という仮説を立て、「両宋画期論」を唱えた。これらの議論は既存の唐宋変革論への挑戦でもあり、多くの研究者が感じていた南北宋の差異に、一定の説明を与えるものとして注目され、さまざまな面で影響を与えることになる。

まず一つは科挙研究とのかかわりがあげられる。ハートウェルもハイムズも社会流動性(social mobility)の議論を根幹に据えるが、これは歴史上の発展として、貴族制社会から科挙制度による社会へ転換した結果、社会階層上昇の機会がどの程度与えられ、実際にどの程度階層間の移動があったかを問う観点である。欧米での科挙制度に関するこうした議論は、明清を対象とした何炳棣《かへいてい》の研究[31]が基礎となっており、そこでは科挙合格者が直系親族内で再生産される比率が低いことから、その社会流動性が高く評価されている。それに対してハートウェルらは傍系親族や姻族まで視野に入れ、非進士の階層から進士が輩出されることはむしろ少ないことを強調し、社会流動性は限定的であったと結論する。そうであれば、門閥貴族制という血縁による階層再生産の方式から、科挙制へと変化してなお階層再生産が継続する理由が求められる。ハイムズは実力主義(meritocracy)を基本とする科挙制度の中でいかに階層再生産がおこなわれたか、その一つの答えとして士人層が地域エリート化して当該地域での活動に力を入れたと論じたのである。

科挙制度を再考する機運は李弘祺[32]やチェイフィー[33]の研究を生んだ。李弘祺は教育の普及という観点から社会流動性の向上を認めるのに対して、チェイフィーは逆に否定的である[34]が、両者に共通するのは、北宋期の官学普及を肯定的に評価している点、および科挙受験や太学の学生運動など、科挙や学校にまつわる士大夫層の文化的な側面を見出している点があげられる。「科挙文化」ともいうべき、宋代以降に形成された官僚予備軍による文化形成は、新たな科挙研究の潮流ともなった[35]。欧米におけるその集大成ともいえるのが、明清時代を対象としたベンジャミン＝エルマンの研究[36]で、科挙受験に向かう士人層の心性や科挙と学術文化のかかわり、出版文化など、科挙によって生じた知的社会階層の文化社会的生活を幅広く論じており、ブルデューの文化資本の理論をあてはめて、伝統中国における科挙の果たした役割や影響を考察している。それは実力主義へと変化した制度条件下で、いかにして階層再生産がおこなわれたのかという問題意識に立ち、広く士人層をとらえたものである。

唐宋変革論を重視する立場からおこなわれた従来の科挙制度研究・官僚制度研究は、「皇帝独裁」を支えた官僚集団形成の解明に比重がおかれており、官僚層としての科挙合格者に焦点があてられていたといってよい[37]。科挙制度の確立によって皇帝を頂点とする新たな官僚制が成立し、「皇帝独裁」が可能になったというのは、唐宋変革論の大きな柱であるが、同時に科挙制度は間接的に社会のさまざまな変化を促したのである。社会史の立場から科挙を研究した近藤一成は、拡大した官僚士大夫層とその周辺に位置する士人層が織り成す新たな社会を包括して「科挙社会」と呼び[38]、これを宋から清を貫く近世社会の大きな特徴と考えたが、それは科挙によってめざましい出世を果たした中高級官僚層のみを対象にしているのではなく、むしろ科挙を中心としながらも、それによらない生き方を模索せざるを得なかった多くの人々が新たな社会を構築していったとする見方に立つ。

二点目として、地域史叙述の隆盛についてみておきたい。ハートウェルが中国をマクロリージョンに分割して長期的な変遷を考察したこと、そしてハイムズが江西撫州という一地域に絞ってそれを実証したことは、方法論の面でも影響を与えた。宋代史においては北宋と南宋で支配領域が大きく異なり、かつこの時期に南方が急激な経済成長を果たしているため、北宋期の史料と南宋期の史料が示す差異が、時代的変遷によるものなのか、地域差によるものなのか判別が難しく、これを克服する方法として、通時的な地域研究の事例蓄積が注目されることとなった。この視点は内藤の唐宋変革論以来、唐宋の画期を強調してきた日本で軽視されてきたことは否めず[39]、明清史の地域社会論の影響、そして欧米の地域史研究の影響を受け、現在では日本でも活発に議論がおこなわれるようになっている[40]。こうした流れの中で、欧米ではさらに宋から明までの長期的社会変遷の叙述をめざす「宋元明遷移論」(Song-Yuan-Ming transition) が提唱されるようになったが[41]、さまざまな論点をかかえるこの問題はまだ結論が出されていない段階であり、今後の研究の進展が期待される。

ただし欧米でのこういった地域史研究を通した士大夫論は、ハイムズと後述するボルの影響が大きいため、士大夫層が中央志向であるか、地域志向であるか、という二分法の論点に拘束される傾向が強かった。例えば、江西廬陵について「景観」をキーワードとし、宋から明初にいたる士大夫の地域観を論じたアンネ゠ヘリスンの研究[42]、唐後半から南宋にかけての四川の士大夫について論じた陳松の研究[43]などは、個々の新たな視角はあるものの、この枠組みの中で論じられたものである。こうした大胆な対立的構図を強調した結果、「地方化」という現象が具体的に何を指すのかはあまり明確でないという問題点[44]もあり、批判的な見解も多く提示されつつある[45]。中でも、南宋から元にかけて明州の士人について論じたイ゠ソキ[46]の研究は、ハイムズが最も実証的な論拠としてあげた撫州における士人の婚姻関係について、史料上の不備があることを指摘し、ハイムズ説が成り立たないことを論じた。この研究はハイムズの論点を丁寧な論証で覆した労作であるが、そうであれば次の段階として、そもそもこのような問題が論じられ始めた理由である「郷紳」的な存在をみつめ直し、何をもって「地方化」とすべきか考え直す必要があるのではないだろうか。この点については本書の最後にもう少し掘り下げて考えるつもりである。

なお日本へもこれらの影響は大きく、例えばまとまった宋代地域史研究として、浙江南部を中心に論じた岡元司[47]の研究があげられるほか、宋代史研究会の報告集が第四集『宋代の知識人——思想・制度・地域社会』（汲古書院、一九九三年）以降、二〇〇〇年代半ば頃まで、地域や士人層のネットワークをテーマに掲げている。ただし、明清史の地域社会論の影響もあり、中央志向と地域志向という二分法の観点は強調されず、地域社会におけるエリート層の活動について、事例の蓄積が優先される傾向にあった点は、欧米の研究動向とは異なっていた。

三点目として、思想史研究との関係について述べておきたい。科挙を中心としたエリート研究から派生したもう一つの大きな流れが、宋代の国家観・社会観などの政治思想を中心とする思想史研究である。戦後しばらく中国思想史における宋代の位置づけは、朱子学の興起を主題とし、宋代思想史研究の主流は朱子学研究にあった。友枝龍太郎[48]などに代表される朱子学研究は、思想の内発的な発展から思想史を記述しており、唐代の訓詁学に対して、宇宙論や哲学的思惟を重視する義理学へと発展した点を強調して、これを思想史上の唐宋変革と位置づけた。そして朱子学の歴史は北宋中期の周敦頤から始まり、二程(程顥・程頤)から朱熹にいたって完成したとする、南宋以来続いてきた道統の観点を継承しており、陸九淵(一一三九〜九三)の心学から明の王陽明へとつながる陽明学の系譜を、それと対比的にとらえる視点が中心的であった。[49]この見方に立てば、北宋期の思想状況は朱子学の準備段階に過ぎず、周敦頤や二程以外は注目する価値が低いとみなされたのである。

ピーター＝ボルの代表作『斯文《しぶん》』[50]は、従来とくに日本で多くみられた、思想内容の内発的な展開を重視する思想史研究とは異なり、劉子健[51]・ハイムズ・チェイフィーらによる欧米の社会史・思想史の流れを汲んで、社会変化によって引き起こされた士人層の反応として、彼らのめざしたあるべき士人の姿、士人を士人たらしめるアイデンティティの源泉を論じた。それは韓愈《かんゆ》(七六八〜八二四)らに代表される唐後半期以来の古文運動から、北宋後半の二程の登場にいたる広義の道学の歴史であり、士人たちが社会変革に対していかなる責任を負うべきなのかという、彼ら自身の価値観が問題とされている。ボルの歴史観は、唐後半期、そして南宋期ともに、士人層が拡大したことによって、中央官界を通じて一族を維持することが相対的に難しくなり、結果として中央での栄達を前提としない、新たな士の価値を代弁する思想が登場したととらえ、それが古文であり、朱子学であったとするものである。[52]

ボルの研究は、唐から北宋までの道学の歴史を連続的に記述することに成功しており、日本でも土田健次郎[53]・小島毅[54]らによって広義の道学の形成過程が実証的に明らかにされていった。宋代思想史は朱子学を相対化する模索を続け、北宋後半期に思想的に主流を占めたのは、二程ら旧法党の道学派ではなく新法党の王安石学派であったこと、王安石らの思想に大きな影響を与えその方向性を決定づけたのが、その前時代にあたる范仲淹や欧陽脩らであったこと、さらには南宋中期頃まで、王安石学派は政治のみならず思想学術に大きな影響力をもっていたことなどが明らかにされていった。[55]

そしてもう一つ重要なのが、思想史を内発的な展開としてとらえるのではなく、変容した士人層に対応するための社会的な要請として朱子学の登場を描く観点を生んだことである。科挙受験の著しい競争激化が、朱子学の中心的テーマの一つである修養論、そして「為己之学(己の為の学)」の概念とよく合致したがゆえに、士人層の支持を集めたという理解である。ボル以降隆盛となった欧米の道学研究は、元来宋代士人層をいかに理解すべきかという問題から端を発しており、本書にもかかわりの深いものをあげれば、リンダ＝ウォルトンの書院と道学に関する研究は、学術的つながりと道学者を祭祀する宗教的な面の両面において、南宋中期以降の書院が道学にとって広域的ネットワークの拠点となったことを説き、エレン＝ネスカーの先賢祠に関する研究[56]は、道学の先賢が各地に祀られたのは道学派による信仰の表明であり、道学がヘゲモニーを握る過程で先賢祠が官学および書院に広まっていったことを、道学派の「草の根」運動と理解している。ネスカーの研究は本書の内容と重なる部分もあり、本文中でもたびたび言及することになるが、本書では道学の先賢よりも、各地域で独自に祀られた郷賢や名宦の展開を重視して描いていく。

士大夫論の前提には、さまざまな理由によって、科挙受験可能な知識階層が急増したという事実があり、また科挙制度の導入によって、少なからず社会の仕組みが変化したことがある。この知識階層は、元・明・清にわたって歴史上大きな役割を果たすから、その形成や特質を把握することがめざされ、その変遷過程の中で宋代をどのように位置づけるかが問題とされたのである。本書ではこれらの問題意識を念頭におき、元から明初までを射程に含め、宋代の学校が当時の人々にとってどのようなものと認識されていたのか、儀礼祭祀の変容と、そこにあらわれる地域意識の変化からみていくこととする。

第一章　北宋前半期における廟学

これまでの学校研究では、主に教育史の観点から、学生が学校で何を学び、それによって社会的に何を獲得したのか、あるいは王朝は政策によってどのような教育をめざしたのか、といった問題に焦点があてられてきた。また北宋末までかけて、学校は科挙と結びつきを強め、仕官にいたる重要な位置づけが与えられるようになる。この面から進められた研究では、学校での教育課程が科挙試験の内容とどのようにかかわったのか、教官がどのように選ばれたのかなど、科挙を中心とする官僚制度の中での学校の役割がいかに確立されてきたのか、という問題を主要な関心としている。

そのような視点に立ったとき、北宋期において注目すべきなのは、大きな制度改革のおこなわれた、四代仁宗朝の慶暦年間(一〇四一～四八)、六代神宗朝の熙寧年間(一〇六八～七七)、そして八代徽宗朝の崇寧から政和年間頃(一一〇二～一八)ということになる。とくに慶暦四(一〇四四)年にすべての州に学校を設置するよう詔が出されて以降、北宋末まで学校政策は科挙と関連しながら改革されていくことから、この時期以降を本格的な検討対象とすることがほとんどである。たしかに慶暦四年の詔は、学校の位置づけを大きく変えた重要な画期ではあったが、しかし学校普及を孔子廟との関連からとらえるならば、それは決して突然訪れた画期ではなく、徐々に進行していた「廟」から「学」へという流れの中に位置づけることができる。その際に重要になるのが、三代真宗朝の時期であるが、史料面での困難もあって従来ほとんど注目されてこなかった。もとより体系的な史料は乏しいのであるが、文集や地方志などから孔子廟と学に関する記

【表　北宋初〜仁宋朝における孔子廟記・学記一覧】

	著者	題	出典	年号	西暦	全宋文
(1)	徐鉉	宣州涇県文宣王廟記	徐公文集13	保大3年	945	2－219
	徐鉉	舒州新建文宣王廟碑序	徐公文集12	保大7年以降	949	2－290
	劉従乂	重修文宣王廟記	金石萃編123	建隆3年	962	3－183
	梁勗	重修文宣王廟碑	金石続編13	乾徳2年	964	3－143
	釈夢英	重建夫子廟堂記碑後序	金石萃編125	太平興国7年	982	5－391
	呂蒙正	大宋重修兗州文宣王廟碑銘(并序)	万暦兗州府志	太平興国8年	983	6－34
	柳開	潤州重修文宣王廟碑文	河東先生集4	太平興国8年	983	6－397
	柳開	重修孔子廟垣疏	河東先生集3			6－426
	徐鉉	泗州重修文宣王廟記	徐公文集28	雍熙2年	985	2－232
	田錫	睦州夫子廟記	国朝二百家名賢文粋121	雍熙3年	986	5－282
	王禹偁	崑山県新修文宣王廟記	小畜集16	雍熙3年	986	8－56
(2)	胡旦	儒学記	乾隆奉新県志12	咸平元年	998	4－8
	王漢	□□□□□文宣王廟碑文	乾隆臨潼県志	咸平2年	999	9－274
	段全	興化軍文宣王廟碑	清源文献14	咸平3年	1000	9－411
	李垂	解州聞喜県増修夫子廟記	山右石刻叢編13	咸平4年	1001	10－231
	段全	仙游県建学記	乾隆興化県志	咸平5年以降	1002	9－410
	張方	夫子廟堂記	乾隆臨川県志	咸平6年	1003	10－20
	孫昱	重修文宣王廟碑	民国単県志	景徳元年	1004	10－180
	李堪	古田県廟学記	淳熙三山志9	景徳2年	1005	10－226
	章徳一	餘杭県建学記	咸淳臨安志56	景徳3年	1006	10－278
	青陽楷	改建信州州学記	康熙広信府志11	景徳3年以降	1006	10－280
	楊大雅	重修先聖廟并建講堂記	正徳袁州府志13	景徳4年	1007	10－329
	翁緯	県学記	至元嘉禾志23	大中祥符元年	1008	15－130
	董儲	藍田県重修玄聖文宣王廟記	金石萃編129	大中祥符4年	1011	14－47
	李慶孫	寧海県文宣王廟記	赤城集7	大中祥符5年	1012	8－321
	陳堯佐	新修大成殿記	呉都文粋続編6	大中祥符5年	1012	10－12
	陳執古	文宣王廟記	紹熙雲間志下	天禧2年	1018	20－4
	王随	通州学記	万暦通州志3	天聖元年	1023	14－135
	李垂	大宋絳州重修夫子廟記	乾隆直隷絳州志14	天聖8年	1030	10－234
	文彦博	絳州翼城県新修至聖文宣王廟碑記	文潞公文集12	天聖8年	1030	31－55
(3)	夏竦	青州州学後記	文荘集21	景祐元年	1034	17－174
	銭諭	富陽県文廟記	正統富春志2	景祐2年	1035	20－98
	祖無択	蔡州新建学記	竜学文集7	景祐2年	1035	43－317
	李畋	双流県文宣王廟記	成都文類31	景祐3年	1036	9－269
	范仲淹	景祐重建至聖文宣王廟記	嘉靖江陰県志7	景祐3年	1036	18－424
	余靖	洪州新置州学記	武渓集6	景祐3年	1036	27－54
	余靖	興国軍重修文宣王廟記	武渓集6	景祐3年	1036	27－59
	成昂	兗州仙源県至聖文宣王廟新建講学堂記	金石萃編132	景祐4年	1037	9－152
	石介	宋城県夫子廟記	徂徠石先生全集19	景祐4年	1037	29－370
	鄧至	双流県重修文宣王廟碑陰記	成都文類31	景祐以降		48－259
	李防	丹丘州学記	赤城集5	宝元元年	1038	9－404
	欧陽脩	襄州穀城県夫子廟記	欧陽文忠公集39	宝元元年	1038	35－110
	張方平	湖州新建州学記	楽全集33	康定元年	1040	38－152
	余靖	恵州海豊県新修文宣王廟記	武渓集6	康定2年	1041	27－60
	石介	青州州学公田記	徂徠石先生全集19	康定2年頃	1041	29－374

	著者	題	出典	年号	西暦	全宋文
	張伯玉	呉郡州学六経閣記	呉郡志 4	康定年間		23－42
	蔡襄	福州修廟学記	蔡忠恵集25	慶暦元年	1041	47－190
	宋祁	楚州新建学碑銘(并序)	同治山陰県志	慶暦 2 年	1042	25－105
	曽易占	南豊県興学記	正徳建昌府志 7	慶暦 4 年	1044	13－330
	欧陽脩	吉州学記	欧陽文忠公集39	慶暦 4 年	1044	35－111
	毛維瞻	処州縉雲県新修文宣王廟記	括蒼金石志 3	慶暦 4 年	1044	46－149
	毛維瞻	東陽県学記	万暦金華府志26	慶暦年間		46－150
	王安石	繁昌県学記	臨川先生文集82	慶暦 4 年以降	1044	65－43
	余靖	康州重修文宣王廟記	武渓集 6	慶暦 5 年	1045	27－58
	史綸	新建撫州州学記	乾隆臨川県志	慶暦 5 年	1045	30－120
	范仲淹	邠州建学記	范文正公集 7	慶暦 6 年以降	1046	18－421
	余靖	饒州新建州学記	武渓集 6	慶暦 6 年	1046	27－55
	張兪	華陽県学館記	成都文類31	慶暦 6 年	1046	26－153
	尹洙	岳州学記	河南先生文集 4	慶暦 6 年	1046	28－37
	梅堯臣	新息重修孔子廟記	宛陵先生集31	慶暦 7 年頃	1046	28－164
	徐正夫	州学房銭記	正徳袁州府志	慶暦 6 年	1046	30－107
	余靖	潯州新成州学記	武渓集 6	慶暦 7 年	1047	27－53
	張兪	郫県文宣王廟記	成都文類31	慶暦 7 年	1047	26－154
	李覯	邵武軍学置荘田記	直講李先生文集23	慶暦 7 年	1047	42－308
	丁宝臣	嵊県旧学記	剡録 1	慶暦 8 年	1048	43－262
	王安石	慈渓県学記	臨川先生文集82	慶暦 8 年頃	1048	65－52
	尹洙	鞏県孔子廟記	河南先生文集 4	慶暦年間		28－30
	梅堯臣	桐城県学記	国朝二百家名賢文粋116	慶暦頃		28－166
(3)	陳襄	県学疏	古霊先生文集11	慶暦頃		50－101
	張兪	温江県宣聖廟記	成都文類31	皇祐元年	1049	26－155
	方峻	重修夫子廟記	続纂句容県志 9	皇祐元年	1049	27－244
	陳襄	天台県孔子廟記	古霊先生文集11	皇祐元年	1049	50－225
	曽鞏	宜黄県県学記	元豊類稿17	皇祐元年	1049	58－141
	韓琦	定州新建州学記	安陽集21	皇祐 2 年	1050	40－35
	曽宏	元氏新建県学記	乾隆正定府志45	皇祐 2 年	1050	41－318
	章望之	州学記	赤城集 5	皇祐 2 年	1050	58－350
	劉舒	重建文廟記	乾隆郷寧県志15	皇祐 3 年	1051	46－121
	沈士竜	新修文宣王廟記	景定建康志30	皇祐 4 年	1052	48－299
	姚嗣宗	修扶風県廟学記	乾隆鳳翔府志10	皇祐 5 年	1053	43－382
	蔡襄	亳州永城県廟学記	蔡忠恵集25	皇祐 5 年	1053	47－195
	韓琦	并州新修廟学記	安陽集21	至和元年	1054	40－40
	李覯	袁州学記	直講李先生文集23	至和元年	1054	42－303
	祖無択	郴州学記	竜学文集 7	至和 2 年以降	1055	43－322
	祁霖	重修文廟碑記	乾隆高苑県志	至和 3 年	1056	48－379
	周希孟	連江県建学記	同治福建通志62	嘉祐元年	1056	50－341
	司馬光	聞喜県重修至聖文宣王廟記	司馬公文集66	嘉祐元年	1056	56－229
	寧智	創建文廟碑記	乾隆新修曲沃県志38	嘉祐 2 年	1057	43－224
	章望之	常州無錫県学記	弘治無錫県志32	嘉祐 3 年	1058	58－351
	文同	嘉州平羌県新修夫子廟記	丹淵集24	嘉祐 5 年	1060	51－147
	余靖	雷州新修郡学記	武渓集 6	嘉祐 8 年	1063	27－57
	晁仲約	文廟記	道光保寧府志	嘉祐 8 年	1063	28－243
	褚理	海塩県学記	至元嘉禾志23	嘉祐 8 年	1063	50－337

出典は時代の先後を優先して代表的なものを一つ掲げた。数字は巻数を示す。
全宋文の数字は冊数－頁数を表す。
年号は記が書かれた年代によるため、実際の各事業とは若干ずれのある場合がある。

述を収集することで、ある程度これを復元することができる。曽棗荘《そうそうそう》等編『全宋文』（上海辞書出版社・安徽教育出版社、二〇〇六年）から、孔子廟および学校をつくったり改修した際に書かれた「孔子廟記」「学記」をすべて抜き出したのが前頁の表で、これをみれば、孔子廟および学校に関する地方での事業には、時期的な偏りがあることがみてとれる。そこでこれを⑴太宗朝の時期以前（雍熙年間まで）、⑵真宗朝の時期（咸平年間から大中祥符年間半ばまで）、⑶仁宗朝の時期（景祐年間以降）と大きく三つに分類した。表の⑴の時期をみれば一目瞭然であるが、宋初より太宗朝の時期には地方学校にかかわる事業をほぼ見出すことができない。そもそも宋代においても、学校政策は中央の国学[1]から始められたのである。

1　宋初の孔子廟と学校

宋初の国子監は、五代後周の顕徳二（九五五）年につくられたものをそのまま継承したが、まだ講学などはおこなわれておらず、孔子廟が存在するのみであった。太祖は受禅直後に詔を発して国子監の孔子廟を増修し、そこに祀られる孔子や先賢先儒の塑像をつくり、自ら孔子と顔回に対する賛をつくったという[2]。

それでは、宋初の国学孔子廟の制度はどのようになっていたのだろうか[3]。国学孔子廟における配享・従祀（いずれも付随して祀られる存在を指すが、配享の方が格が高く数が少ない）の制度がはじめて整えられたのは唐代のことであり、当初、配享されたのは亜聖（孔子につぐ聖人の意）とも称される顔回（顔子）のみで、その他の十哲（顔回を除いた九人）・七十二賢・二十一先儒は従祀とされた。このうち配享を含む十哲が孔子とともに堂上に、七十二賢と二十一先儒は廟庭におかれた。十哲というのは、孔門十哲とも称される孔子の代表的な弟子であり、『論語』先進篇にあらわれる顔回以下、一〇人の弟子のことを指し[4]、七十二賢は通常七十二弟子とも呼ばれ、その他の孔子の弟子たちを指す。この七十二という数字は

『孔子家語』の七十二弟子解に由来するが、実際に記述される人名はそれよりやや多く、『史記』仲尼《ちゅうじ》弟子列伝には七七人という数が記されている。ただしその中でも事績が多少なりとも書かれるのはおよそ半数に過ぎず、詳細はよくわからない人物がほとんどである。これに対して二十一賢や二十一先儒などと称されるのは、孔子より後の時代に儒教の発展に功のあった儒学者たちを指す。唐の貞観二一(六四七)年に、左丘明《さきゅうめい》以下二一人[5]が定められ、また開元八(七二〇)年には顔回以下の十哲と七十二弟子の首である曽参《そうしん》のみ塑像をつくり、七十子および二十二賢は壁に絵を描くこととされた。[6] ここで少し問題となるのは、七十二弟子に関して、数と人選が史料によって異なっている点である。唐代においても時期によって変遷した可能性があるため、必ずしも矛盾するとはいえない部分もあるが、『通典《つてん》』『大唐開元礼』『唐《とう》六典《りくてん》』(『唐会要』は『唐六典』と同じ)といった唐代の主要史料すべてで、人数とその人選が微妙に異なっているのである。

宋初の孔子廟について人選まで明示した史料は見当たらないが、『宋史』礼志八(巻一〇五)には、太祖のおこなった孔子廟の増修について、「先聖(孔子)、亜聖(顔回)、十哲の像をつくり、七十二賢および先儒二十一人の像を東西の廊下の木壁に描いた」[7]という記述がある。しかしこの中の「七十二賢」という記述は、誤解を招く可能性があり注意しなければならない。三代真宗朝の大中祥符二(一〇〇九)年には孔子の弟子に対する追封(死後に爵位を与えること)をおこなっているが、[8] 宰相の王旦が、国学の七十二弟子は太祖のときに議定した、と述べている。[9] その際の人選をみてみると、実は『通典』『大唐開元礼』『唐六典』のいずれとも合致せず、『唐会要』の七七人(十哲を含む)を基準にして、独自に『史記』や『孔子家語』を参照し、五増十減して決めていることがわかる。具体的には、顔回ら十哲を含めて七二人を選定しており、顔回のみ国公、他の九人の十哲には郡公、その他の六二人に列侯を賜っているから、総人数は唐代より明らかに少なくなっている。なおこのとき、選にもれた一〇人が同様に列侯に封ぜられるのは、北宋末に近い大観四年(一一一〇)のことである。[10] これら事実と王旦の発言からみれば、真宗朝の体制は宋初から継承されたもののはずであり、宋初には孔子・顔回・九人の十哲・六十二人の七十二弟子・二十一人の先儒[11]を祀っていたのだろうと考えられる。

太祖が最初に国子監を訪れたのは、建隆二(九六一)年十一月のことで、その後、建隆三(九六二)年正月、同二月にも国子監に行幸している。[12]また、建隆三(九六二)年六月にはじめて右諫議大夫崔頌を判国子監(国子監長官)に任じて講学がおこなわれたというから、[13]これ以前には後周以来の学舎が存在したにもかかわらず、講学などはおこなわれていなかったことになる。それでも太祖が国子監に赴いた目的は、孔子に拝謁するためだったのである。

ついで太宗朝では、端拱元(九八八)年八月と淳化五(九九四)年十一月に国子監への行幸が確認できる。孔子に拝謁することは重要な目的ではあったが、太宗は行幸にあたって経書の講義をおこなわせており、この頃には国子監は講学がおこなわれる場として定着していた。

一方、地方に目を向けてみれば、唐末五代の戦乱を経た結果、宋初には地方に学校はほとんどなかったようであり、少なくとも宋代の人にはそう認識されていた。『宋会要輯稿』崇儒二之二には太宗端拱二(九八九)年に康州が民を教化するために九経の賜給を願ったこと、至道二(九九六)年に嵩山《すうざん》書院に額と九経の書を賜ったことが記録されているが、真宗即位の約半年後の至道三(九九七)年九月には、左正言直史館の孫何が五条にわたる建議をおこない、儒教的素養をもつ文官を優遇するよう提言している。[14]一に儒者を将として用いること、二に太学の綱紀をただすこと、三に官の昇進について改革すること、四に制科を復活すること、五に郷飲酒礼をおこなうこととあり、[15]全体として儒教教化とそれを基礎に据えた人事制度改革案を提示したといってよい。そのうち二の太学に関する議では、国学の制度が杜撰であることや、入学が高い官品の子弟のみに限られることなどの問題点をあげる一方で、あいつぐ兵乱により「州県の学はことごとく廃れている」、「外地(京畿以外)には学生がまったくいなくなってしまった」と述べ、郷里の選によって人材が集められないことを問題としている。これは真宗が即位して今後採用すべき施政方針を建議させたものであり、[16]真宗は「之《これ》を善し」としたが、ただちに具体的な政策が推し進められたわけではない。しかし孫何の五議はのちの仁宗朝まで含めれば多くが実現をみており、真宗朝の当初から掲げられた王朝の基本方針とみることができる。

また至道三(九九七)年七月には真宗は孔子の嫡孫を訪ねるよう詔をくだし、九月には孔子四五世の孫である孔延世を召し出して、文宣公の封号を襲わせるとともに曲阜県令(曲阜は孔子の生家がある地で、県令は県長官)に任命し、[17]あわせて九経・太宗の御書・祭器を下賜した。さらに咸平三(一〇〇〇)年には京東西路の転運使(路は複数の州を管轄する広域行政区画で転運使はその経済政策を司る)および知兗《えん》州(知州は州長官)は孔延世を賓礼によって遇するよう命じている。[18]

咸平四(一〇〇一)年には、学校があり生徒を集めて講義をおこなっている諸路の州県には九経を賜うとの詔があるが、[19]その影響については史料上ほとんど確認することができない。しかし景徳三(一〇〇六)年二月に、全国の州は孔子廟を改修し、その中に講堂を設けて生徒を集め、人師たるべき者がこれを教化するようにとの詔が出される。[20]この詔は王欽若(九六二～一〇二五)の上言がきっかけとなっており、「重修先聖廟并建講堂記」には以下のように記されている。

今の皇帝陛下が即位された当初、大学に行幸され、博士や儒者たちを召して講義のための長机を設け、御座の前で経書の意味を講釈させ、(この講義をおこなった者たちに)その役割・功績に応じて帛を賜った。これ以後、大学の制度は一変し、(礼に用いる)籩《へん》・豆《とう》や(楽舞に用いる)斧・盾も古の時代のように燦然としておおいに備わった。大学士王公欽若は、「王者による民の教化は、内から外へおよびます。古の建学は、国都から郷にまで達しました。今、釈菜《せきさい》の礼はただ国学のみで盛んにおこなわれており、講学による教えはまだ四海に広まっておりません。教化に力を入れた御代でありながら、このように礼を欠いています」と上言した。陛下はこの上言によって有司に命をくだした。[21]

真宗朝の国子監への行幸は咸平二(九九九)年七月と景徳二(一〇〇五)年五月に確認することができるので、[22]「即位された当初」とは咸平二(九九九)年のものを指しており、『玉海』巻一一三、咸平幸国子監にはこのときの次第が記されている。これは太宗朝での二度目の幸国子監にあたる淳化五(九九四)年十一月の事例とほぼ同じであるため、[23]基本的には前例に倣ったものと理解でき、特筆すべき点は少ない。あえて述べれば、真宗が書物を重んじたことが描かれ、幸国子監の同日には崇文院にも赴き、秘書監楊徽之や集賢学士銭若水ら館閣の官（図書館にかかわる役職だが、実際には他の実職に付してエリートコースを示す肩書として与えられる場合が多かった）をともなって観書をおこなっている[24]。太宗も観書をおこなったことはあるが、幸国子監と観書を同日におこなったのはこれがはじめてである。

さてここにみえる王欽若の上言は、古の立学は国都だけでなく郷邑《きょうゆう》にまでおよんでいたが、今は釈奠（釈菜）が国学でしかおこなわれず、それにともなう講学も地方には広まっていないと述べているから、地方にも国学と同様に廟学を設けよとの建言である。これを裏づける史料として、王欽若「請修葺及不得占射文宣王廟奏」[25]があり、上奏が勅旨により裁可されたのち、奏文の内容を含む文書が京東転運使へと送られたことが書かれているほか、転運使を通じてさらに管轄内の府・州・軍・監（すべて路より下級、県より上級の行政区画だが、重要度等に応じて区分され、府が最も格が高く監が最も格が低い）に、王欽若の上奏の通りにせよとの命がくだされたことがわかる。それによれば各州・府・軍・監におかれている文宣王廟は多くが壊されているため、倉庫に蓄えた頭子銭[26]をその費用に充てて修建すること、ならびに転運使など使臣（転運使などの路官）の官員が廟内で居住することを禁止するよう要求しており、この文書が発出されたのが景徳三（一〇〇六）年二月十六日と記されている。

この詔による影響がどの程度広まったかは定かでないが、実際に複数の史料から孔子廟の修復を確認できる以上、一定の効果があったと考えられる。しかし『続資治通鑑長編』や『宋大詔令集』など官撰に近い諸史料にはまったく記述がなく、のちのいくつかの地方志が記文を収録しているに過ぎない。そのため一過性の施策としてあまり広く普及しなかった可能性も高く、北宋後半期以降の諸史料は、仁宗朝とりわけ慶暦年間の治世を学校政策の転換点として描いており、景徳年間の詔が顧みられることはほぼない[27]。

2　巡幸と曲阜の廟学

王欽若は景徳二(一〇〇五)年前後から権力を強めていき、大中祥符年間には真宗を封禅へと導くのはよく知られているが[28]、学校に関して重要なのは、封禅のための巡幸の途上、真宗が曲阜に赴いたことである[29]。大中祥符元(一〇〇八)年十月甲寅(二十七日)には、十一月の朔日に孔子廟に謁することを決め、実際に十一月一日には自ら文宣王廟に赴いて酌献の礼(酒を捧げる礼)をおこない、文宣王墓にも赴いてこれを改修するよう命じたほか、孔子に封号を加えて玄聖文宣王とし[30]、翌日には張斉賢らに太牢[31]を用いて祭らせている。その後兗州を発ち、十一月丁卯(十日)には玄聖文宣王廟に九経と三史を賜い、兗州に命じて儒生を選んで講説させたとある。

この巡幸の初め、曲阜孔子廟を管理していたのは、孔宜の子、孔延世の弟にあたる孔冕《こうべん》であった。しかし孔冕は普段から素行が悪かった上、巡幸中に問題を起こしたため[32]、真宗は交代させることを視野に入れていたのであろう、宰相に適任者を尋ねる下問をしたところ、王欽若は孔冕の弟で当時広州通判(州次官)をしていた孔勗《こうきょく》を召し寄せ、この任にあたらせることとした。孔勗は正式に知曲阜県に任ぜられるが、その際に文宣王廟内に学舎をつくって斎庁で講説することを上言し、許可されている[33]。これは景徳三(一〇〇六)年に示された、廟の中に学を立てて講義をおこなうという形態を曲阜の孔子廟で実現しようとしたもので、間接的に王欽若が関与していたことも想定できる。

のちの史料の中にはこれを郡県学のはじめと評するものもあり[34]、地方学校の普及はこの時点ではかなり限定的であったことがうかがえる。それに対して、大中祥符三(一〇一〇)年六月には釈奠の儀注(式次第のこと)および祭器図がつくられ各地に頒布されたほか[35]、四(一〇一一)年五月には豊州に孔子廟をおくことを許可する詔が出されるなど[36]、孔子廟の普及をめざす動きは活発である。また七十二弟子に対する追封も、真宗が巡幸から帰還したのちの大中祥符二(一〇〇九)

年五月のことであり、[37]同時に二十一人の先儒にも七十二弟子より一ランク落ちる伯爵号を賜与している。巡幸は皇帝が自ら外地を訪れる一大イベントであり、その途上、民に恩沢を施すとともに、訪れた地の神々に祈り、封号を賜与することがしばしばおこなわれる。王旦によれば、曲阜孔子廟は国学に合わせて制度が決められていたというから、[38]曲阜で自らが祈りを捧げた対象である、孔子とその弟子たち、および過去の儒者たちに賜封をおこなったのである。

この間、判太常礼院（儀礼を司る役所の長官）などを務め、釈奠儀注の制定を含めた礼制の整備において、中心的役割を担ったのは孫奭《そんせき》であった。[39]大中祥符五（一〇一二）年からは知貢挙（科挙試験を司る）や勾当《こうとう》三班院（低級武臣の人事を司る）を務めるが、[40]大中祥符六（一〇一三）年九月に真宗が唐玄宗の故事に倣って太清宮（老子を祀る）を祀ることを決めると、これを強く批判して真宗と対立し、同年十二月には親老を理由に外任への転出を請い知密州となる。天禧元（一〇一七）年頃にはいったん中央に戻るが、天慶節（真宗の誕生日）を祝うたびに全国で斎醮《さいしょう》を設けて道士を招いていることについて、費用が莫大であるからやめるよう進言し、これも容れられることはなく、ほどなくして知河陽県に転出している。[41]天禧五（一〇二一）年になって家郷近くへの異動を願い出て認められ知兗州となったが、[42]ここで孫奭は兗州の孔子廟内に学舎をつくって講学をおこない、数百人におよぶ学生が集ったという。[43]

真宗が崩御して仁宗が即位すると、ほどなくして孫奭は中央に呼び戻され、真宗実録の編纂を命じられるとともに判国子監に任ぜられ、仁宗の経筵《けいえん》（皇帝に対する講義）において以後中心的役割を果たす。そして、知兗州の頃には兗州学の学生のために自らの俸禄を充てていたが、離任以後はおそらく学校が廃れているだろうから学田（学の管理する田で学の経済的基盤となった）を賜与してほしいと願い出、[44]一〇頃の賜給が認められた。地方学への学田賜給はこれが最初の事例となり、以後この前例を踏襲する形で仁宗朝における官学の普及が始まっていく。

この孫奭の経歴をみれば、真宗朝における儒教政策をよく象徴しているといえよう。真宗は巡幸も含めて大中祥符年間の前半までは孔子廟の普及に積極的であったが、それ以降、道教への接近を強め、地方においても孔子廟や学校の新設、改修は低調となる。それは前掲の表をみても明らかだが、大中祥符五(一〇一二)年と景祐元(一〇三四)年の間の期間は、学校・孔子廟にかかわる史料が非常に少なくなる。逆に仁宗景祐年間以降には、これら史料が急激に増えるのだが、これは学田の賜給をみることでその流れを裏づけることができる。

3 慶暦の興学と学田賜給

慶暦にいたるまでの中央の対応を整理するため、『続資治通鑑長編』から地方官学に対する学田の賜給と九経の下賜および立学の許可をすべて抜き出したものを示すと、以下のようになる。[45]

乾興元(一〇二二)年十一月庚辰「……令於兗州講書、仍給田十頃以爲學糧。……」
天聖八(一〇三〇)年十二月庚寅「給江寧府學田十頃。從張士遜之請也。」
天聖九(一〇三一)年三月癸亥「賜青州州學九經書。從王曾之請也。」
天聖九(一〇三一)年七月甲戌「許壽州立學仍賜九經。知州侍御史朱諫請之也」
明道二(一〇三三)年五月庚寅「許大名府立學仍賜九經。從王曾之請也」
景祐元(一〇三四)年正月甲子「許京兆府立學、賜九經仍給田五頃。」
景祐元(一〇三四)年六月己丑朔「賜陳州揚州學田五頃。」
景祐元(一〇三四)年閏六月戊午朔「賜杭州學田五頃。」
景祐元(一〇三四)年十月辛巳「賜舒州學田五頃。」
景祐二(一〇三五)年三月乙未「賜亳・秀・濮・鄭四州學田各五頃。」

景祐二(一〇三五)年四月戊辰「賜楚州州學九經。」
景祐二(一〇三五)年九月甲辰「賜鄭州學田五頃。」
景祐二(一〇三五)年十月壬子「許蔡州立學。」
景祐二(一〇三五)年十月己巳「許蘇州立學仍給田五頃。」
景祐二(一〇三五)年十一月辛巳朔「以應天府書院爲府學、仍給田十頃。」
景祐二(一〇三五)年十二月乙丑「許孟州立學仍給田五頃。」
景祐三(一〇三六)年正月己酉「許洪州・密州立學、仍各賜田五頃。」
景祐三(一〇三六)年三月癸巳「許潞州・常州立學。」
景祐三(一〇三六)年四月乙亥「許衡州立學。」
景祐三(一〇三六)年五月戊子「許許州立學。」
景祐三(一〇三六)年五月辛卯「許潤州立學。」
景祐三(一〇三六)年五月戊戌「許真州立學仍給田五頃。」
景祐三(一〇三六)年六月戊申朔「許越州立學仍給田五頃。」
景祐三(一〇三六)年六月壬子「許階州立學仍給田五頃。」
景祐三(一〇三六)年六月甲子「許真定府・博州・鄆州立學。各給田五頃。」
景祐三(一〇三六)年八月甲寅「許并州立學。」
景祐三(一〇三六)年九月戊寅「許絳州立學。」
景祐三(一〇三六)年十月辛未「許合州立學。」
景祐三(一〇三六)年十一月乙亥朔「許江州立學。」

景祐四（一〇三七）年正月戊寅「賜蔡州學田十頃。」

景祐四（一〇三七）年二月丙寅「賜常州學田五頃。」

景祐四（一〇三七）年四月乙巳「賜宣州學田五頃。」

景祐四（一〇三七）年八月戊戌「許華福二州立學。」

景祐四（一〇三七）年十二月壬申「給真定府路州學田各五頃、仍詔自今須藩鎮乃許立學。它州勿聽。」

景祐四（一〇三七）年十二月乙酉「給徐州學田五頃。」

宝元元（一〇三八）年二月甲戌「賜鄆州學田五頃。」

宝元元（一〇三八）年三月己酉「許潁州立學。潁非藩鎮也、於近詔不當立學。知州蔡發有請、特從之。」

宝元元（一〇三八）年七月癸丑「賜襄州學田五頃。」

宝元二（一〇三九）年二月庚午「許明州立學、仍給田五頃。」

宝元二（一〇三九）年三月丙辰「許泉州立學、仍給田五頃。」

宝元二（一〇三九）年十一月辛丑「許建州立學、仍給田五頃。」

康定元（一〇四〇）年正月壬戌「賜國子監學田五十頃。」

慶暦三（一〇四三）年十二月庚申「許廣州立學。」


まず最初の乾興元（一〇二二）年の例は、孫奭が兗州学に一〇頃の学田賜給を要求した事例である。次に確認されるのは、天聖八（一〇三〇）年の江寧府学に対するもので、張士遜の請により一〇頃を賜給している。おそらく張士遜が孫奭の前例に倣って要請したものであろう。この前年の天聖七（一〇二九）年、すでに江寧府には孔子廟が存在したが、その場所を移すとともに府学を新たに建てており、のちに中央に学田賜給を請求したものと考えられる。[46]

ここまでは個別の請求に対応した事例であるが、景祐年間に入ると定式化された学田の賜給が急増する。さらにいえばこの定式にも二種類あり、一つは単に州学に五頃の学田を賜給するもので、景祐元(一〇三四)年と二(一〇三五)年に集中しておこなわれている。もう一つは州学を立てることを許可するので学田五頃を賜給するというもので、景祐元(一〇三四)年正月に京兆府に学を立てることを許すとともに、九経と学田五頃を賜給するのが最初となるが、その後景祐二(一〇三五)年十月から定式化されたものが集中的にみられるようになる。また景祐四(一〇三七)年には藩鎮州はすべて立学を許すとあり、主要な府州からの要請は許可し、その他の州については許可しないとの見解が示されるが、[47] 宝元元(一〇三八)年には藩鎮州に含まれない潁州の申請を特別に他と同様に許可しているので、制限は緩和される方向へ進んでいたと思われる。

なお学田賜給の記事は宝元二(一〇三九)年を最後にみられなくなるが、この後も前例に従って賜田は続けられたようである。[48] 例えば康定元(一〇四〇)年に新たに建てられた湖州学に、やはり五頃の学田が勅書により賜給されたことが確認できるし、康定二(一〇四一)年頃に書かれた石介「青州州学公田記」(『徂徠《そらい》集』巻一九)では特別に三〇頃の田を賜っていることがわかる。慶暦四(一〇四四)年以降に書かれた学記からは賜田に対する言及がほぼみられないが、これは学田が賜給されなくなったことを示すわけではない。皇祐二(一〇五〇)年の韓琦「定州新建州学記」には「州は皆学を立てるようにとはじめて詔がくだされ、(それらの学には)田を支給して、その費用に充てることとされた」[49] とあり、慶暦四(一〇四四)年以降の興学でも学田の賜給をともなったことが示唆されている。のちに熙寧四(一〇七一)年に、学官を派遣された州学は学田を一〇頃に増やすとの詔があることから考えても、[50] 新たにつくられた州学には一律五頃の学田が賜給されていたとみてほぼ間違いないであろう。

次に慶暦四(一〇四四)年の詔については、宋代学校史に関する研究では必ず言及されるところではあるが、その要点を簡潔に整理しておこう。まず伏線となるのが慶暦三(一〇四三)年九月、仁宗が范仲淹らに当世の急務を述べるよう詔をくだし、天章閣において范仲淹・富弼《ふひつ》らが一〇の建策をおこなった、有名な「条陳十事」である[51]。そのうちの第三条の「精貢挙」は科挙改革、とくに詩賦ではなく経や策論を重視するよう述べたもので、直接に学校の振興を求めたものではないが、諸路の州郡で学校のあるところでは経に通じたものを推挙して教授させるべきとも述べており、講学の広い普及を一つの目標としている。この十事は仁宗の心をとらえ、慶暦の改革の骨子として順次実行に移すことが命令された。その流れを受けて慶暦四(一〇四四)年三月、范仲淹を中心として宋祁《そうき》・王拱辰・張方平・欧陽脩・梅摯《ばいし》・曽公亮・王洙《おうしゅ》・孫甫《そんほ》・劉湜《りゅうしょく》の合計一〇人が連名で学校を興すべきとの合奏文を提出し[52]、全国の州県に学校を設置するようにとの詔が出されたのである。それに続いて関連する細かな制度が整備されていくが、それによればすべての州・府・軍・監が学を建て、さらにそれらが二〇〇人以上の学生を擁する場合は県学も建てることを許可したという[53]。例をあげれば、撫州にある宜黄《ぎこう》県では、この要件を満たしていなかったため慶暦四(一〇四四)年時点で立学できず、宜黄で学ぶ士人は皆州学に赴いたとある。宜黄県は撫州の附郭県(州庁のおかれた県)ではないので、実際に移住をともなうものであったろう。のちに皇祐元(一〇四九)年になってこの条件を満たし得たのか定かではないが、県令の発議によって建学が実現することになる[54]。

また各州県からすれば、建学は必ずしも容易な事業ではなかった。とくに学舎を建てること、および教員の確保は大きな問題で、そのため詔では学をおく際にその施設が整わない場合は、文宣王廟すなわち孔子廟、または関連する官員の官舎を学校施設に充ててもよいと書かれている。例えば繁昌県の例では、孔子廟を改修してここに教師と学生を住まわせたとあるから[55]、仮に地方官が建学を志しても、小さな県では実現できなかった場合もあっただろうし、そのような地域では地方官が積極的には動かなかったことも想定される。

ここである地域の一事例として、福州について南宋期にまとめられた『淳熙三山志』巻九、諸県廟の記述にもとづいて建学の時期を整理すると以下のようになる。まず福州の附郭県である閩《びん》県と侯官県では、福州府学が存在するために県学は三舎法の施行される北宋末までおかれなかった。しかし両者とも宣聖廟を建造しており、閩県の方は慶暦中に完成させたのに対し、侯官県の方は熙寧九(一〇七六)年にようやく孔子像と廟をつくっている。他の県では唐の乾符四(八七七)年から学があるという長楽県、景徳二(一〇〇五)年に廟学がつくられたという古田県、大中祥符二(一〇〇九)年に講堂や学舎をともなう廟学をつくっている閩清《びんせい》県がある一方、大中祥符四(一〇一一)年の段階ですでに孔子廟はつくられていたが、嘉祐二(一〇五七)年にこれを別の場所に移すとともに、新たに学校を付設した懐安県や、元豊元(一〇七八)年に孔子廟を拡充することで学がつくられた福清県、崇寧年間の改修が最初の記録である永福県などもある。[56]

　このようにさまざまなケースがあり、慶暦年間の詔によって全国一斉に学校が整備されたわけではなかった。とりわけ県学レベルについていえば、孔子廟の建造が先行し、のちに拡充されて学とされる場合は多かったし、孔子廟すらすぐにはつくられなかった場合もしばしばあった。ただし上記『三山志』の記述で注意すべきは、一概に「学」といってもその設備状況や実態は一様でなく、詳細はほとんど不明な点である。例えば唐代からあるという長楽県の学は、慶暦年間の改修以前の記述がなく、継続して維持されていたかは甚だ疑わしい。一方で古田県学は、景徳二(一〇〇五)年に県令の李堪が仏寺や淫祠を取り壊して孔子廟をつくり、さらに亭・台・閣をつくって書籍を管理する校典一人と、祭祀をおこなう礼生二人をおいたところ、学ぶ者が多く訪れたという。「李堪古田県記」(雍正『福建通志』巻七二)[57]によれば春秋の釈奠ごとに講学をおこなったとあり、また李堪は政務の暇なときに学生や父老を集めて討論したという記述(雍正『福建通志』巻二九)もある。史料から状況がある程度うかがえる例としては、他の地域と比較してみてもこれはかなり早い時期に相当するが、一地方の独立した事例であり、北宋後半期の学校のように、画一化・制度化された修業課程があったわけではないだろう。

　このように慶暦年間以前には、国子監同様の孔子廟を地方にまで普及させることが目標とされ、地域によっては徐々に講学もおこなわれるようになっていったことがわかる。この過程において、ほぼ必ず学校よりも孔子廟が先行していたのは、講学そのものより釈奠などの儀礼が重視されていたことが推測される。そこで次に、廟と学、すなわち孔子廟と学校とが観念上どのように認識されていたのか、北宋前半期の変化をみていきたい。

4 「廟」から「学」へ

慶暦四(一〇四四)年の詔以降、学校は制度的に整備されていくことになるから、これをもって地方官学のはじめとされるのは無理もないことである。ただしその後も学校は孔子廟と一体となって存在するため、施設や機能から考えた場合に、廟であるか学であるかはその区別が曖昧で、慶暦前後の実態からみても廟から学へと連続的に移り変わっていったと表現する方が適切であろう。そこで問題となるのが、では当時の士大夫たちはこの変化をどのように認識していたのかという点である。彼らが廟ではなく学を志向したというのは、いったいどのようなことなのか、その点に関して、廟学で最も重要な儀礼である釈奠を手がかりに、北宋前半期の変化を読み解いていきたい。

まず時代をさかのぼって唐代について確認しておくと、高祖の武徳七(六二四)年に州県郷に皆学をおくとの詔、太宗貞観四(六三〇)年には州県の学校に皆孔子廟をつくるとの詔がくだされているので、制度上は学が先にあり、後から孔子廟が付随していったことになる。ただし実際に唐代を通じて地方学校および孔子廟がどの程度設置され維持されたのかは、史料の限界もあってよくわからないのが実情である。唐の盛世とされる玄宗開元二一(七三三)年の詔では、州県学の優秀者を中央の四門学に送るよう命じるなどその普及がうかがえるが、逆に九世紀前半には、地方における孔子廟あるいは学校の衰退を伝える史料がみられる。その代表的なものが、ほぼ時期を同じくする韓愈と劉禹錫《りゅううしゃく》による文章で、宋代への伏線ともなっている。

憲宗朝から穆宗朝へと移り変わった直後、元和一五(八二〇)年頃に書かれたとされる韓愈「処州孔子廟碑」[58]は、処州刺史（刺史は州長官）李繁が孔子廟を新たにつくったことを紀念して書かれた文章である。それによれば、州県には皆孔子廟があるが、釈奠などの儀礼が執りおこなわれていなかったり、また博士や学生がいても、名ばかりでその実態が失われているという。そのような中、李繁は孔子廟をつくり、十哲の像・六二人の孔子の弟子およびのちの大儒数十人[59]の絵を描き、ふさわしい博士・学生を選び講堂をつくってそこで礼を教えさせ、自ら属僚や博士・学生を率いて釈奠をおこなったとある。ここからは、当時の地方の孔子廟および学校の実態がある程度うかがえるのだが、この文章でより注目すべきなのは、この前置きとして書かれる、孔子を祀ることについての理念を述べた部分である。

天子から州県の長官にいたるまで、皆祀ることができ、天下にあまねく（祭祀が）おこなわれるのは、ただ社稷と孔子のみである。[60]

このような冒頭から始まり、孔子と社稷を比較して、社稷は壇に祀られる（「不屋而壇」）のに対して孔子は王者のように廟がつくられ門人が配享される、古より功や徳によって位を得た者でも常祀（定例の祭祀）される者は少なく、孔子は位を得なかったのに常祀され、しかも王者のように祀られるのだから堯《ぎょう》・舜よりも立派である、と述べる。すなわち、実際には王ではない、いわゆる「素王」であった孔子が、全国で定期的に王者のように祀られているという事実こそ、孔子の偉大さの証明と考えたのである。

一方の劉禹錫「奏記丞相府論学事」（『劉賓客文集』巻二〇）は、長慶二～三（八二二～八二三）年、夔《き》州刺史のときに書かれた上奏文である。それによれば、今の学校は建物もくずれ、学生も少なくなっているのに、孔子廟への釈奠だけは多大な費用をかけておこない、これら費用は釈奠を執りおこなう地方官・学官らの贅沢にしかなっていないため、この費用を削減して、学校設備の建設や学生のための諸経費に充てるべき、という。これは多大な費用をかける釈奠のあり方を批判したもので、裁可もされなかったが、その主張を導く前置きにおいて劉禹錫は、『礼記』文王世子にみえる「その先師に釈奠す」を引用し、釈奠は本来辟雍《へきよう》と頖宮《はんきゅう》[61]（すなわち国学と曲阜）のみでおこなわれるものだったと述べ、天下の州県すべてで釈奠をおこなうのは古の礼に合わず、孔子の意にも沿わないものであるとした。韓愈と劉禹錫の文章はそれぞれ碑記文と上奏文であり、書かれた目的も異なるが、韓愈は全国で廟祀されることを孔子の尊さの証明ととらえたのに対し、劉禹錫は逆に、これを過剰な礼として批判したのである。これは、廟祀として孔子を通祀することが正しいか否かという論点として、宋代においても重要な意味をもってくる。

このように九世紀前半の史料からは、地方学校の衰退と、それに比して孔子廟に対する釈奠が盛んにおこなわれていた様がうかがえるが、宋代以降の士大夫も同様の認識をもっており、唐代後半期には地方学校が途絶していたとする見方が一般的であった。[62] 以上のような唐代史料にみられる歴史および現前する事実に対して、宋代士大夫はどのような理解をしたのであろうか。そこで(1)〜(3)に区分した時期ごとに、孔子廟記と学記を読み解くことで、これを整理していくこととする。

まず(1)の時期に相当する、宋初から太宗朝の時期についてみてみよう。この時期の記文は題をみてもすべて孔子廟記であり、学記が一つもみられない。記文の題はその文章を収める編纂史料ごとに異なっている場合があり、これを根拠に論ずることに意味はないが、逆に内容に即して題を後からつけた場合も多く、その内容を簡潔に示しているともいえる。実際にこれら記文はほぼすべて廟のみに焦点があてられ、学についての言及は非常に少ない。雍熙二(九八五)年の徐鉉《じょげん》「泗《し》州重修文宣王廟記」では、孔子廟の正殿・門のほかに「講論之堂」や「東西之序」を設けることが記されているが、具体的に講義に関する記述はなく、全体として孔子廟としての機能に終始している。また雍熙三(九八六)年に書かれた田錫「睦州夫子廟記」は「廟がなければ釈奠をおこなうことはなく、礼が備わっていなければ釈菜をみることもない」[63]と述べ、釈奠が廟でおこなわれることを前提としている。これは釈奠を実質的に廟祀とほぼ同様のものととらえる、唐後半期から五代にかけての観念をそのまま継承したものであり、まずは廟の復興によって地方における文教政策がめざされたのであろう。

次に⑵の真宗朝の時期についてみると、この時期の記文には、孔子廟記と題するものと学記と題するものが入り混じっていることがわかる。実際にどのような施設をつくったかをみると、例えば真宗朝で最も早い咸平元（九九八）年の胡旦「儒学記」では、孔廟の遺址に祠を三〇間、孔子以下七〇子の塑像をつくったほか、生徒の講舎一百余号をつくったとある。一方、咸平二（九九九）年の王漢「□□□□□文宣王廟碑文」では孔子廟の正殿に十哲の塑像をつくり、他の孔子の子弟は壁にその図を描いたほか、講書堂と名づけた堂を設けて県に住む学者を遊ばせたとある。この両者は一方は題を学記とし、一方は題を文宣王廟碑文とするが、具体的な施設面における差異はあまり感じられない。この時期はとくに廟と学の区別が曖昧であり、景徳三（一〇〇六）年の詔では、天下の州県は皆孔子廟をつくり、しかもその廟の中には講堂をつくって学徒を集め、人師たるべき者がこれを教化することが述べられていた[64]。この段階では、講堂をつくってそこに学生を集め授業をおこなうことは、孔子廟の中でおこなわれるべきと認識されており、学は廟に包摂されるものだったことになる。

例えば胡旦「儒学記」では、「唐の開元年間にいたってはじめて詔がくだされ、州県は孔子廟をおき、十哲と七十弟子の像をつくり、春秋には釈奠をおこなうこととし、これをきまりとして記載させた。我が宋朝もこれによる[65]」と述べており、県に孔子廟をおいて釈奠をおこなうのは、宋朝が唐制を踏襲したものだという認識に立つ。これに対して景徳三（一〇〇六）年の詔を受けたのちの章徳一「餘杭県建学記」では「都市に祠を建て、春秋の仲月に釈菜の礼をおこなうのは、唐王室のときの古いきまりである。都市の祠に皆講堂を建て、経書に通じる者を召し寄せて講学の儀式をおこなうのは、我が王朝の新しい制度である[66]」と述べて、廟で釈奠をおこなうだけの唐制とは異なり、廟中に講堂を建てて講義するのは、唐制を発展させた宋朝の新たな制度と認識している。つまり⑵の時期は、釈奠を廟でおこなう儀礼ととらえながらも、さらに廟の中に学としての機能も付加させていった時期といえる。

これに対して明確に廟と学を区別するようになり、むしろ学に重点をおく認識へと変化するのが⑶の仁宗朝の時期である。まず宝元元(一〇三八)年に書かれた欧陽脩「襄州穀城県夫子廟記」をみてみよう。その冒頭は「釈奠と釈菜は祭の略である」から始まり、欧陽脩の説明によれば、学官がおこなう季節ごとの祭祀はすべて「釈奠」でおこなうべきであるから、音楽を用いて、尸《し》を用いないという。これは釈奠について述べた『礼記』文王世子の鄭玄《じょうげん》注に、「釈奠は、捧げる食べ物やお酒を、ただ置くだけである(から釈奠という)、迎尸《げいし》以下のことはおこなわない[67]」とあるのを踏まえたものであり、尸というのは、廟で死者を祀るときの依り代のことを指す。欧陽脩は、通常の祭祀には尸と鬯《ちょう》(香酒)を用いるが、釈奠というのはこれらを略し、先師への礼物を「ただ置くだけ」なのが正しいやり方で、釈菜はさらにこれを略して音楽も用いない儀礼だと説明する。要は、死者の霊を祀る廟祀としておこなうのではなく、師にまみえるときのより簡略な礼をおこなうべきことを強調しているのである。その上で、現状は本来用いるべきであった音楽もなくなってしまったし、季節ごとの釈奠も春秋の年二回のみになってしまったことを嘆き、それでも今にいたるまで保存され得た理由として以下のように述べる。

隋唐の時代には、天下の州県は皆建学し、学官や生員をおき、釈奠の礼は明文化された規定となった。その後、州県の学は廃れたが、釈奠の礼は明文化された規定であったために、官吏はやめることができなかった。学が廃れ、祭祀をおこなうことができないために皆廟によって孔子を祀ったのである[68]。

隋唐時代に全国にあった学校が次第に廃れていったが、釈奠だけは法令で定められていたために保存されたという認識で、さらに次のような批判を展開している。

(後世の人は)官が祠をつくり、すべての州県で祀られるのをみて、これによって孔子の尊さが盛んにあらわされるようになったといっている。中でもひどいのは、生前にしかるべき位を得られなかったにもかかわらず、死後祀られることになったのは、孔子にとっての栄誉であるといい、(このような祭祀のあり方からみれば)徳に報いるという意味で堯や舜といえどもおよばない、というのである。なんと誤った考えであることか[69]。

これは明らかに「処州孔子廟碑」を意識した韓愈に対する痛烈な批判である。このように欧陽脩は、学官がおこなう礼たる釈奠が、実質上廟祀へと変化してしまったことを批判する。しかし一方で、隋唐の制度自体は本来正しいものであったとする見方に立つため、学が廃れても廟によって釈奠が保存された事実を一部評価しているとも考えられる。

欧陽脩と比較して、王安石は唐代との違いをさらにはっきりと表明している。「繁昌県学記」[70]の冒頭において、「学で先師先聖に対して奠し、廟はないのが古のやり方である。近世の制度では、孔子に廟で祭祀をおこなうのに学がない」[71]と述べ、「釈菜奠幣の礼」をおこなうのは学ぶ者がその拠って立つ源を忘れないようにするためであるから、学校がないのに孔子廟に礼をおこなうなど、「私はこのような説を聞いたことがない」と全否定する。ここで王安石は釈奠のことを「釈菜奠幣の礼」と表現しており、これは「釈」も「奠」も「置く」という意味であるから、釈奠は廟祀ではなく、菜や幣(布)をただ置く礼だと強調しているわけである。そして、直接その名を記してはいないが、全国で孔子を廟に通祀するという韓愈の説を批判しながら、「宋朝は近世の制度によってこれを改めず、今になって天子ははじめて詔をくだし、天下の州にはすべて立学を許可した。学の中で孔子に奠するのは、古のやり方に倣うものである」[72]とし、宋朝は唐制を踏襲したためにこのような過ちを犯したのだという認識を示して、仁宗朝になってはじめて古に近づくことができたという。また慶暦八(一〇四八)年に書かれた「慈渓県学記」では、州県官が春秋の年二回、属僚を率いて廟で孔子を祀る形の釈奠をおこない、学士がこれに参与しなかったことを取り上げ、「思うに廟がつくられたのは、学が廃れたことによるのであり、近世の制度ではそうなっている(廟で釈奠がおこなわれている)」[73]と述べ、学が廃れたために代替としての廟がつくられ広く普及したという因果関係をみる。これは基本的な認識を欧陽脩と共有するが、廟祀としての釈奠を保存してきた唐制を、まったく評価しないものである。

欧陽脩と王安石の例からうかがえるように、北宋中期の釈奠における廟から学への理念上の転換は、韓愈が表明した、全国に廟祀されているから孔子は偉大である、という観念を覆すことによって成立したものだったといえる。

では王安石ら慶暦以降の士人たちにとって「学」とはどのようなものを指し、それはどのような点で「廟」とは異なっていたのであろうか。この時期以降の学記において鍵となる語は学生の宿舎を意味する「学舎」であり、学校設置の大きな目的に養士があげられたように、学校内に学生を住まわせる施設があること、これが「学」として認められる要件となっていた。例えば王安石「繁昌県学記」では、以前から存在していた孔子廟には孔子と顔回の像しかなかったところに、十哲の像を完備した上で両廡（「廡」は廊下の意）を改修して「生師之居」としたとある。繁昌県は士が少なく二〇〇人に満たないため、厳密には律に合致した正式な学をつくることはできず[74]、孔子廟を改修して師生を住まわせたが、王安石はそれを「法を変えることなく古の実を失わなかった」と評価している。同様に「慈渓県学記」では、元あった孔子廟が壊れていたところこれを改修し、その四旁に学舎と講堂をつくり、県の子弟を起居させたという。ここでも王安石は、慈渓の士は数が満たないので学をつくることはできないが、法に背くことなく古の実を失っていないと述べている。これは、単なる廟ではなく実質的な学であることを強調しているのであり、師生が寝食をともにして学ぶことが「学」としては欠かせない要件と認識されているのである。

⑶に区分した時期の特徴として、釈奠が廟だけではなく学と結びつけられるようになったこと、その観点から唐代のとくに後半期のあり方を否定するようになったことがあげられる。さらに廟と学の関係でいえば、観念上両者の区別がより鮮明になり、王安石の場合は学の中で孔子に奠すると明言している（「慈渓県学記」）ことから、学の中に孔子廟を包摂する形態を想定していたことがわかる。一方ほぼ同時代の余靖は、慶暦七（一〇四七）年に書いた「潯《じん》州新成州学記」において、東に堂、西に宮、さらに舎をつくってこれを「廟学が完成した」と称しているし、至和元（一〇五四）年の事業を記した韓琦の「并州新修廟学記」では、元来廟の東にあった兵舎を移してそこに学を設置し、学には書楼・講堂・斎舎を設け、廟と学の間には射侯をおいて「廟と学の門を別にした」と述べている。慶暦以降次第に廟と学が揃ってはじめて制度が整うとの認識が定着していったと考えることができよう。

5 「学宮」観念の確立

次に廟学の問題と関連して「学宮」という言葉について考えてみたい。「学宮」という語は、学校やそれに付随する孔子廟などをまとめて指す表現で、すなわち廟学のことである。しかしこの語が廟学の意味で一般的に用いられるのは、ほぼ宋代以降のこととみてよい。

前掲表の孔子廟記・学記を調べてみると、後世頻繁に使われる「学宮」という語が、慶暦以前に驚くほど少ないことに気づく。例外として、景徳四(一〇〇七)年の楊大雅「重修先聖廟幷建講堂記」の中にみられるが、これは『漢書』文翁伝の引用としてあらわれるに過ぎない。それでは慶暦以前の北宋前半期において、孔子廟や学校を指す語としてどのような語が用いられていたのかみてみると、類似の表現として「儒宮」をあげることができる。「儒宮」はこの時期の用例として使われる場合には、ほぼ孔子廟のことを指しており、学校施設を含まないことがほとんどである。「儒宮」とはおそらく『礼記』儒行にみえる「儒に一畝之宮有り」を典拠とし、元来「宮」は垣根のことを意味していたと思われるが、太平興国八(九八三)年に書かれた柳開「潤州重修文宣王廟碑文」では、孔子廟とは孔子のために建てられた宮廷であるとの認識を示している。柳開は「重修孔子廟垣疏」も書いており、そこでは孔子廟のことを冒頭で「儒宮」と呼び、また「先師之宮」や「吾師之宮」と言い換えている。[75][76]

それに対して、この時期、学校の建物という意味では「学館」という語が存在していた。景祐二(一〇三五)年の銭諲《せんやく》「富陽県文廟記」、宝元元(一〇三八)年の李防「丹丘州学記」には「学館」の語がみられるが、両者とも同文中に「儒宮」の語もみられ、この二つの語をあまり明確に区別せずに用いている。ところが余靖の書いた複数の記を比べてみると、景祐三(一〇三六)年に書かれた「洪州新置州学記」では「其の祠宮に即き、黌舎《こうしゃ》を建てんことを願う」として祠宮と黌舎を明確に使い分けている。また同年に書かれた「興国軍重修文宣王廟記」でも、孔子廟を改修して新たに黌堂《こうどう》を設けて学校施設も備えるようにしたが、これを「祠宮を修め、学館を建つ」と表現している。同様に、康定二（一〇四一）年の「恵州海豊県新修文宣王廟記」にも孔子廟のことを「祠宮」と表現するほか、「新廟を建て学館を崇ぶ」と述べており、「学館」を孔子廟（余靖の用語では祠宮）と対比させた学校施設の意で用いている。それが慶暦七（一〇四七）年の「潯州新成州学記」ではじめて「学宮」という語を用いており、これは「廟学」とも言い換えているように、孔子廟と学舎をともに備えた施設を指している。嘉祐八（一〇六三）年の「雷州新修郡学記」にも「学宮を広くして之を新たにす」とあり、やはり廟と学の両者が一体となったものの意味で「学宮」を用いている。[77]

そもそも「学宮」の語は『周礼』大胥《たいしょ》の「春入学し舎采合舞す」に対する鄭玄注に「春はじめて学士を以て学宮に入る」とみえるのを典拠とし、賈公彦《かこうげん》疏はこれを「学宮はすなわち文王世子の云う春誦夏弦皆東序に於いてす、是なり」とするから、学宮とは東序すなわち学校施設であるとの解釈を示している。

また古い時代においては、「学宮」は「学官」と同義の語として、あるいはその誤記として用いられていた。そもそも「官」と「宮」は字形が似ており、書写や刊刻の誤りによって異同があっても自然であるが、例えば『漢書』では、古い善本として知られる宋景祐本を収めた百衲本《ひゃくのうほん》の系列や、それを底本とする中華書局の点校本では、韓延寿伝（巻七六）・何武伝（巻八六）・文翁伝（巻八九）に「学官」という表現がみえ、それぞれ顔師古が「學官、謂庠序之舎也」、「學官、學舎也」、「學官、學之官舎也」と注を付している。この注釈は、学校の官員という「学官」のより一般的な意味ではなく、学校の建物の意味であることを示すためにつけられたものである。ところが官本（殿本）の系列となる四庫全書本では、韓延寿伝と何武伝の二カ所において「學官」ではなく「學宮」と表記されている。さらに四庫全書所収の『漢書』に付された韓延寿伝の考証では「按ずるに、學宮應《まさ》に學官につくるべし。『漢書』の各傳皆然り。諸本並びに誤れり」との注釈があり、「宮」は「官」の誤りと指摘されている。同様のことは『後漢書』にもみられ、魯丕伝（列伝第一五）や庾乗伝（列伝第五八）などに学舎の意味での「学官」がみられるが、庾乗伝の方は、四庫全書本で「學宮」とするだけでなく、劉攽《りゅうはん》が「文を案ずるに、宮當《まさ》に官につくるべし」と注している。劉攽は北宋後半期の人物で、漢代史学の専家であり、司馬光とともに『資治通鑑』を編纂した経歴をもつ。その劉攽が「学宮」は「学官」と書くべきだと断じたのであるから、当時、学官と学宮を別の語として区別する意識が生まれていたと考えられる。

いずれにせよ、北宋前半期の諸史料をみる限り、学舎の意味として「学官」あるいは「学宮」のあらわれる頻度があまりに少なく、逆に慶暦以降、「学宮」という表現が増えていく。もう一つ傍証をあげれば、『漢書』などにみられる地方学校の学舎を意味する「学宮」および「学官」の語は、北宋中期に欧陽脩らによって編纂された『新唐書』には散見されるものの、『旧唐書《くとうじょ》』には一例もみられないのである。[78]中でも『新唐書』韋弘機伝（巻一〇〇）では、顕慶年間に檀州刺史となった際に「学官（宮）を修め、孔子七十二子漢晋名儒像を画く」と書かれるが、同一人物である『旧唐書』韋機伝（巻一八五上）[79]では「機敦く生徒に勧めて孔子廟を創立し、七十二子および古よりの賢達を図す」とするから、『旧唐書』で「孔子廟」であった箇所が『新唐書』では「学官（宮）」と書き改められている。また『新唐書』常袞《じょうこん》伝（巻一五〇）の末尾で、常袞が閩に郷校をつくったため、のちに閩人が「春秋袞を学官（宮）に配享」したとする記述があるが、『旧唐書』常袞伝（巻一一九）ではそもそも学校に関連する記述が存在しない。『新唐書』には、地方興学に関する記事が新たにつけ加えられる傾向があり、その文脈でしばしば「学官」もしくは「学宮」と表現されたのである。

慶暦年間に前後して地方学校建設の機運が高まると、『漢書』にみえる文翁の故事が頻繁に引用されるようになっていく。これについては次章で詳しくみていくが、その文翁伝に「学官」すなわち「学宮」が言及されていることに加えて、孔子廟を指す語としての「宮」と「学」が接合して「学宮」という語が定着していったと考えられ、これを大雑把にまとめれば「儒宮」と「学館」が結びついて再び「学宮」へと変化したということになろう。漢代には「学官」の方が一般的であった可能性が高いが、宋代の史料では明らかに「学宮」の方が多く使用されるようになり、学舎をあらわす語としての「学宮」はあまり用いられなくなる。以後「学宮」は、南宋から元、明でも頻繁に用いられ、学と廟が一体になった諸施設をまとめて指す用語として定着していくのである。

ここまでみたように、北宋の前半期を通して、士大夫の認識は廟から学へとその重心が移動していった。形式上からみれば、「廟学」一体という唐初の観念に回帰したともいえるが、宋初に唐五代より続いていた現実と制度を継承していた士大夫たちは、徐々に現状を批判するようになっていき、その延長として北宋中期には唐制を批判の対象としていく。廟と学、あるいは釈奠と廟祀を自覚的に区別し、廟だけでは不十分として実態をともなう学を重んじるこの考え方は、以後の全国的な興学においても共有され、宋代以降も持続的かつ広範に普及した「廟学制」を支えていくことになるのである。

官学の本格的な普及は慶暦四(一〇四四)年の詔を契機とするのは疑いないものの、その前後をみればいくつかの契機を経て段階的に普及が進められていったことがわかる。とくに孔子廟と学校を截然と区別せず、両者を一括してその変遷を観察すれば、孔子廟から学校へと連続的に移り変わっていくことが確認できる。

真宗朝における政策は、国学がもつ祭祀と講学の機能を、曲阜孔子廟、それから全国へと同様の形態で展開しようとしたのであり、これはいわば、国学のミニチュア版を全国に広めることであった。その流れを加速させた仁宗朝では、実際に孔子廟を、廟を包摂する学へと切り替えていったが、そこでは、廟ではなく学を全国に普及させるべきとする理念的な転換が試みられたのである。北宋中期以降、釈奠は孔子という死者の功績を称えるための廟祀ではなく、過去の師にまみえる礼として再定義され、逆に孔子は堯や舜という偉大な王とは一線を画されることとなった。そのような祭祀の場として廟と学が接合した「学宮」という観念が確立したのである。

第二章　地方官学の興起と文翁伝説

孔子廟から学へと徐々に転換していく北宋前半期の流れは、国学たる国子監と同じ形式のものを地方にまで広く普及させる意図を含むものであり、学校はその後も孔子とその弟子たちを祀る空間として機能し続けることになる。全国にある学で一律に同じ対象を祀るというのは、学校を通して中央と地方とで儀礼・祭祀における相似的な関係を構築することにつながり、少なくとも当初王朝が全国に教化を広めるための方策として想定していたのは、そのような廟であり、学であったろう。

このような役割は宋代を通じて失われることはなかったが、学校が各地の実情に合わせて変化を続けていったのもまた事実である。そこで次に、そのような画一的な存在を志向してつくられた学校が、いかにして地域独自の文化・伝統を包含する存在へ変容していったのかという問題を考えていきたい。

最初に取り上げるのは、北宋中期から南宋初期頃にかけて有名になった、漢代の文翁《ぶんおう》という人物である。慶暦年間以降、学校の普及は教育の普及と直結し、科挙制度と並行する形でその整備・拡充が進んでいくから、学校は官僚登用制度の一部として重要性を増していくことになる。しかし一方で、慶暦の興学は理念的な転換をともなって急激に進められたもので、当初は科挙制度との直接の結びつきがなく、政策開始からすぐに地域社会に受け入れられたとはいえない面もある。そこで地方官学が地域社会に受容され定着していくその過渡期に注目することで、学校に対する地域士人層の意識の変化を追うとともに、学校の変容過程を示していくこととする。

文翁は成都に地方学校をはじめてつくった地方官として『漢書』にあらわれることから、宋代に興学の機運が高まると、過去の代表的な事例として注目を集め、しばしば言及されるようになっていく。これによって文翁が成都でどのように扱われたのか、このことが成都府学にどのような影響を与えたのか、あるいは他地域がどのような反応を示したのかを通して、当時の地方学校が受容されていく過程で起きた事例を具体的にみていきたい。

1 『漢書』循吏列伝における文翁

まず文翁とはどのような人物だったのであろうか。これに関して李弘祺は、おそらく伝説上の人物で必ずしも実在しなかった可能性がある、という興味深い推測を述べている。[1]「文翁」という名の字義は「教養のある長老」という意味で、漢武帝(位前一四一～前八七)の時期以前に生きたのに、司馬遷の『史記』にあらわれず、『漢書』にのみあらわれることから、「文翁」とは姓名ではなく、その神秘性をあらわす呼称なのではないか、というのである。この真偽はわからないが、後世よく名の知られた存在となるにもかかわらず、漢代の前後ではそれに連なる文氏の家系がほとんどわからないことや、「翁」という名のみが知られ、字《あざな》などがいっさい記されないなど、謎に包まれている部分がある。とはいえ、『漢書』循吏《じゅんり》列伝の筆頭に立伝され、その具体的な事績にはとくに大きな矛盾をはらむわけでもないので、普通に考えれば実在の人物として扱うのが妥当である。本書は宋代からみた文翁像が問題となるため、実在か否かは重要ではなく、少なくとも文翁と呼ばれる人物がいたという前提で話を進めていくが、そのような不確かさを含む人物であるということは、念頭においてよいと思う。

まずはその原型を示す『漢書』文翁伝(巻八九)の記述をみてみよう。廬江、舒《じょ》の人で、景帝(位前一五七～前一四一)の末年に蜀郡の太守となって教化をおこない、学校をつくって人材を育成したことが記されている。具体的には、郡の小役人の中から優秀な人材十数人を選び、都に派遣して博士に学ばせたり、あるいは法律を学ばせた上、学業を終えて帰って来た者たちを自らの右腕として抜擢したり、官に推薦したりした。また成都に学校をつくって生徒を学ばせ、徭役を免除したり、優秀な者は郡県の役人に取り立てたりしたために、皆競って学校の生徒となろうとした。それによって「風俗はおおいに変わり、蜀の地から都で学ぶ者は、斉や魯に匹敵するようになった」ことが描かれる。のちに武帝の時代には、天下の郡国に学校をつくることになったが、文翁はその先駆けとして位置づけられ、また蜀には文翁を祀る祠堂が建てられて、のちの巴蜀《はしょく》の文化的基礎を築いた人物としても認識されるようになった。

ほかにも『漢書』地理志下(巻二八)には、蜀はもともと野蛮な地で南夷に属していながら、司馬《しば》相如《しょうじょ》をはじめ、王褒・厳遵・揚雄といった人物を輩出するようになり、天下にその文がとどろくようになったが、これは文翁の教化によるとの評価を与えている。司馬相如や揚雄は、後世にいたるまでその文名が高く評価される人物で、文翁は彼らによる優れた文化を生み出した契機とされているのである。

武帝による学校政策といえば、まず董仲舒による太学および五経博士の設置があげられ、これは後世から「儒教官学化」の重要な一齣として描かれる。実際には、成都における文翁興学はそれに先立つ時期であり、直接的な関連があるとはいえないが、[2]すでに『漢書』において両者が結びつけられていることから、後世には中央の事業と地方の事業という一対のものとして認識されることになる。このような認識は、後漢以降から唐代までおおむね継承されており、正史などの歴代の史書では、循吏の代表的存在として文翁はしばしば言及されている。中でも、とくに儒教教化との関連を意識して述べられる場合があり、[3]その延長として宋代でも、文翁による興学を董仲舒の太学設置と並列して語り、「儒教官学化」に尽力した人物としての面が強調されるようになってくる。

2 宋代における文翁言説の端緒

宋代における文翁像の端緒としては、楊大雅「重修先聖廟并建講堂記」(正徳『袁州府志』巻一三)がある。景徳三(一〇〇六)年に、全国の州は孔子廟を改修し、その中に講堂を設けて生徒を集めるようにとの詔が出されたのを受け、翌四(一〇〇七)年に書かれたもので、「昔、文翁は蜀の長官となったが、その初めに学宮を建てて民を教化した。これによって巴蜀はおおいに化し、斉魯の風があった」[4]と述べられている。これは『漢書』文翁伝の記述を参照したものであるが、これに続けて、江表(江南)ももともと文を重んじており、天子が学を勧め、地方長官が師を選んだのだから、文翁が一郡をおさめたのに劣るはずがないと述べる。ここからは地方興学の最も代表的かつ成功した事例として、文翁の故事があげられていることがわかる。

少し時代を下り、仁宗朝の天聖から景祐年間にみられる、夏竦《かしょう》と張方平の議論をみておきたい。『歴代名臣奏議』巻一一四、学校の項をみると、北宋前半期の学校にかかわる議論として、太宗端拱年間の楊徽之、至和三(一〇五六)年の趙抃《ちょうべん》、嘉祐元(一〇五六)年の欧陽脩、嘉祐七(一〇六二)年の司馬光の上奏に続いて、夏竦と張方平の上言が採録されている。このうち楊徽之・趙抃のものは太学のみにかかわる議論で、欧陽脩・司馬光のものは時期的に夏竦・張方平より後のものである。夏竦・張方平の議論は、ともに地方興学を説いたものであり、のちの時代からみても、慶暦以前では学校に関する代表的な議論であったとみてよいであろう。

夏竦の文章は他史料に採録がないが、諫議大夫の肩書があるため天聖五(一〇二七)年から六(一〇二八)年の間におこなわれた上奏である。[5]その歴史認識によれば、古にあった学校は五帝の時代から周代まで受け継がれ、その後、漢と唐は学校を重んじたが、唐末には学校に関する規律は失われ、生徒も名ばかりになってしまったといい、これをもって「蜀郡は文翁の訓を墜《おと》し、豫章《よしょう》は范寧の制を堕《おと》す」と表現している。范寧は『晋書』巻七五に伝があり、餘杭《よこう》県令となって学校を興し生徒を養ったところ、おおいに風化されたという。『晋書』はこれを「中興より已来、崇学敦教、未だ寧の如き者有らざるなり」と評している。また豫章（のちの洪州、現南昌）太守となり、ここでも学校を興し郡の有力者の子弟を学生として経を読ませたという。夏竦は過去の地方興学の重要な事例として文翁と范寧を並列しているのである。

一方、張方平の議論は彼の文集である『楽全集』巻一一にも残されており、これは「芻蕘《すうじょう》論」と題する政論を綴った一連の論文集の一編である。『呉郡志』に載る彼の伝記[6]によれば、景祐年間に張方平が知崑山県を務めていた折に、当時知蘇州を務めていた蔣堂が、彼の著した「芻蕘論」を見出して上奏し、その結果張方平は賢良方正科に推挙された。そもそも張方平は茂才異等科によって起家して崑山県の令になっており、賢良方正の合格によって睦州通判の職を得ることとなった。蔣堂は景祐四（一〇三七）年から知蘇州を務めているので[7]、知州として管轄内の張方平を推薦したのであろう。これらの事実から、この文章が景祐年間頃に書かれたことは間違いない。

張方平によれば、周代におこなわれた理想的な教育制度は、周が衰えることによって廃れ、漢代にそれを復興しようとさまざまな努力がなされたとする。その先駆けとなったのが文翁であり、蜀にはじめて学校を建て、それに続いて董仲舒が都に太学を建てたことによって学校は栄え、それによって後漢の政治は経術にもとづいたものとなったと称賛する。ここでは文翁が地方学興起の先駆として言及され、中央で太学を興した董仲舒と対になって語られている。

このように仁宗朝に入って地方興学の機運が高まって以降、文翁は範とすべき典故としてしばしば言及され、広く知られるようになっていく。この傾向は地方で書かれた学記からもうかがうことができ、例えば余靖が景祐三（一〇三六）年に書いた「洪州新置州学記」がある。洪州学は景祐三（一〇三六）年に立学が許可されており[8]、多くの地で新たにつくられ始めた学校の中の一つである。その記の中で余靖は「学校が民を教化する根本であるとわかっていたのは文翁ただ一人であり、蜀からそれを唱えた[9]」と述べ、司馬相如や王褒が輩出されたのは、輝かしい三代の時代にも劣らないというのである。洪州はかつての豫章のことであり、范寧の興学がおこなわれた地であるが、ここで余靖がそれに言及することはない。ここからは、余靖の認識がとくに地域性を意識したものではなかったということや、文翁の知名度が群を抜いていたことがうかがえるであろう。

余靖は慶暦の改革における主要人物の一人でもあるが、彼の『武渓集』巻六には「洪州新置州学記」のほかに「潯州新成州学記」、「饒《じょう》州新建州学記」、「雷州新修郡学記」の三つの学記と、さらに三つの「新修文宣王廟記」が残されている。そのうち慶暦五(一〇四五)年に竣工し、翌六(一〇四六)年に書かれた「饒州新建州学記」も「文翁は巴蜀の長官となり、その風俗をよく変え、斉や魯に匹敵させた」[10]という文章が冒頭付近にあり、文翁を地方学興起の象徴的存在として位置づけている。

このように仁宗朝以降、文翁に関する言及は、地方学校を語る文脈の中で頻繁にみられるようになる。ただしこれは、全国的な興学の必要性を訴える文脈であらわれたものであり、特定の地域との関連から意識されたわけではなかった。しかし時代が下るにつれ、そこに地域的色彩を読み込もうとする傾向があらわれてくる。

3 文翁伝説の盛行と成都府学

(1) 成都府学における慶暦の興学

慶暦以後、実際に地方に学校がつくられる段階になると、文翁に関する言及はより増えていく傾向にあったが、それが最も顕著にあらわれたのは、文翁が漢代に学校を興した地とされる成都においてであった[11]。

『続資治通鑑長編』の記述によれば、慶暦四(一〇四四)年三月に興学の詔が発布されると、そのとき知益州を務めていた蔣堂が、孔子廟の中にあった文翁の石室を拡大して学宮とし、属官に諸生を教えさせたために、士人はいっせいに蔣堂を称賛した、とある。[12] ここでいう文翁の石室というのは、前漢に文翁が学校を建てた際にともにつくったものであるが、後漢の半ば頃に学校は火災に遭って学舎自体は焼失してしまう。しかしこの石室だけは火災を免れて残り、後漢の末期になって高眹《こうちん》という人物が新たな二つ目の石室をつくった。[13] そして高眹のつくった石室には周公(周公旦、周文王の子)が祀られ、周囲には三皇五帝や七十二弟子および漢代の名臣が描かれて、周公礼殿と呼ばれるようになった。さらに南北朝から唐五代にかけて丘文播《きゅうぶんぱ》や黄筌《こうせん》・劉瑱《りゅうてん》といった著名な画家が筆を揮って絵を描き加えるなどしたために、周公礼殿は美術的価値が高まり尊重されてきたという経緯がある。[14] この周公の礼殿は、唐貞観年間に宣聖が周公から孔子へと変更されたことを受け、開元年間には祭祀対象が孔子へと変化していたが、その来歴の古さから、文翁のつくった古い方の石室ともども後々まで成都府学の象徴的存在として機能していくことになる。

さて学校行政をおこなった蔣堂であるが、慶暦四(一〇四四)年の十一月には任期を満たすことなく益州から転任させられてしまう。蔣堂は前任であった楊日厳の政治をおおいに変え、なおかつ建築事業に熱中して、建築材調達のために、蜀漢先主(劉備)の恵陵や江瀆祠から高い木を伐採し、また后土(土地神)と蜀漢後主(劉禅)の祠を壊したりしたために、蜀の人々の反感を買い、さらには官妓を私したとして「清議の嗤《わら》う所」となり、ついには楊日厳の対(地方官が皇帝に直接面奏する機会)によって知河中府へと転任させられてしまうのである。[15] つまり学校行政は多くの士人に喜ばれたとはいうものの、とりわけ当時の蜀における蔣堂の評価は、あまり芳しくなかったようである。

しかしこの蔣堂の学校行政を高く評価し、文翁の顕彰をおこなったのが、のちに知益州となった宋祁であった。宋祁は天聖二(一〇二四)年の進士だが、科挙において礼部は宋祁を成績第一としたが、同時に登第した兄の宋庠《そうしょう》が弟よりも下位にあるのは問題だとして、宋祁は第一〇位におかれたというエピソードがある。[16] すなわち実質的な状元(首位合格者)で、范仲淹の条陳十事にも二番目に名を連ねるなど、代表的な慶暦の士人といえ、実際に礼制の議論など、慶暦の諸改革では重要な役割を果たした人物である。嘉祐二(一〇五七)年に知益州となった宋祁は文翁祠に行ったところ、埃をかぶってひどく荒れ果てていたのでおおいに嘆き、翌年には学宮の西に土地を確保して新たに祠堂を建てた。[17] この地はもともと蔣堂が孔子廟の西側を拡張する形で諸生の斎室を建てた場所であり、その後転運使によってこの学舎は官舎へと転用されていたという。[18] この様子をみても、この地での学校行政は、当初から定着すべきものとして受け入れられていたとは考えにくい。

宋祁の弁によれば、蜀で祠をつくって祀られていた人物は二人おり、一人は秦の時代に治水に功績のあった李冰《りひょう》で、もう一人が文翁であった。しかし文翁の祠は李冰のものに比べても狭く、それは道徳教化という文翁の業績が、治水のように目にみえてわかりやすいものではなかったからだという。改修の結果、三楹《えい》の堂に左右の序や献廡《ぶ》を備え、彩色も施された荘厳な建物をつくったとあり、李冰の祠にも劣らないほどのものとなったようである。また堂の中には中央に文翁像をつくり、左右の壁には司馬相如ら文翁の興学以降に輩出された人物を描いて配することによって、文翁を司馬相如ら先賢の首として祀った。さらには古における学の復興は高眹にもとづき、今の学の盛んなことは蔣堂にもとづくとして、この二人も像を描いて配祠としたのである。

宋祁は碑文を書いただけでなく、これら人物を称える「府学文翁画像十賛」もつくっており、ここから当時の文翁祠に配祠された人物が具体的にうかがえる。文翁のほかには、司馬相如・王褒・厳遵・張寛・李仲元・何武・揚雄・高眹そして蔣堂という構成であり、[19] 蔣堂以外はすべて漢代の人物で、文翁・高眹を除けば残りはすべて『漢書』や『華陽国志』などにみられる、文翁興学以降に蜀で輩出された人物で、文名を知られた者が多い。『能改斎漫録』に、宋祁が蔣堂の意を達せんとして文翁の祠をつくったと書かれるように、[20] 蔣堂および文翁・高眹といった、学校をつくる行政側の行為を顕彰することにむしろ重点があったからこそ、このような構成になったのであろう。逆に漢代以降、蔣堂までの間にふさわしい人物がいなかったという事実からみれば、この伝統の断絶は宋祁の認めるところでもあった、ということなる。

この後、英宗治平元（一〇六四）年三月になり、ようやく成都府学は韓絳《かんこう》によって増修される。[21] このときの学校増修は、以前に蔣堂が建てその後壊されてしまった学の土台がまだ残っているので、これを利用してもう一度建て直してはどうかという諸生からの提案があり、それに従ったものであった。ここで韓絳は、成都の学は郡国の学の中で最も先んじてつくられ、士の多いことでもこれに比肩する地は少ないと述べている。また、学の竣工時には、地元の隠逸の士である張兪《ちょうゆ》が、その様子を「成都府学講堂頌」[22]の中で述べている。それによれば、属僚や学官、生徒三〇〇人が堂上で礼をおこない（すなわち孔子とその配享に対する礼）、府や県の士と民、さらには遠方から一万人近くがその儀礼を見に訪れたとあり、「蜀の学の淵源は遠く、そのはじめは漢代に興り、晋、唐から五代にいたるまで、代々管弦の音と講誦の声が絶えなかった。いわゆる周公の礼殿と文翁の石室は、千年以上を経ても立派な姿で存在している。……闕里（曲阜）から三都四方の講堂におよぶまでこれより立派なものはない」[23]とその充実ぶりを褒め称えている。漢から晋、唐へといたる連続性は、周公礼殿に残された文物などを想定しているのだろうが、ここまでの説明からもわかるように、学校としては、漢から宋までの間に相当の断絶があったとみる方が自然である。それが文翁とそれにかかわる施設の復興によって、ここに再び接続されたのである。

(2) 文翁言説の継承と成都府学——呂陶の場合

成都府学の興起に蔣堂は重要な役割を果たしたが、彼が後代にいたるまで蜀で評価され続けた要因は、その人脈がのちの成都府学に関係したことが大きい。その代表的人物が呂陶と胡宗愈の二人である。

呂陶は成都の出身だが、蔣堂が慶暦の興学に応じて進めた学校行政によって世に出た人物といっても過言ではない。『宋史』呂陶伝（巻三四六）の冒頭には、蔣堂が成都府学においてわずか一三歳の呂陶の論を読んで高く評価し、以後賓客として待遇したことが記されている。呂陶のその後の経歴を『宋史』の記述を中心に簡単にまとめておくと、皇祐年間に進士に登第し、銅梁県の令を務めて治績をあげ、その後、知寿陽県を務めていたときに知府の唐介に召されて簽書《せんしょ》判官（幕職官の一つで知府の補佐役）となり、さらには朝廷において活躍すべき人物だとして、熙寧三（一〇七〇）年八月には賢良方正科に推薦されて受験している。[24]時は王安石によって新法が推進されている最中で、王安石は呂陶の答案を読んで快く思わなかったが、神宗は馮景《ふうけい》によってもう一度評価させ、さらに司馬光・范鎮もこれを推したため、結果合格とされた。王安石はこれに前後しておこなわれた孔文仲の賢良方正の試験にも不快感を示しており、結局これ以後しばらく制科は中止されることとなる。[25]その影響もあってか呂陶はこの合格にもかかわらず、ただ蜀の通判を得るにとどまり、[26]のちに知彭《ほう》州を経て、元祐年間にようやく中央に召されて殿中侍御史（弾劾や監察をおこなう中級官僚）となっている。

その呂陶は熙寧四（一〇七一）年、つまり王安石の反感を買って蜀に赴任していた頃に「府学経史閣落成記」（『浄徳集』巻一四）という記を残している。これは成都府学に経史閣がつくられた際に書かれ、内容的には蜀の学校がいかに素晴らしいものであるかを謳い上げたものである。中でも呂陶は、成都府学が誇るべきものとして、文翁の石室・周公の礼殿、それに加えて石壁の九経をあげる。石壁の九経とは、五代の後蜀広政七（九四四）年から北宋の皇祐元（一〇四九）年まで断続的に整備された、[27]九経を包括する一連の石経群のことである。しかも都の太学にあるものと異なり、伝注を完備していたというのがその特長であった。これら成都府学に残る伝統的施設をあげながら、呂陶は「千二百年間にわたって蜀学は常に天下に冠たるものであった」と結論づけている。

成都府学から身を立てた呂陶であるが、彼の文集『浄徳集』巻一四をみると、熙寧四（一〇七一）年から元豊元（一〇七八）年にかけて蜀の地で書いた記が多く残っている。「府学経史閣落成記」は中央官界に進出する機会を得たものの、結果うまくいかずに地元の蜀に戻ってきた際に書かれたものの一部であり、蜀の学校を強く称揚しているのも、おそらく呂陶自身の成都府学への帰属意識とかかわっていたのであろう。

呂陶が成都府学のことをどう認識していたか、『浄徳集』から探ってみると、呂陶は成都府学のことをしばしば「石室」と称していることに気づく。例えば彼の書いた劉庠《りゅうしょう》の墓誌には「石室の黌舎《こうしゃ》をおさめるにいたり学官を増置し」[28]と記されている。劉庠は熙寧九（一〇七六）年に成都に赴任しており[29]、墓誌では劉庠が成都府学において学校の拡張、および人員の整備をおこなったことを述べる際に、成都府学のことを「石室」と称するのである。劉庠が成都府学の行政に直接携わったことを他史料から確認することはできないが、熙寧から元祐にかけて試学官法（官学の教官を選任する試験）が施行され、全国的に学官が増置された頃のことなので、おそらく成都でもその例に倣って学官が増置されたのであろう。

ほかにも彼の成都府学に対する思いを強く感じさせるものに、「朝請大夫知邛《きょう》州常君墓誌銘」（『浄徳集』巻二二）がある。これは呂陶の旧友、常珙《じょうきょう》について書いた墓誌銘で、そこには「慶暦年間より天下で学校が興され、君は石室の生徒となり、私もその頃に学業を始めたが、そこではじめて君とともに学んだのである」[30]と記している。常珙は成都府江原県の人、呂陶とは数代にわたって家ぐるみの付き合いがあった仲で、この学業を始めたという年代が慶暦四（一〇四四）年頃、蔣堂が知益州を務めて学校をつくった時期に重なってくる[31]。常珙も呂陶と同じく、新たに興された蔣堂の学校政策によって成都府学に学びに来ていたのであり、呂陶はその学友を「石室生」と呼ぶ。

常珙は慶暦六（一〇四六）年に進士登第、その後は主に巴蜀地域の地方官を転々とし、最終的には知邛州までなり、在官のまま元豊七（一〇八四）年に没する。墓誌銘の中で、呂陶が学生時代を振り返って記した部分があり、常珙ははじめて学に来た頃から、書を読めば数百言でも一度みただけで覚えてしまったという。また、長じてからはとくに『周礼』・『礼記』[32]に傾倒し、過去の注釈の細かな異同もすべて把握しており、礼器や楽舞の制度にいたっては、大きさや色・順序や細かな差異まで、まるで図をみているかのようにすらすら説明できたと回顧している。そして墓誌の最後に付された銘では、「若い頃は学問に励むことによって身を起こそうとした」という字句から始まっており、成都府学が機能し始めたばかりの頃にともに学んだ生徒として、学問、そして学校を原点に身を立てたというのは、呂陶自身にも通ずる実感だったのではないだろうか。それゆえにその足がかりとなった成都府学を「石室」と称し、また自身成都において「府学経史閣落成記」を記して成都府学を称えたのであろう。北宋中期以降、とくに蜀において評価されてきた文翁の名は、その有名な石室とともに継承されていくことになる。北宋末くらいの史料には、成都府学のことを「石室」と称する例がほかにもみられ、とくに蜀地域においてこの呼称はかなり浸透していたことがうかがえる。[33]

(3) 文翁言説の継承と成都府学——胡宗愈の場合

ほかにも呂陶には胡宗愈《こそうゆ》とともに成都府学を視察した際に書いた「奉和胡右丞視学所賦」および「再和胡右丞視学」という文章が残っている（『浄徳集』巻三〇）。胡宗愈（胡右丞）は元祐五（一〇九〇）年に知成都府となっているが、胡宿の姪《てつ》（おい）であり実質的に胡宿の後継者にあたる人物である。[34]胡宿は常州晋陵の出身で、晋陵胡氏は胡宿以来名族とされる家系だが、[35]この常州は蔣堂の出身地でもあり、胡宿自身、若い頃に学生として蔣堂の教えを受けたという事実がある。[36]

胡宗愈が元祐年間に知益州を務め、呂陶とともに成都府学を視察して、成都府学の素晴らしさを謳ったのがこの二つの文章であるが、「奉和胡右丞視学所賦」で呂陶は成都の学校が最も古く漢代に始まること、蔣堂が文翁を模範として政治をおこなったこと、そして胡宗愈が学校を重視していることをあげて、その心は蔣堂と同じであると述べ、胡宗愈を蔣堂に重ね合わせて評価している。一方の「再和胡右丞視学」でも、胡宗愈が経術を大切にして、学校で正しい学問を普及させたことを謳うことに変わりはなく、またここでも成都府学で学ぶ学生のことを「石室生」と呼称する。実際、胡宗愈は後蜀以来つくられていた九経の石経を保護するために、周公礼殿の東南隅に新たに堂をつくってそこに保存しているし、またかつて蔣堂が建て、政務の合間に休息する場として用いた「東斎」を再建している。[37]この東斎は、蔣堂が蜀を去ってから廃墟となっていたが、胡宗兪は蔣堂の書いた「東斎之詩」をみて、以前と同様、蔣堂が休むにふさわしい場所として再建し、「東斎之詩」を壁に刻むとともに、国初以来成都に赴任した長官五五人の像を壁に描いたという。

ここからは、胡宗愈にとって蔣堂は単なる一前任者ではなく、範とすべき存在であったことがうかがえるが、その背景には地縁や、胡宿がかつて学んだという個人的な人間関係が色濃く影響していたことが想像できるのである。

(4)　「石室先生」文同

少し時間をさかのぼることになるが、北宋中期以降、文翁の名とその石室が、とりわけ蜀において定着していたことを体現する人物があらわれる。それが文同である。『宋史』文同伝(巻四四三)には「漢の文翁の後裔である。蜀の人は石室によってその家を名づけた」と記されており、「石室先生」と呼称されたようである。[38] 文同は蘇軾の従表弟、すなわち姓を異にするいとこにあたり、蔣堂の後任である文彦博に見出されて名を知られるようになったのち、皇祐元(一〇四九)年に進士に合格、[39] 嘉祐四(一〇五九)年には館職を授かるものの、親が老いていることから邛州の通判を願い出る。[40] この後、熙寧年間になってから太常博士・集賢校理となり、[41] 熙寧三(一〇七〇)年に興元府をおさめた際には、蓄財に熱心な漢中の風俗を学校行政によって学問へと向かわせたことが特記されている。[42] それから知陵州・知洋州と歴任し、元豊元(一〇七八)年には知湖州へと転任するが、任地に到着する前に没したという。

このように主に晩年は地方官として各地を転々としているが、文同を非常に有名たらしめたのは地方官としての業績ではなく、文章や画・書といった芸術の才能によるところが大きい。そしてこの芸術的才能をとりわけ高く評価したのが蘇軾であった。[43]

蘇軾の文章には文同の作品を褒め称える賛がいくつもみられるが、さらに蘇軾には「祭文与可文」(『蘇文忠公全集』巻六三)が残る。「東坡先生年譜」によれば元豊元(一〇七八)年、文同が知湖州へと転出して没した直後のこと。従表弟という関係柄、文同を兄と呼びながらその哀しみをあらわし、さらにはその五年後、再び「黄州再祭文与可文」をつくりその死を悼んでいる。時期を隔てて二度も祭文を残していて、その交流の深さと思い入れをうかがい知ることができよう。一方で蘇軾の弟である蘇轍も同様に二度「祭文与可学士文」(『欒城後集』巻二〇)を書いている。そこでは文同のことを「石室之孫」と表現しているし、また蘇轍は文同のことを「家翁」と称するが、これは蘇轍の長女が文同の第四子である文務光に嫁いでいたからである。[44]

文同が人々に「石室先生」と呼ばれていたことに関していえば、通常後代の史料においては姓と字を用いた文与可とする呼称の方が多くみられる。そもそもこの「石室先生」という呼称がどこに端を発しているか確実なことはわからないが、少なくとも蘇軾の「石室先生画竹賛」(『蘇文忠公全集全集』巻二一)において確認することができる。これは『宋史』文同伝の記事と字句の一致がみられ、『宋史』の原史料である可能性が高いが、その中で蘇軾は、「与可(文同)は文翁の末裔である。蜀の人は石室によってその家を名づけているが、与可は自ら笑笑先生と称していた」[45]と述べている。蘇軾自身もほかの部分では多く文与可と呼んでおり、元来この「石室先生」という呼称が通用したのも、「石室」という語からすぐに文翁の故事を連想できる蜀の人たちに限られていた可能性はある。

一方で文同は王安石とも交流があり、王安石が文同を見送るために書いた詩の中に、文翁の故事が描かれていることから、文同が文翁の末裔であるとの認識は、蜀地域を超えて知られていたことがうかがえる。[46]それでは実際に、文同が文翁の子孫であるというのは事実だったのだろうか。文同の墓誌銘[47]によれば、先祖の文翁は廬江の人で、蜀守となったために子孫がここに住んだが、すぐに巴の臨江に移って譙周《しょうしゅう》に学び、また梓《し》州永泰県の新興郷に移り住んだという。曽祖父の名は彦明、祖父は廷蘊《ていうん》、父は昌翰といい、皆儒服したが仕えず、父は文同によって尚書都官郎を贈られたとある。「贈る」とは死後に官を与えられることを指すから、文同より上の世代は官とはまったく無縁で、士人と呼べるような境遇であったかも疑わしい状況であろう。ただし父の昌翰は勉学に励んだものの大成できなかったようで、そのことを悔やみ、一三歳の文同には徹底的に勉学に励ませ、これにより文同は弱冠前に経史諸子に通じることができたという。折しも成都をおさめていた文彦博が文同の文章に目を留め、成都府学に学ぶ者たちにこれを示したところ、皆これを称慕したとある。文彦博が知成都府となったのは蔣堂の離任後、慶暦四(一〇四四)年から七(一〇四七)年の間にあたる。その後、文同は文彦博の推薦を足がかりとして皇祐年間には科挙に登第するのである。

あくまで想像に過ぎないが、この経歴をみると、文翁の子孫であるという肩書きがこの成功の決め手になった可能性がある。むろん勉学を重ねて水準以上の文章を書けたことは確かであろうが、成都府学での反響には、文翁の子孫であるという事実も含まれていたと考えるのは、さほど不自然なことではない。もっと穿った見方をすれば、この血統もそれほど確かなものではなく、文彦博としてもこれを利用することで利害が一致したのかもしれない。

ちなみに『元和姓纂』巻三、文の項では、廬江の舒に残った文翁の子孫として魏晋の文欽・文鴦《ぶんおう》父子が確認できる以外には蜀に移り住んだ者は書かれていない。また後代の編纂による『万姓統譜』巻二〇では、文同は梓潼《しどう》の人として突然あらわれるだけである。少なくとも文翁の子孫を名乗るような人物は、これ以前にもこれ以後にもいっさい確認することができない。つまり慶暦時期に突然あらわれた子孫ともいえるわけで、それにもかかわらず文翁の子孫として有名になったというのは、やはりこの時期、とくに蜀においては伝統を裏づける存在として必要とされたとみてよいであろう。

(5) 南宋、成都府学における文翁言説——李石の場合

南宋初め、紹興末年のことであるが、李石という人物の伝記史料[48]に次のように述べる。

(李石は)石室を司り、学校で学ぶ者は雲の如く多かった。閩《びん》越の士人でさえ万里の道のりを遠しとはせずに来て、石に学生の名前を何千人も刻んだ。蜀の学校がこれほどまでに盛んなのは古今を通じて稀にみるほどである。[49]

この史料には、成都府学の盛況ぶり、そして遠くの地にまで伝わっている高い知名度が謳われており、南宋になっても成都府学に文翁言説が根づいていることを示している。そこで南宋初期における成都府学の様相を、一つの具体例から述べておきたい。

扱う事例である李石は成都府学の学官を務めた人物で、蜀、梓州路の資中の出身である。進士に合格した後、紹興末年には趙逵《ちょうき》に推薦されて太学博士となったが、剛直な性格が災いして左遷され成都の学官となる。乾道年間にはいったん中央に戻るが合州・黎《れい》州・眉《び》州の知州を歴任し、いずれもほかの人と衝突してやめている。文集に『方舟集』があり、また『方舟易学』があり、易に詳しかったという。『建炎以来繫《けい》年要録』で確認すると、紹興二七（一一五七）年夏四月、左迪《てき》功郎であった李石は趙逵に推薦され、紹興二八（一一五八）年、正月乙酉《いつゆう》には太学録（太学職員）に、紹興二九（一一五九）年の六月戊戌《ぼじゅつ》には太学博士（太学教員）に任じられている。しかし同十一月丁未《ていび》には殿中侍御史の汪澈《おうてつ》の上言によってその職を解かれ、成都府学の学官となったようである。

その李石の『方舟集』巻二には七言古詩として「周公礼殿」「礼殿聖賢図」「石経堂」といった作品が残るが、これは「府学十詠」という一〇の詩の連作の一部である。それらを順に並べれば「礼殿」「石室」「殿柱記」「左右生題名」「礼殿晋人画」「斉人画礼器」「黄筌画屏」「古柏二首」「秦城二絶」「石経室」となり、いずれもまずその題についての説明が加えられて、それから詩が書かれるという形式をとる。この題をみるに、文翁の石室そして周公の礼殿や石経などを強く意識した、成都府学の特長を謳っていることがわかる。「殿柱記」とは魏の鍾会《しょうかい》の隷書が刻まれたもので、高眹のことを称賛したという成都府学に残る柱のことを指す。「左右生題名」は学生の名前を刻んだもので、これは文翁の時代からの伝統という。「礼殿晋人画」「斉人画礼器」「黄筌画屏」は礼殿に描かれた画を称賛したもので、「古柏二首」は蘇軾が成都の教官を送り出した際に、「蒼苔《そうたい》、高眹の室、古柏、文翁の亭」と詠んだことにちなんだものである。また「秦城二絶」は戦国時代に蜀に入った張儀・司馬錯《しばさく》の二名を謳っており、この時代より学舎があったことを述べている。

これら一〇の詩の中で、ここではとくに「左右生題名」についてふれておきたい。この詩とは別に李石の書いた「左右生図記」という文章があり[50]、文翁が学生を左右に分けて名前を刻んだという故事について書かれている[51]。そこでもやはり蔣堂の興学を成都府学の起点とし、それに続く熙寧年間の隆盛を謳っている。しかし北宋末に三舎法が廃止されると学生数が一五〇人にまで急激に落ち込み、その後南宋に入って紹興九(一一三九)年から一三(一一四三)年頃、張燾《ちょうとう》によって学生数は増やされ、そして紹興三〇(一一六〇)年時点ではこれにさらに学生を増やして八〇〇人ほどとなったが、これは近隣の州だけでなく、広い範囲から学生が集まってきた結果だという。そして学生たちが自ら小録という名簿をつくることを願い出て、文翁の故事に倣ってこれを刻み、李石が文章として残したのである[52]。

このほかにも李石の『方舟集』には成都府学に関連する記事が多くみられるが、そこには学校を舞台とした、学生と教師との強い結びつきや交流が描かれている[53]。例えば「蘇茂母穆氏墓誌銘」(『方舟集』巻一七)は、成都府学の学生となった蘇茂・蘇葵《そき》兄弟の母のために書かれた墓誌銘である。兄弟は成都からほど近い彭州の出身で、その父と母穆氏の強い意向もあって成都府学まで学びに来たという。当時の成都府学は多くの学生がいたにもかかわらず、彭州から学びに来た者は四人しかおらず、不思議に思った李石が尋ねると、彭州の人は師友を求めることに熱心ではなく、門を閉ざして自ら学び、それに満足しているということであった。しかし兄弟は成都に来てまもなく、挨拶もなく去ってしまう。それからしばらくして、二人は母の死と葬儀の日取りを告げに再び訪れ、同時に李石に銘を書いてくれるよう頼んだ。李石は初めこれを拒絶したが、二人が跪き、今後はさらに学問に励むこと、それによって不孝不学の罪を贖いたいと申し出たので、李石はこれを赦し墓誌銘を書いたという。

またのちに李石が知黎州に移った後に、成都府学でのことを回顧して書かれたエピソードが「皇甫孺《じゅ》人墓誌」(『方舟集』巻一七)にみられる。皇甫孺人は黄琮《こうそう》・黄瓌《こうかい》兄弟の母で、黄琮は医生として、黄瓌は学究として成都府学に属していた。ある春、疫病が流行し、同舎の学生たちは病人の看病をしたがらなかったが、李石が毎日看病をおこなう中、黄琮は手をやすめることなく調薬を続け、黄璞とともに李石を補佐し、二人が病人を見捨てることはなかった。のちに兄の黄琮が病に倒れ、死が迫ると、李石は自ら病床に赴き、薬を飲ませ看病をしたという。このような中、黄璞は最後まで年老いた母のことを心配し、その後母が亡くなると、李石を訪ね、墓誌銘の執筆を依頼したのである。黄璞はもとより貧しく、学官らと会食をした際には、常においしいものや珍しいものを包んで母に持ち帰っていたとあり、李石にとって忘れがたい存在だったと思われる。

李石は蜀地域の出身で、太学では他人とうまく折り合えず左遷されている。その後に務めた成都府学官の職は、書かれた文章からみる限り、彼にとって充実した思い出深い時期であったことが想像できる。その李石にとって、多くの学生をかかえる成都府学は天下に誇るべきものであり、それを象徴する存在が文翁とその石室だったのである。

北宋中期から南宋初期にかけて、成都府学の興隆とそこに文翁の伝説がいかにかかわってきたのかをみてきた。蔣堂自身が文翁の事績をどれだけ意識したかは定かではないが、その後、宋祁ははっきりと目にみえる形で文翁を再評価して顕彰した。その認識は、張俞ら地元の士人にも浸透することによって、文翁の存在は再び蜀地域に根づいていくのである。次の世代にあたる呂陶と胡宗愈の二人は、ともに蔣堂と個人的で特別な関係にあったことから、蔣堂の事績を高く評価し、その延長の上に文翁の伝説を位置づけた。とくに呂陶は、自らの帰属意識を委ねる対象として成都府学とその伝統をみており、同様の感覚は李石にも受け継がれていった。李石はさらに、学生たちとの交流を深め、その連帯意識を強めていったのである。

ここにみられるのは、一つの伝統が形成され定着していく過程である。北宋中期に外来の地方官が設定した伝統が、その地域に受容され、再生産を繰り返すことによって根づいていった。現実には漢から宋までの歴史には断絶があったが、それを再びつなぎ直すことで、天下に冠たる長い伝統がつくられたのである。そしてこれは同時に、学校が地域に定着していく過程でもあった。

4　文翁伝説への対抗

(1)　蘇州学の場合

次に少し目を転じて、蜀以外の他地域がこのような文翁伝説にどのように反応したのかをみていきたい。最初に取り上げるのは劉敞《りゅうしょう》の「題浙西新学」（『公是集』巻一七）という七言古詩である。この詩が謳うのは、呉における范仲淹の教化なので、「浙西新学」とは景祐年間に范仲淹が興した蘇州学[54]のことを指す。文翁のことをかなり強く意識した内容となっているので、その全文をみてみよう。

文翁は昔蜀の地をおさめ
蜀の人々を鄒や魯の国のように変えることができた
范公（范仲淹）は今江東をおさめ
その教化は文翁に似ているという
文翁も范公も根本は同じ志をもつが
蜀の人と呉の人では違いがある
蜀の人の祖先は魚鳧《ぎょふ》であり
その道徳が呉の人より優れていたとは聞いたことがない
呉にはかつて泰伯がおりのちには季札がおり
礼によって王位を譲り天下の師となった

今にいたるまでその遺風は潰えておらず
賢侯にめぐり合えることますます輝かしい
かつての風俗に従っても宰相は一〇〇を数え
ましてやこれを磨けばみな俊傑となろう
当時文翁が蜀を教化したとはいえ
揚雄と司馬相如が輩出されただけである
（呉の）後代の人は畏敬すべきで侮ってはならず
どうして呉公より劣っているといえようか
呉の人は今になってそれを歌い仰ぐが
我が公（范仲淹）が去ったら誰をまねればよいのか
願わくは公が天子の素晴らしいお考えを助け
周文王と孔子の術が以後おこなわれますように[55]

この詩では文翁の功績を称え、范公（仲淹）をそれになぞらえながらも、呉は蜀よりも優れた地であることを謳っている。蜀は元来道徳の優れた地ではなく、その祖先は魚鳧であったという。魚鳧は『華陽国志』などにみられ、蜀の国を築いた伝説上の王の一人である。その名である「魚鳧」は「さかな」と「のがも」を意味し、その表記からは野蛮な印象を与えるが、それは決して偶然ではないだろう。それに対して呉の建国の始祖ともされる泰伯は周の時代の人物で、『史記』世家の最初に呉太伯世家がおかれているほか（巻三一）、『論語』泰伯篇で孔子に高く評価されるなど、有名な聖人の一人である。季札は春秋時代の人物で、『史記』呉太伯世家や『春秋』にあらわれ、兄に代わって王位を継ぐことを固辞したことで有名で、やはり聖人の一人として数えられる。劉敞のこの詩では、蜀のような野蛮な地であっても教化が成功し人材を輩出したのだから、呉のような元来道徳の優れた地ならば范仲淹の事業はより大きな成果をあげるだろう、と述べていることになる。つまり、呉が蜀よりも古くから高い文化水準にあることを強調し、その興学事業を称賛した詩と解することができる。

呉の歴史を語る際に、泰伯と季札に代表させるのは、その後の史料にもみることができる。元祐五(一〇九〇)年に蘇州学の増修がおこなわれた際、朱長文によって「蘇州学記」(『楽圃余藁』巻六)が書かれ、そこでも文翁は董仲舒と並列して言及されているが、それだけでなく呉の歴史にふれ、「呉は東南の都会であり、泰伯が三度天下を譲り、延陵(季札)が靴を脱ぐように千乗の位(王位)を棄て、言偃《げんえん》が学によって称賛され、厳助が文によって名を知られて以来、朱、張、顧、陸の各氏から代々多くの者が世にあらわれた。これは実に礼義の区、儒雅の叢といえる[56]」と述べられている。これは劉敞の示したものと同様の認識であるが、以後この形式が長く語り継がれることはなかった。

このときの増修は、学官となった朱長文が、范仲淹の子である范純礼らの助力を得て実現させたもので、主に范仲淹による功績を強調しており、元来あった范仲淹祠を新しくするとともに胡瑗《こえん》の祠を新設している。蘇州学は范仲淹が慶暦の興学に先駆けてつくり、胡瑗を抜擢して教授させたことで知られ、さらにその教授法はのちに太学にも導入されたことから、慶暦時期以降の学術の模範とされた。以後、蘇州学において常に言及され、後世まで祭祀の中心にあったのは范仲淹であり[57]、泰伯や季札が文翁のように扱われることは結局なかったのである。

(2) 福建興学の象徴、常袞

次にみるのは福建地方の事例である。北宋末から南宋にかけて、興学の象徴として新たに福建の常袞という人物に注目が集まり、文翁と並列されることが多くなってくるからである。

比較的早い時期の例をあげると張耒《ちょうらい》「万寿県学記」(『柯山集』巻四二)がある。この記は、建中靖国元(一一〇一)年、知潁《えい》州となった張耒が所轄県である万寿県に赴いた際、県令の皇甫某のはからいで新たな学に泊まることとなり、そこで記の執筆を依頼されたものである。この中で張耒は「思うに漢の文翁が蜀をおさめたことと唐の常袞が閩をおさめたことは、どちらもこのやり方を用いた」[58]として、教化に成功した例を蜀の文翁と閩の常袞に求める。そして、蜀と閩はともに都から数千里も離れていて、民は蛮夷と交じり合っていたが、それでも教化がなされた。それに比べ万寿県は淮河と潁水の間にあり、王都から数百里しか離れていないのだから、民は淳朴で訴訟も少なく、これで教化をおこなわなければ、それは県令の罪である、と述べている。

このように文翁と常袞を並べて論じる形式は、当時のほかの史料にもみられるようになってくる。例えば河南鉅野《きょや》の人で元豊年間に進士となった晁補之《ちょうほし》が蘇軾に宛てた「上蘇公書」(『雞肋集』巻五一)では、呉に赴任した蘇軾に呉の人の教化を勧めているが、そこで引き合いに出されるのがやはり蜀における文翁の教化と、閩における常袞の教化なのである。

これ以後南宋にかけて文翁と常袞が対となって説明されるケースはさらに増え、一般的な説明の仕方となっていくが、そこにみられる共通の認識として、蜀と閩がともに辺境地域にありながら学問・学校に関して成功したという点である。ではこの常袞を興学の象徴とする認識自体、どのように形づくられたものだったのだろうか。

(3) 常袞の興学とその実態

常袞はもともと京兆の人だが、父は三原県の県丞(県の次官)までしか進んでおらず、低い官のまま一生を終えたようである。常袞が出世したのは玄宗天宝年間の末に進士に合格したからであり、文章に優れ、また楊炎とともに中書舎人(詔書の起草などをおこなう)を務めたことから常楊と並称され、のちには宰相まで務めた。質素倹約を旨とし、ほかの官僚たちにも厳しい態度で接したようだが、『旧唐書《くとうじょ》』常袞伝(巻一一九)の評価はかなり厳しく、売官の道を塞いだが、それすらも「それによって政治が滞ってしまった」と酷評される始末である。それに比べ、北宋中期に欧陽脩らによって編纂された『新唐書』常袞伝(巻一五〇)では、評価が一変しているわけではないが、『旧唐書』よりよい点が多く書かれ批判も婉曲的になっている。例えば売官の道を塞いだことについて、いっさいを公議によって決め、文詞に優れた者以外を排斥したから、世間からは「鞜《トウ》伯(好悪の区別をしない人)」だと呼ばれたという。これはその公正さを評価した文言ととらえることができ、文章と学問によって出世の道がおおいに開かれた北宋中期の士大夫からみた、同じ科挙官僚である常袞像が反映されたものといえるだろう。

　新旧唐書の比較の上で重要なのは、『新唐書』には常袞が福建観察使になって学校をつくったことが書かれている点である。これに対して『旧唐書』は福建観察使になったことを一言述べるだけで、学校事業についていっさいふれていない。つまり『新唐書』で書き加えられた記述なのだが、それによれば、「初め、閩の人は学を知らなかった。常袞がやって来て郷校を設け、文章をつくらせて自ら指導をおこない、互いに主人にも客にもなり、対等の礼を以て遊覧観賞し、宴会をともにした。これにより風俗は一変し、朝廷に推薦される士は内地の州と等しくなった[59]」とある。

　すなわち「郷校」を設けたと評されたことから、常袞は後々興学の象徴とされるようになるのだが、その実態はどのようなものだったのであろうか。この『新唐書』常袞伝当該部分の記述をみると、その字句や内容の類似から、韓愈が欧陽詹《おうようせん》のために書いた哀辞[60]をもとにしていると推測することができる。

　欧陽詹は泉州の人で、貞元八(七九二)年に韓愈とともに進士に合格するが、韓愈はこの哀辞の中で「閩越の人で進士にあげられるのは、詹から始まった」と述べる。つまり閩越ではじめて科挙に合格した人物として欧陽詹をあげているのだが、同時にそれが常袞の推挙によるものであったことも述べている。この哀辞によれば、郷県の小民の中によく書を読み文章をつくるものがいれば、常袞は自ら客人として礼遇し、また遊覧・観賞・宴会の際には必ず呼び出して参加させたことが書かれる。その中で欧陽詹がとくに優れていたため常袞が厚遇し、諸生も欧陽詹を尊敬したという。このような経緯については『新唐書』の欧陽詹伝（巻二〇三）でもふれられているが、やはり欧陽詹は常袞に推挙されたとあるのみである。常袞が欧陽詹を見出してはじめて進士合格者を輩出したことは、後代において閩での儒化の端緒ともされるが、この哀辞を読めば、それは常袞が多くの人と交遊をもったことに重点がおかれていて、講学の内容はまったく記されていない。これを『新唐書』では「郷校」を設け風俗を一変させたと記述しているのである。

常袞自身が建学事業をおこなったわけではないということは、『淳熙三山志』の記述などによっても確認できる。『淳熙三山志』巻八、廟学には福州府学の来歴が述べられているが、ここには常袞の名はいっさい記されず、代わりに最初に学校をつくった人物として、大暦年間の李椅《りい》の名があげられている。[61] それに対して清代の地方志になる乾隆『福建通志』巻一八の学校の項では、閩の地においてはじめて民に学を勧めたのは李椅であり、常袞がそれを継いでおおいに学校を興したとあって、李椅のことにもふれながら、常袞の事績に重点をおく書き方になっており、この点で『淳熙三山志』と異なっている。

李椅は正史などの伝記史料が残っておらず、最も詳しい情報を提供してくれるのが、独孤及《どっこきゅう》が書いた「福州都督府新学碑銘」（『毘陵集《ひりょうしゅう》』巻九）である。この碑は李椅の生涯を書いているという点で墓誌や行状に類似しており、それによれば李椅は「皇帝の諸父、宗室の才子」であり、唐皇室の一族に連なる人物であった。玄宗の天宝三（七四四）年から官に就き、唐の中興後は京兆少尹《いん》（首都の次官）や御史中丞（監察をおこなう御史台の実質的な長官）を歴任し、代宗の大暦七（七七二）年十一月に福建泉漳《しょうてい》汀の五州の都督となった。翌大暦八（七七三）年四月に都から到着したが、独孤及によれば、閩越の風俗は狡賢くて軽薄であり、経済産業は巴蜀の地と同じであったという。ここで巴蜀の地と比較されているのは決して偶然ではない。そもそもこの碑文では、李椅が閩の風俗を変えて儒家の流れをつくり出したことを称賛しているのだが、その冒頭付近で「文翁の蜀学を閩では尊ばず、儒家の流れがなかったが、成公（李椅）が来て風俗が変わった」[62] と述べている。すなわち産業などの経済状態は蜀と閩で違わないのに、学問を尊び儒家の流れをもつ風俗は異なっていた、それが李椅によって閩の風俗が変わった、という認識を示しているのである。

碑文によれば、李椅は着任してすぐに先聖先師の堂に行ったところ、非常に狭く荒れ果てていたので建物を改修して礼器を揃え、五経を民に教えて、官吏の能力を精査し、季節ごとにふさわしい絃誦(音楽と経を読む声)をおこなった。これによって人々は学を知るようになり、家々には鄒《すう》魯の風が満ちたとある。また碑文の後半は前半とは雰囲気が変わり、李椅が頖宮《はんきゅう》の制を調べてこの学をつくったこと、およびその運用について詳しく書かれている。例えば、先師の寝廟と七十子の像を東序に、講堂・書室・函丈の席を西序につくったとか、毎歳二月と八月の上丁には習舞釈菜《せきさい》をおこない、釈菜の日には士の藝の上下を確認するとか、一年の終わりには博士が公(李椅)に学生たちの勤怠や精粗を報告する、などである。これらは極めて礼に適った記述であるが、この中に「歯冑《しちゅう》の位を廊廡の左右に並べた」とか、釈菜の日には「博士が冑子《ちゅうし》を率いる」などという記述も書かれている。「歯冑の位」とは、普通太子と公卿の子が序列通りに並ぶことをいうし、冑子とは貴族の後継者もしくは国子学の学生のことを指す。とくに釈奠において国学の学生を冑子と呼び、州県はそれを諸生などと呼ぶのが一般的である。この記述はやや不可解に感じるし、率直にいえば、碑文の後半の記述は制度が整い過ぎている印象で、福州という僻地ではじめて儒家による教化がなされたにしては実現の難しいもののように感じる。

もちろん李椅としては、唐代における理想的な廟学の設置をめざし、少しでもそれに近いことをおこなった可能性はある。しかしこの箇所は、実態というよりは理想的な状態を述べたか、あるいは実態を誇張して記述した可能性が疑われる。

李椅は大暦一〇(七七五)年九月にこの地で没したが、群吏や庶民・耆儒《きじゅ》(年老の儒者)・諸生が廟門の外で雨の如く涙を流したという。それからわずか数年後、徳宗の建中年間初めになって常衮が観察使として福州に赴任し、さらに一〇年ほどを経て欧陽詹が科挙に合格することになるのだが、前述の韓愈の哀辞にみられる実態と、「福州都督府新学碑銘」

で描かれる廟学の描写には、かなりの隔たりがあるといわざるを得ない。

以上のような諸史料を踏まえると、不明瞭な部分も多いが、少なくとも李椅は孔子廟の改修をおこない、釈奠などの儀礼を重視したこと、常袞は福州の士人たちとの個人的な交遊と教育、そして科挙の推薦をおこなったが、廟学の建設事業をおこなったわけではないことは、確実にいえるであろう。これを『新唐書』では「郷校」を設けたと表現したのであり、それによってとくに北宋末以後、閩地方の興学といえば専ら常袞のみが語られることとなり、李椅の存在は埋没していく。これは常袞のことを閩における興学の祖と位置づけたのが韓愈であったこと、そして『新唐書』を編纂した北宋中期に、地方官学の興起が政策的な課題となっていたことから、とくに常袞に光があてられたからであろう。さらに『新唐書』の記述は、のちにさまざまな箇所に引用され[63]常袞の興学は事実として定着していき、閩における興学といえばまず常袞が想起されるまでになったのである。

(4)　福州府学における常袞

では宋代において、現地である福州府学で常袞はどのように扱われていたのであろうか。常袞が学宮に祀られていたというのは、すでに『新唐書』にも書かれていることであるが、少なくとも北宋期においてはその地位は特別なものではなく、例えば陳襄など閩から輩出されたほかの士人と同列に扱われていた。それが一歩抜きん出てとくに重視されるようになるのは、南宋の紹興九(一一三九)年を待たなければならない。

福州府学にも先賢堂[64]と呼ばれるものがあり、この地にまつわる先賢を学校に祀ったものであったが、北宋末になってようやくつくられたものであった。それに先立つ北宋中期、慶暦から皇祐年間にかけて、陳襄・鄭穆・劉彝《りゅうい》の三人は仕官し、そして出世することによって郷里の人々に尊敬されていたという。その後、この三人に周希孟・陳烈の二人を加えた五人は五先生と呼ばれ、紹聖年間になってはじめて五先生の祠が学校につくられたのである。その後、政和年間には陳祥道と柯述《かじゅつ》、宣和年間には劉康夫と鄭侠《ていきょう》がこれに加わる。

肝腎の常衮は政和より前から学校に配享されていたようだが、宣和年間になってそれまで祀られていた人々とともに十先生と称されることになった。それからさらに時代を下って王祖道がこれに加わり、そして紹興九（一一三九）年に張浚が知福州となると、常衮が後から祀られたものたちと同列になっているのはおかしいとして、とくに常衮を中央におき、さらには欧陽詹を加えて諸公を常衮の左右に配置したのである。結局最終的には乾道年間に陸祐が加えられ、合計一三人が学校に祀られることとなった。

福州府学における先賢堂の概要からは、残念ながら常衮がいつから配享されていたのかを読み取ることはできない。『新唐書』の記述を信じるならば唐代からすでに祀られていることになるのだが、紹聖年間に五先生の祠がつくられたときに、常衮はこれに含まれていない。常衮が当時すでに特別な存在として祀られていたとは考えにくく、十先生のときになってようやくその中に含まれ、さらにのちに張浚によって特別な地位を与えられたことを考えると、五先生のときにはさほど重視されていなかったように思われる。

ただし常衮以外の人物は皆、閩地方の出身だということは考慮しなければならない。柯述は近隣の泉州、南安県出身であるが、あとは福州とりわけ附郭県である侯官県の出身が目立つ。つまり逆に常衮がこれらの人物と同列におかれたということは、地元出身の高名な人物の中に常衮を加え、ともに閩の代表的な人物としてとらえたことになる。

常衮をとくに一二人の筆頭と定めた張浚の来歴をみると、一六歳で州学に入り太学を経由して出仕している。[65] もともと張氏は唐の張九齢の流れを汲む名家で、成都に居を構えていたが、張浚の曽祖父の世代に漢州の綿竹に移り住んでいる。そのため、ここに示される州学とはおそらく漢州の州学なのであろう。時は北宋末、徽宗朝の時代なので、全国の州学で三舎法がおこなわれており、州学から太学へと進んだのは仕官をめざす一般的な手段であった。実際には科挙を受験して合格したようで、政和八（重和元、一一一八）年に進士の第に登り、以後は父張咸《ちょうかん》の旧友などのつてもあり、北宋末の動乱から南宋に入り出世の階梯を歩む。漢州の州学ということであれば成都にも近く、張浚も文翁の故事を知っていた可能性が高い。宋祁がおこなった文翁の顕彰と、張浚のおこなった常袞の顕彰は、形式的に類似しており、宋祁は文翁を司馬相如や揚雄らの首と位置づけ、文翁祠の東西の壁に司馬相如らを描いて配した。張浚は中央に常袞を祀り、その左右にほかの一一人を配したのである。張浚が常袞をほかと区別するとともに、常袞の直接の弟子たる欧陽詹をこの列に加えたのも、常袞による学問の系譜を唐代から宋代へと連続的につなげるために必要だったのであろう。

しかしながら、このようにしてつくられた閩の伝統は、歴史的風格という点において蜀の事例におおいに劣るといわざるを得ない。常袞ですら唐代後半の人であり、次の欧陽詹を別にすれば、最初の三先生はいずれも北宋中期の人物である。蜀が一〇人のうち九人までを漢代の人物で揃えたのとは大きく様相を異にする。とはいえ、常袞を媒介として閩の学問の系譜を唐代にまでさかのぼらせ、新たな歴史的伝統をつくったのである。

5 「郷賢」としての文翁

基本的には南宋においても文翁の評価は変わらず、蜀において最初に教化をおこなった人物として意識される。ただしその語られ方が若干の変化をみせていることも事実である。一つは、閩の常袞と並べられることがより多くなったこと、そしてもう一つは、文翁の出身が廬江であることがしばしば意識されるようになったことである。閩との対比に関連して例をあげるならば、黄公度《こうこうたく》の「興化軍重建軍学記」(『知稼翁集』巻下)の冒頭では、閩と蜀はともに南と西の辺境にありながら、その習俗が優れているさまは、東の斉や魯の遺風があるとして、閩の風俗を蜀になぞらえて説明する。同様に乾道七(一一七一)年に書かれた王十朋の「広州重建学記」(『梅渓後集』巻二六)も、やはり蜀と閩を並称し、教化の歴史を同様の軌跡としてとらえながら、科挙による合格者輩出の実績も蜀と閩を同列にして論じている。この二篇などちらも閩地方の学校に関する記文であり、閩の教化および学校に関して蜀とともに述べる方式が定式化したといえるだろう。

また福建興化の士人で乾道二(一一六六)年の進士である蔡戡《さいかん》は、その文集『定斎集』に「迎汪制置啓」、「代賀汪尚書啓」という汪応辰《おうおうしん》に宛てた二編の啓が残るが、そのいずれにも「常袞は閩において風俗を一変し、文翁はおおいに蜀郡に教化をおこなった」という字句がみられる。ここで注目すべきは、常袞を文翁より先に表記している点で、従来みられた文翁と常袞を並べるケースでは、文翁の方が圧倒的に時代が古いこともあって、常に文翁が先に書かれていた。常袞は北宋の末頃から、文翁に対抗する形で、主に福建の士人によって広く知られるようになったわけだが、それがここでさらに強調され、逆転して述べられているのである。少なくとも閩地方の士人にとっては、常袞は文翁と同等かそれ以上の存在として受け入れられるようになったといえる。

一方、明州鄞《ぎん》県の人である楼鑰《ろうやく》は「安慶府修学記」(『攻媿集』巻五四)で、舒の出身者として文翁を顕彰する。舒の学校である安慶府学は紹興八(一一三八)年にはじめてつくられ、その後嘉泰二(一二〇二)年に「厳陵詹侯」によって増修されているが、これはその増修の際の文章である。文翁の教化を引き合いに出すのはこれまでと変わらないものの、楼鑰は文翁が実は舒の人であったことを指摘する。たしかに『漢書』文翁伝では「廬江舒人」と記されており、これまでにも『漢書』を直接引用する文献ではしばしばその通り書かれてきたが、実質的には蜀郡太守として認識されるのみであった。それが南宋の中期になって、実は舒の人であることが再発見されたのである。さらに学校において文翁の祠をつくったことも記されており、蜀に遅れること千年以上を経て、文翁はその出身地でも祀られることとなった。また陸游は、周必大の墓誌銘(『渭南《いなん》文集』巻三八「監丞周公墓誌銘」)を残しているが、そこには周必大が舒の先賢として文翁廟を学校につくったことが記される。楼鑰の指す文翁祠との具体的な関連は不明であるが、やはり南宋に入ってから、文翁がその出身地たる舒でも祀られるようになったのが確認できる。[66]

南宋期においても、北宋以来の描かれ方、すなわち教化・興学の代名詞として、文翁は詩文なども含めてしばしば言及される。しかし、学校や学問ができるだけ地元に縁のある存在に言及しようとする傾向から、閩や舒において、文翁の語られ方が変化しているのである。本来的に地方官学は地域に定着しなくてはならないものである以上、地縁の要素を内包していることは間違いない。しかしこのように北宋から南宋へと連続的にその語られ方を追いかけていくと、地元の先賢をより強く意識するようになっていることがわかる。とくに文翁と舒の結びつきは、教化がおこなわれたという事績そのものではなく、著名な人物を輩出した地域そのものを意識する発想である。それが南宋の中期になってはじめてあらわれるのは、地域に対する意識変化を示しているといえよう。

地方興学が新たな風潮として議論の俎上に上げられた当初から、文翁は過去の範とすべき故事として認識され、地方興学の象徴として位置づけられていた。初めはその語られ方はなんら地域性を包含するものではなかったが、実際に興学が進められると、蜀の学校に大きな影響を与え、文翁の故事は地域的色彩を帯びて語られるようになっていった。蔣堂による興学、宋祁の事績を通して、慶暦直後にはなかなか受容されなかった学校が、その後しばらくして急速に定着していく様がうかがえるが、それと並行する形で、文翁は蜀の人々に浸透していき、漢代と宋代を接続する新たな伝統が形成されたのである。

最初は外来の地方官によってこのきっかけはつくられたが、熙寧・元豊の時期には次の世代がその伝統を継承していった。この時期はちょうど「蜀党」や「洛党」といった地名を冠する朋党があらわれる時期とも重なっており、また学校から世に出た呂陶が「蜀党」の重要な一翼を担うようになる[67]。それだけ学統や学問による人的結合が強くなっていればこそ、地元の学校の伝統を称揚する意味も大きくなったであろう。

一方でこのように蜀の地域により密着していった文翁に対して、他地域は対抗を試みた。それが福州すなわち閩の事例であり、蜀に比べれば貧弱な伝統しかなかったが、それでも常袞という唐代の人物を宋代に接続することによって、新たな伝統をつくり出すことに成功した。文翁と常袞の両者は、南宋以後も後代までその名は知られていたようだが[68]、南宋後半以降、朱子学が台頭してくるようになると、学校に祀られる存在は急激に多様化し、また徐々に新しい伝統価値が発掘されるようになり、相対的に両者の地位は低下していく傾向にあった。

ここまで、官学内に先賢が祀られる契機として、地方官が主導的な役割を担っていたことをみてきたが、それでは地方官は具体的に官学とどのように接点をもっていたのだろうか。次に、その一端を示す地方官の着任儀礼に注目し、宋代を通じた官学と孔子廟の変化をみていくこととしたい。

第三章　地方官の着任儀礼

まず南宋初期にくだされた詔に関する以下の史料を紹介しよう。

詔がくだされた。「州県の文臣が着任したならば、学に行き先聖(孔子)に拝謁してからはじめて政務をおこなうことを許す」。これも左奉議郎羅長源の要請を採用したものである。長源は「士大夫は皆夫子(孔子)の道を学んで政治に従事するのに、そのもととなる源流を知りません。どうか(地方官着任の)初めにはまず学宮に行かせることとして、風俗教化の根本をはっきりさせてください」と述べた。のちに命じてこれを法令とした。[1]

これは『建炎以来繫年要録』(以下『要録』)紹興一四(一一四四)年十月庚子にみえる記事で、地方官が着任した際には最初に学校へ行き、孔子廟に謁することを規定している。この章では、このように外来の地方官が新たな任地に赴任した当初、任地でいかなる場を訪れることになっていたかという点に着目して、宋代におけるその展開を描き、それをもとに地方官と官学とのかかわり、そして官学内の先賢祠をめぐる変化について述べていくこととしたい。

唐代における地方官の着任儀礼については、すでに雷聞の研究[2]があり、先天二(七一三)年におこなわれた事例があげられているほか、玄宗朝以降には徐々に増えていき、地方官による一種の慣例となっていったことが指摘されている。また着任儀礼として祭祀がおこなわれたのは、社稷(土神と穀神をあわせたもの)のような地方官祭祀として法令上明記されていたような対象ではなく、その地域における代表的な神であったことも指摘されている。たしかに雷聞のあげる例では、社稷や孔子といった『大唐開元礼』などで地方官祭祀として重視される対象はみられない点は注目に値する。

一方、宋代を対象とした研究では、小島毅が真徳秀の地方官祭祀を分析し、着任した際にはまず孔子や社稷のほか、その地の多くの祠廟に挨拶として祭祀をおこなっていたことに言及している。[3] しかしながらその分析は南宋中期の真徳秀という一事例を対象とするため、宋代全体の様相はいまだ明らかではない。[4] 唐代と南宋中期を対象とした両者の研究を比べれば、史料上にあらわれる頻度や祭祀の対象など、その間にはかなりの隔たりがあり、着任儀礼は宋代に大きな変化をとげたといえる。

そもそも宋代は中国史上最も多く祠廟が生まれた時期とされ、祠廟と民間信仰の問題については多くの研究が蓄積されている。[5] 中でも、朝廷が公的に扁額や封号を与える賜額・賜号に関する問題は、王朝権力による祠廟の統制を通じて地域社会の把握をめざしたものとも解釈されるが、その実現過程は中央が各地の祠廟の実態を把握しないまま、地方官の要請によって賜額・賜号を濫発していた事実も指摘されている。つまり祠廟の管理において、地方官は地域社会と王朝の理念を媒介する存在であり、それゆえに彼らが立場上、祠廟に対してどのような対応をしたのかが重要な問題とされてきたのである。[6]

これらを踏まえた上で、この章ではまず祠廟全体を含めた着任儀礼の概観を示した上で、その中における孔子廟そして官学の位置づけを明らかにしていくこととする。冒頭の史料にもある通り、宋代地方官の着任儀礼において広範囲にわたって重要な存在となっていったのは孔子廟であった。[7] 孔子廟は民間信仰とは切り離された位置にある点で、他の祠廟とは性質が異なっており、その儀礼は王朝が推進し、そして士大夫層が特権的に儀礼に携わってきたという面がある。儒教における宗教施設としての孔子廟は、北宋中期頃までかけて徐々に官学へと形を変え、官学の中に取り込まれ「学宮」を形成していったが、地方官が最初の着任時に学校へ行くことにはどのような意味があり、また祭祀空間としての学校がどのような影響を受けたのであろうか。

宋代の地方官着任儀礼全体をみるために有用なのが、祝文と呼ばれる史料である。小島毅は真徳秀の文集に残る祝文を検討したが、宋代の文集には真徳秀以外にも地方官による祝文が比較的多く残っており、着任時のものに限っても相当数確認できる。その残存数は元代あるいは明代の文集に比べてもかなり多く、全体的な分析に耐え得る数が残っているのは宋代のみといってよい。その理由としては、明代になると会典事例などにおいて地方官着任の儀礼の詳細が明記され(『明会典』巻五六、新官到任儀)、祝文の字句まで定められたために、文章を後代に残す意味が失われたことが考えられる。すなわち宋代は着任儀礼が広まり、定着するまでの過渡期にあたるために、その変化を追うことが可能なのである。

1　北宋中期頃までの概況

唐代の状況については雷聞の指摘した通りであるが、実際にあげることのできる事例の数自体は宋代と比べればかなり少ない。これはそもそも史料の絶対量が異なることにもよるが、北宋初期も唐代と同様にあまり事例を見出すことができないことから、着任儀礼をめぐる状況は唐代と北宋初期であまり変化がなかったと推測できる。

その状況が変化をみせるのが北宋中期のことである。比較的早い時期の例をあげれば、景徳二(一〇〇五)年、翁緯《おうい》という人物が秀州海塩県の知県となった際に、着任時に県東にある孔子廟に拝謁し、その建物も像も壊れているのをみてすぐ改修にとりかかっている(『至元嘉禾志』巻二三「海塩県県学記」)[8]。注意したいのは、このとき海塩県にはまだ講堂や学舎を備えた学校施設はなく、孔子廟があるだけであった。海塩県に学校施設がつくられるのは嘉祐八(一〇六三)年のことで、知県になった褚埕《ちょてい》がその前年の嘉祐七(一〇六二)年に孔子の像・廟のほか、学舎や講堂などをつくらせている(同書同巻「修学記」)。ただこの際の事業の発端は、久しく壊れたままとなっていた孔子像の改修を県の父老が進言したことにあり、褚埕自身は着任時に孔子廟に拝謁しなかった可能性が高い。景徳年間から五〇年以上が経過しているが、少なくとも孔子廟が当時の地方官によって継続的に維持管理されていたとは言い難い。

孔子廟のような儒教の正統からして当然重視されるべき対象ではなく、より民間信仰に近い対象への着任儀礼も、その存在を確認することができる。大中祥符四(一〇一一)年、王嗣宗が知邠《ひん》州兼邠寧環慶路馬歩軍都部署(邠州の長官と方面軍司令官の兼任)として赴任したところ、都城の東に霊応公廟があったが、それ以前の地方長官は必ず着任時にまずこの廟に拝謁し、それから政務をとったという。しかしこの霊応公廟のそばには洞穴があり、狐が多く住み着いていた。術を使うまじない師がその狐に仮託して人々の禍福を占っており、人々はこれを信仰して、日照りや長雨から病気にいたるまで祈りを捧げ、この地の言葉では「狐」という音を忌避していたほどであった(尊い存在を口に出して発音するのを憚ったため)。これをみた王嗣宗は、慣例通り着任時に霊応公廟に祈りを捧げるどころか、廟を壊し、穴から狐を燻り出して皆殺しにし、その結果、この地では淫祀(礼に合わない不当な祭祀)が廃れたと記録されている。[9]

霊応公廟に祀られていたのが何の神なのか、王嗣宗のエピソードからは読み取れないが、景徳三(一〇〇六)年に楊億が書いた奉勅撰(皇帝の命により書いた文章)の「邠州霊応公廟記」(『武夷新集』巻六)という史料が残されている。両者の指す廟が同じものと仮定すれば、霊応公廟の祭神は、『詩経』大雅、生民之什《じゅう》にみえる詩「篤公劉」の主役で、后稷《こうしょく》の曽孫にあたる公劉である。『詩経』および鄭玄の『詩譜』豳《ひん》譜や『史記』周本紀四によれば、后稷は邰《たい》の国(のちの扶風)に封ぜられたが、夏后《かこう》氏(禹の建てた王朝)の世が衰えた頃、曽孫の公劉が異民族の地であった豳に移り住み、后稷の業である農業を盛んにしたため、それを慕って多くの民が集まったという。「篤公劉」はそのときの公劉の業績を謳った詩とされる。その後、殷王朝の末年には、公劉の子孫である古公亶父《ここうたんぽ》が再び異民族を避けて岐山に移り住み、さらにその曽孫こそ周王朝を開いた武王であるため、公劉は后稷から武王へとつながる血脈の間に位置する人物となる。「豳」という地名はのちに「邠」と改められるから、公劉は周文王・武王にとっての祖先にあたるだけでなく、邠州の地を開いた始祖にも相当するわけである。ただし楊億の記によれば、この神廟は古人としての公劉を祀ったものというよりは、「斯土之霊祇」、すなわちこの地方を守る天地山川の神のような存在としてとらえられており、天災を防ぐ神という点に重きがおかれている。唐の貞元六(七九〇)年には姜嫄《きょうげん》・公劉廟を改修した記録が残っているから、[10]この地では神として一定程度定着していたと考えられるが、景徳年間頃にはすでに荒廃していたようで、地方官によってその改修が上言されると、それを許可するとともに「霊応公」の号を賜るとの皇帝の命令があり、楊億にはその記を書くことが命ぜられた。おそらくこの頃か、あるいはそれ以前から、新任の地方長官は着任時に霊応公廟を訪れるようになっていたと思われるが、廟の実態は前述の通りであり、王嗣宗からみれば紛れもない淫祀だったため、これを破壊したということなのであろう。王嗣宗は邠州に赴任する以前にも、民間で信仰を集めていた江南の窖家神廟や、并州の臥竜王廟を壊して風俗を改めたという前歴があり、[11]霊応公廟の一件もそれに類するエピソードとして史書に記録されたものである。なお公劉廟に関する宋代の記録は現状ではほかに見出すことが難しく、明代になって再び姜嫄廟とセットで祀典(正当な祭祀を記してまとめたもの)に載せられるのが確認できる。[12]おそらく王嗣宗による破壊の後、長らく廃れてしまったのであろう。

次に、この時期の着任時の慣習について、当時の士大夫が一般的にどのように理解していたのか、それをよく示している史料を紹介しよう。天聖五(一〇二七)年、のちに宰相にまで上りつめた文彦博が、進士に登第した直後、新進官僚として絳《こう》州翼城県の県令となった際の記事である。

偉大なる宋王朝四代目の陛下が即位なされた五年目、私は進士として推挙を受けて甲科(成績上位)で合格し、大理評事の官を得てこの県の長官となった。秋八月二十九日、(着任して)はじめて政務に臨んだ。故事では、地方長官が着任した初めには、その州や県の祠廟すべてに赴くという。神に恭しくして民に教え諭すのは政治の根本である。ゆえに県の吏に尋ね、県図(県の域内を記した絵地図)で調べたところ、祀典に記載があり祭祀をおこなうべきものは宣聖(孔子)の祠だけであった。[13]

ここでは地方長官が着任した際には、慣例として初めにその地の祠廟にすべて参ると述べており、具体的には現地に赴いたのちに吏に尋ね、あるいはその地の県図を調べて参詣する祠廟を決めている。祀典に載っていたのが孔子だけであったというから、おそらく原則として祀典に記載される祠廟すべてに赴くことになっていたのだろう。ただし慶暦七(一〇四七)年三月にくだされた詔では、各地の祠廟が勝手に壊されているので、祀典に記載のあるものは復興せよと命令があったほか、[14] 北宋の末頃となる紹聖二(一〇九五)年になってようやく、各州が「某州祀典」を整備編纂するようにとの詔がくだされている。[15] ここから想像するに、北宋中期頃の状況としては、祀典の内容と各地の実情が大きく乖離しており、文彦博が現地の吏にわざわざ問うていることをみても、現地の慣習が着任時の儀礼に強く反映されていたことが推測できる。ちなみにこの時期の翼城県には孔子以外の祠廟も存在した可能性が高く、唐叔虞《とうしゅくぐ》廟が天聖年間に重修された記録、喬沢《きょうたく》廟が唐の大暦年間に建てられた記録が残されている。[16] 文彦博の赴任時にはこれらは祀典に記されていなかったために赴かなかったのであろう。

このように着任時に孔子廟に拝謁している例は北宋の前半期から確認できる。しかし海塩県や翼城県の史料がどちらも孔子廟改修を紀念してつくられた文章であることから、この類の史料に孔子廟への拝謁が多くみられるのはある意味当然ともいえ、このような慣習がどの程度定着していたかという点はさらに考えてみる余地がある。[17] また文彦博の述べるように、その地の祠廟すべてに赴くのであれば、同様の慣習は孔子廟以外にもおよぶはずで、その中で孔子廟への謁廟がどれほどの比重を占めていたかを把握する必要もある。そこで次に、実際に着任儀礼をおこなった証拠である祝文を用い、その全体像の把握を試みたい。

2　北宋時代の祝文

(1)　謁廟祝文とその全体像

祝文とは、神に対して祈りを捧げる際に書かれる文章を指し、現代日本語では祝詞《のりと》に近い意味をもつ。ただし祝詞が主に神道儀礼で用いられるものを指すのと同様、道教式の儀礼で書かれる青詞や、仏教式の儀礼で書かれる疏《そ》と区別して、儒教式の祈りに用いられる文体のことを祝文と呼ぶ。さまざまな形式の祈りに用いられ、例えば皇帝が天地の神々に祈る場合から始まり、地方官が雨乞いのために書く場合まで多岐にわたる。そのうちここで対象とするのは、地方官が任地に着任した際に、その地の神々に捧げる祈りについて書かれたもので、一般に「謁廟《えつびょう》」と題される祝文である。宋代に書かれたこれら祝文のほとんどは、個人の文章を収集した文集史料に収められているので、これを網羅的に収集することで、その変化に注目しながら、着任儀礼の全体像に迫っていくこととしたい[18]。

ただし現存する多くの祝文の中から着任時の「謁廟」に関するものを識別するのは、必ずしも容易ではない。文集においてつけられた題からは、いつ何の目的で祈ったのか明確でないものも少なからず存在するからである。そこでまず確実に着任直後と判断できるものを抜き出し、その後は祝文の内容や周囲に掲載されている祝文との関係・順序などの整合性から、着任当時に書かれた蓋然性の高いものを収集する作業をおこなった。その結果、宋代に書かれた着任時の祝文と判断したものを一覧にしたのが章末に掲載した表である。

判断の基準を示せば、まず祝文の文章中に「視事三日」(政務を執り始めてから三日目の意)や「下車三日」(下車は着任を指し、着任の三日目の意)あるいは「莅《い》政之初」(政務に莅《のぞ》む初めの意)、「始至」(着任の最初の意)など、着任時に祈りを捧げたことを明示する語句が含まれるものがあげられる。次に祝文の題に「到任」を含むものは、文集史料の編纂に誤りがない限り、確実に着任時のものと判断できる。さらには題を「謁廟」(「謁宣聖文」等も含む)とするものも基本的にこれに含めた。

この点に関しては少し説明が必要であろう。「謁廟」というのを文字通り解釈すれば、単に廟に謁することを示し、必ずしも着任時のもののみを指すとは限らない。例えば王之望「謁射洪顕恵廟文」(『漢賓集』巻一八)は題こそ謁廟文の形式をとるが、祝文中には「道出廟下」という字句がみえる。「道出」とは諸侯が外出先で道すがら神を祀ることを指し、移動の途中、もしくは遠方まで出向いて祈りを捧げたことを示す。厳密には着任時にわざわざ出向いて礼をおこなった可能性もあり得るが、通常これは着任儀礼とは区別されなければならない。それでもなお、宋代の「謁廟」と題する祝文をみていくと、文章中に着任時を示唆する文言を含むことが多く、またそうでなくとも形式や内容の面で明確な到任謁廟文と似ている場合が多い。章末にまとめた表では、含まれる字句などから確実に着任時のものと判断できる祝文については末尾に「〇」を付し、そうでないものには「×」を付しておいた[19]。これをみれば、とくに北宋期において「謁廟」文の多くが着任儀礼によって書かれていたことがわかるであろう。ここからは、「祈雨」や「春賽《しゅんさい》」などの目的が明確に示されない「謁廟」の祝文を地方官が残す機会、言い換えれば、とくに目的もなく公式に謁廟する機会は、着任時以外にはあまりなかったであろうことが想像できる。それでも南宋後期には地方官による祭祀が多岐にわたり、またそれを多く祝文として残すようになるため、着任時ではない謁廟の機会が増えた可能性はあるが、全体としてみた場合、やはり「謁廟」文のほとんどが着任儀礼に際して書かれたものとみるべきであろう[20]。

そして判断基準の最後として、文集中での配列があげられる。多数の祝文を収録する真徳秀『西山文集』や劉克荘《りゅうこくそう》『後村集』、黄震『黄氏日抄』などで顕著であるが、複数並べて記されている祝文の最初の一つのみに「到任〇〇文」とか「謁〇〇文」と書かれ、後続の祝文には「社稷」等その対象のみが書かれていることがよくある。このような場合も一連の謁廟祝文とするのが妥当であり、まとめて対象に含めることとした。これら区別は形式的な要素を根拠としているため、例えば文集編纂過程における錯誤等の問題があり得るが、基本的にはその編纂を信用することとした。[21]

今一度整理すれば、一、祝文中に着任時であることを明示する語句を含む、二、題に「到任」と書かれる、三、題を「謁廟」文とする、四、文集の配列、という四点を主な基準とし、それに内容など周辺情報を加味して約四〇〇首の祝文を抜き出した。最終的には筆者の判断に左右される面があるため、詳細については章末の表を参照していただきたい。

このようにして分析対象とした謁廟の祝文は、そもそも唐代以前にはまったくみられず、北宋中期からあらわれ始めて南宋にかけてその数を増やしていく。現存する文集を確認する限り、地方官の残した祝文のうち最も多くを占めるのは「祈雨」や「祈晴」といった天候の安定を祈るものであり、それが神によって叶えられた場合には「謝雨」や「謝晴」といった形の祝文が残される。これらは北宋の早い時期にも比較的多くのものが残っており、地方官による祭祀の主要な部分を占めていた。「祈雨」の祝文は唐代にもわずかながら残されているため、[22]北宋初期においてもこれらが存在するのは、唐代からの延長線上として理解できる。それに対してここで注目する謁廟の祝文は、北宋中期になってはじめてその存在が確認できるから、新たな類型の祝文ということができる。

(2)　北宋中期頃までの謁廟祝文

まず現存が確認できる最初の謁廟の祝文は、慶暦三（一〇四三）年六月、[23]陳襄が建州の浦城県でおこなった祭祀に関するものである。陳襄は慶暦二（一〇四二）年に進士登第、最初の職として建州浦城県主簿（県の出納長）の職を授けられた。このとき県令が空席で自らが実質的な長官であったためにこの祭祀をおこなったのである。[24]以下はその全文である。

私が伏して聞きますには、県に官僚が着任したならば、礼では、着任してから三日目、政務をおこなう初めには、霊験や徳によって県の民を庇護する諸廟に赴いてこれらに謁礼するといいます。私の役職は県簿でありかつ長官が空闕なため、自ら民に臨んで政治をおこなうのです。どうしてつつしんで(祠廟に)赴き祀りを執りおこなって私の着任を告げずにいられましょうか。どうか神々がここに降りられますように。[25]

ここにみられる「三日」というのは「視事三日」等の形で謁廟の祝文に頻繁にあらわれる表現で、慣例によれば着任後三日目に拝謁の儀礼をおこなうことになっていた。実際にすべての事例でこの三日目が守られていたかはわからないが、元祐五(一〇九〇)年の華亭県の例では、実際に地方官の到着した二日後、すなわち三日目に謁廟がおこなわれていることが確認できる。[26]この陳襄の祝文において注目すべき点は、祀る対象であり、具体的な神の名ではなく「諸廟」とのみ述べている。つまり赴任地の浦城県にある多くの神々を対象とし、それら諸神をまとめて一つの祝文という形で記しているのである。

次に時代が古いのは、皇祐三(一〇五一)年、黄庶『伐檀集』巻下に残る「文相到任謁廟文」と「祭某廟文」である。黄庶は黄庭堅の父で慶暦二(一〇四二)年に進士に登第し、初めのうちは地方の幕職官(長官の補佐役)を歴任した。この祝文は黄庶が許州の幕職官を務めていた頃の文章で、黄庶自身が着任したことによって書かれたのではなく、「文相」すなわち文彦博が知許州として赴任してきたとき、代理として書いたものである。[27]その祭祀対象は、一つ目の「文相到任謁廟文」には「至聖文宣王」すなわち孔子を対象とすることが明記されているが、一方の「祭某廟文」は対象を明確にせず汎用できる祝文で、その他の諸廟のために共通に書かれた文章と考えられる。

次に宋祁「定州到任謝神文」(『景文集』巻四八)をみてみよう。これは宋祁が定州に着任した皇祐五(一〇五三)年に書かれたものであり、古より諸侯は域内の山川の神を祀っていたと述べ、着任時には任地の山川を祀ることが重要であると説く。ただし実際には「属吏を遣わして摂事せしむ」とあるから、属僚による代理の祭祀をおこなわせたことになる。『景文集』の同巻には比較的多くの祝文が残されているが、祈雨など天候の安定を祈るものがほとんどを占め、それらの中には代理におこなわせたと思われるものがいくつも見受けられる。地方長官がおこなうべきとされる祭祀を、宋祁自身はほとんどおこなっていなかったのかもしれない[28]。そしてもう一点、宋祁の残した祝文全体において注目されるのは、その対象がほぼすべて山川の神々であって、孔子を祀ったものがみられないことである。

ここで定州の学校および孔子廟の状況を少し詳しく述べておきたい。その顛末は韓琦の「定州新建州学記」(『安陽集』巻二一)からうかがうことができ、それによれば韓琦は慶暦八(一〇四八)年に定州に赴任するとまもなく、仲秋上丁(八月最初の丁の日)にはじめて孔子廟に自ら釈奠の礼をおこなったと述べている。これは春秋におこなうべき釈奠のことを指しており、着任時には自ら孔子廟に赴いていない可能性が高い。この釈奠の際に韓琦は孔子廟の改修を志し、飢饉による中断をはさんで二年後の豊作時にそれに着手し、廟が完成するとさらに学校施設の建築にとりかかった。講堂や斎舎・厨房等を備え、学校としての体裁がはじめて整ったのがこのときであり、学校落成後に諸生を率いて新たな孔子廟にその完成を告げる礼をおこなっている。学校の完成時期が皇祐二(一〇五〇)年なので、宋祁が定州に赴任した際には、完成したばかりの学校と孔子廟が存在したことになる。しかし宋祁が残した祝文全体からみれば、関心はむしろ北岳や南岳といった山川に向かっており、祭祀対象として孔子と学校を認識していなかった可能性が疑われる。ちなみに韓琦は定州において北岳廟の改修もおこなっているが[29]、こちらについては属僚の代行ではあるものの、宋祁はしばしば祭祀をおこない、祝文も残している。

これらをみれば、この時期、着任時に孔子廟に赴いている地方官もいたものの、まだそれほど普遍化していなかった状況を想定することができる。これとほぼ同時期、仁宗朝の間に見出される着任時の祝文をすべて列挙すると、祖無択「知袁州日謁仰山廟祝文」・蘇頌「南都謁廟」[30]・同「潁州謁廟」・劉敞「鄆《うん》州謁廟文」・同「謁諸廟神文」に加え、曽鞏《そうきょう》のものが一首残るのみである。曽鞏についてはこの後にすぐ述べるが、これらの祭祀対象は祖無択のものが仰山、劉敞「鄆州謁廟文」が泰山(東岳)であるほかは、諸廟を対象に書かれたものであり、孔子廟を対象としたものが一つも残されていない。すなわち仁宗朝の期間に書かれた着任時謁廟の祝文で、対象が孔子廟であるのは、唯一黄庶の「文相到任謁廟文」のみであって、ほかは諸廟と山の神が少しみられる程度なのである。ところが次に来る神宗朝の熙寧年間から元豊年間頃を契機として、この状況に明確な変化がみられ始める。その鍵となるのが、熙寧から元豊初期にかけての曽鞏の例と、元豊から元祐にかけての蘇軾の例である。

(3) 熙寧以降北宋末まで——曽鞏と蘇軾の例から

曽鞏『元豊類藁《こう》』の巻三九および四〇には多くの祝文が残り、着任時の謁廟文も複数の地で書いたものが残っている。曽鞏は嘉祐二(一〇五七)年の進士で、最初の職として太平州司法参軍(幕職官の一つ)に任ぜられると、その後は中央で編校史館書籍(館閣職だが実職で書籍の整理をおこなう役職)や実録院検討官(国史編纂にかかわる役職)などを務め、熙寧年間以後は越州通判として再び地方に赴く。その後、知斉州・知襄州となり、熙寧八(一〇七五)年には知洪州に、熙寧一〇(一〇七七)年には知福州に、元豊元(一〇七八)年には知亳《はく》州となって、元豊三(一〇八〇)年以降は中央官を歴任して、元豊六(一〇八三)年に没している。これら赴任地のうち、太平州では知州の代理として「代太平州知州謁廟文」を著しているほか、通判であった越州を除いて知州を務めた五つの州すべてで着任時の祝文が残っており、北宋の中では全体像のうかがえる貴重な例である。これら祝文の対象をみると、嘉祐年間に代理で書いたものは諸廟のみであるが、熙寧年間以後に曽鞏自身が知州として赴任した五つの州では、常に孔子と諸廟を対象とするものがセットで残されている[31]。さらにいえば、祝文自体も定型句の多い簡潔な内容で、着任時に孔子廟と諸廟に祈りを捧げることは、曽鞏にとって形式的な習慣になっていたと思われる。

次に蘇軾の例をみてみよう。蘇軾は曽鞏以上に多くの地方官を歴任しているが、そのすべてに着任時の祝文が残っているわけではない。『東坡《とうば》全集』巻九九に残るのは比較的時代を下ったものが中心で、湖州・杭州・潁州・定州に赴任したときのものである。蘇軾は嘉祐二(一〇五七)年に進士に登第し、鳳翔府通判を務めて中央に入った後、熙寧年間には王安石と衝突して再び地方に出て杭州の通判となり、さらに密州・徐州・湖州の知州を歴任する。その後中央に戻るもまた地方に出て杭州・潁州・揚州・定州の知州を歴任、哲宗紹聖年間以後は左遷されて恵州・儋《たん》州に謫《たく》居（左遷され職がないまま居住地を指定されること）し、最後は常州で没している。祝文全体でみれば、現在残っているのは杭州通判の頃のものから始まり、密州・徐州のものも存在するが、着任時の謁廟文に関しては、元豊二（一〇七九）年の知湖州のときのものが最初である。それ以前の比較的早い時期のものは散逸してしまった可能性もあるが、ほかの種類の祝文は残っていること、また知湖州以後は揚州を除いてすべて残されていることから、湖州時代以後に定型的に着任時の祝文を残すようになった可能性が高そうである。そしてこれら祝文の対象は、四つの任地すべてで孔子廟と諸廟の二首となっており、形式的に曽鞏と同様である。蘇軾の場合も、やはりある時期以降、各地に赴任した際にはまず孔子廟に謁廟する習慣となっていったことがわかる。

曽鞏と蘇軾の例における最大の特徴は、孔子廟に対する祝文と諸廟に対する祝文が常にセットで残されていることである。それまでは同様の形式に黄庶の例が存在したものの、全体的には一般的ではなく、むしろ孔子廟に拝謁したものが珍しい状況であった。先にあげた翁緯や文彦博の例をみれば、それまでの地方官が着任時にまったく孔子廟に行っていなかったわけではない。しかしその場合でも、数多くある祀らねばならない神々のうちの一つとして認識されていたのにとどまる。それに対して曽鞏と蘇軾は、孔子を他の諸廟とは明確に区別して扱っており、着任時に孔子廟に拝謁することがとくに重視され、また一般化されてくる兆しをみてとることができる。章末の表をみればわかるように、孔子廟と諸廟のセットは、これ以後にもよくみられる典型的なパターンといえる。曽鞏と蘇軾は史料の残存状況に恵まれているために、その特徴がわかりやすくあらわれているが、神宗朝の熙寧半ばから元豊年間頃を境として、地方長官にとっての孔子廟の位置づけが変化したといえるであろう。

蘇門四学士（蘇軾門下の四人の著名な詩人）の一人、詩人としては秦少游の名で知られる秦観は「謁宣聖文」という祝文を残し、その中で「ましてや宣聖はまさに私の儒師でありますから、薦見の礼においても敢えて群祠を後にするのです。……」[32]と述べる。これは群祠すなわち他の祠廟群に対しても謁廟しなければならないが、それよりもまず孔子廟を優先させるべきことを強調したものと考えられる。秦観は地方長官を務めた経歴がなく、この祝文がいつどこで書かれたものか明確ではないが、官歴からみれば、杭州通判を務めたときと想定するのが最も妥当で、おそらく紹聖元(一〇九四)年に書かれたものであろう。この五年前には知杭州として蘇軾が孔子に謁廟しており、通判ではあるが秦観もそれに倣ったのであろうか。いずれにせよ北宋の後半期から北宋末にかけて、孔子廟は他の諸廟よりも優先すべき存在と認識されるようになってきており、その変化の途上にあるがゆえに、この祝文ではわざわざその優位性を明言しているといえる。

もう一点、この時期にあらわれる変化として「辞廟」の祝文の登場がある。「謁廟」が着任時の儀礼であるのに対して、これは離任時の儀礼を指し、確認した限り最も早いものとして蘇轍《そてつ》の「陳述古舎人辞廟文二首」があげられる。これは熙寧五(一〇七二)年、陳襄が知陳州から知杭州に移った際に、陳州教授を務めていた蘇轍が代理で書いたもので[33]、奇しくも謁廟文と同じく、陳襄のかかわった祭祀が最も古いということになる。この二首の対象は「太昊《たいこう》廟」と「孔子廟」であり、「諸廟」を対象とするものはみられない。しかし二番目に古い辞廟文として、やや時代を下った元祐七(一〇九二)年、韋驤《いじょう》が福建路転運判官の任期を終え職を辞すときに書かれた「辞諸廟文」と「辞宣聖文」があり[34]、ここでは諸廟と孔子がセットになってあらわれる。韋驤はこの後、建中靖国元(一一〇一)年に知明州を辞する際にも「明州辞諸廟文」と「辞文宣王廟文」を書いており、同様の構成となっている。またほぼ同じ頃、蘇軾も「定州辞諸廟祝文」を書いており、『東坡全集』に付された年譜で確認すれば、紹聖元(一〇九四)年に知定州から左遷され知英州となったときに書かれたものだが(ただし実際には英州に着任前に再び左遷され恵州安置となる)、年譜の方にはその際に「辞宣聖文」を残したという記述がある。文集の方にはこの「辞宣聖文」は残っていないが、元来は謁廟文と同じく孔子と諸廟両方に対する辞廟文があった可能性が高い。

辞廟文は全体として謁廟文に比べれば少ないものの、このように元祐・紹聖年間頃から徐々に増え始め、南宋時期にはそれなりの数が確認できるため、ある程度慣習として定着していったことがうかがえる。そしてその対象はやはり孔子廟と諸廟がセットになって残っているものが多く、さらにいえば謁廟文とちょうど同じものを対象としている場合がしばしばみられる。[35] とくに早い時期の残存数が少ないため、いつ頃からこの習慣があったかを推定するのは難しいが、着任時の謁廟が一般化しつつあったと思われる熙寧年間にはじめてあらわれ、元祐・紹聖年間頃から定型化したものがみられるようになることから、おそらく謁廟儀礼の定着を後追いする形で発生したのであろう。

3 南宋時代の祝文

(1) 南宋初期の制度化とその背景

この章の冒頭で紹介した通り、南宋初期の紹興一四(一一四四)年十月に詔がくだされて、地方官が着任した際には必ずまず学校を訪れて、孔子廟に拝謁しなければならないことが定められた。南宋時代の祝文について述べる前に、この背景について簡潔にまとめておきたい。

まず大きな前提として、紹興一一(一一四一)年に宋金和議が成立して以降、南宋政府としての新たな国家体制づくりが本格的に始動したことがあげられる。学校関連では紹興一三(一一四三)年二月に高閌《こうこう》が太学復興を願い出たのを皮切りに、[36] 一四(一一四四)年三月には高宗自ら太学に赴いて孔子廟に拝謁している。[37] 地方官学についても、これに前後して学校の改修や州学への教授の設置が詔としてくだされており、[38] 例えば紹興一三(一一四三)年八月には知興州の任から帰京した宋宙が、諸州学に学官をきちんと配備するよう上言をおこなっている。これに対し高宗は、以前から学官を整備するよう命令をくだしているが、僻遠の州では十分実施できていないことを認識し、改めて命をくだしている[39]。興州は利州路の最北辺にあたり、対金の最前線である。同じく最前線にあたる襄陽では紹興一四(一一四四)年六月四日付の修学記が残されており[40]、それによれば紹興一二(一一四二)年九月に出された地方修学の詔を受けて修建をおこない、兵火によって壊された学校を再建して平常に戻すことをめざす一方、民力の浪費を懸念して節約に努めたことが述べられている。このように、北宋末までに整備が進められた地方官学の中にも、戦火の影響を受け機能しなくなったものが少なからずあり、それが戦時から平時への政策的転換を受けて再整備が進められていたのである。

最初に引用した羅長源の上言は、宋宙の例と同じく赴任先から帰京した地方官の進言である。『要録』をみれば、この時期地方官の上言が多く記されており、皇帝が地方の実情を把握するために一定の役割を果たしていたことがわかる[41]。羅長源に関する史料は乏しいが[42]、胡寅《こいん》「永州重修学記」(『斐《ひ》然集』巻二一)に「羅侯」とされる人物がみられる。紹興一二(一一四二)年六月に、胡寅は知永州の任にあり、州県は学校を修復せよとの詔を受けたが、すぐにその任を去ることとなった。その後任が「羅侯」で、かつてあった州学をもとにして新たにこれを増修したという。『要録』によれば、紹興一四(一一四四)年十月二十二日、羅長源は知永州の任から帰還して湖南地方の丁身銭(人頭税)を廃止するよう上言をおこなったほか、翌二十三日に地方官が赴任した際にまず学校で孔子廟拝謁をおこなうべきことを述べるとともに、諸州の進士解額(都の省試を受験できる合格枠)のうち三割を学校に割り当てるよう進言している。これら上言は同月二十八日に礼部に処理が言い渡され、その後羅長源は知鄂《がく》州へと赴任していくのだが、「永州重修学記」が書かれたのは紹興一四(一一四四)年春のことであり、「羅侯」が羅長源を指すのはほぼ疑いないであろう。

すなわち羅長源は任地において州学の修建をおこなった直後、転任の合間におこなった皇帝との面会において、孔子への謁廟を法制化するよう要求したのであり、政策的に州県学の復興をめざす中にこの詔を位置づけることができる。

これによって地方官が自発的におこなう慣習にとどまっていた謁廟儀礼は、はじめて成文化されて規定されることになったが、これは官学が全国隅々まで普及していることを想定してはじめて意味を成すものである。実際には復興の途上にあった地域や、官学の整備されていない僻遠の地も少なからず存在したであろうが、あらゆる地で官学はなくてはならない施設であるとの認識が示されたともいえる。ここに地方官が忠実な任務の遂行を誓う画一的な場として、官学と孔子廟が公的に設定されるようになったのである。

(2) 南宋期祝文の全体的傾向

さて南宋期の謁廟の祝文の特徴を述べれば、まず北宋期のものと比較して数が多いことがあげられる。これは北宋よりも南宋の方が残存している文集が多いことにもよるが、それ以上に地方官による祭祀がより重視されるようになったことのあらわれであろう。北宋後期の紹聖二(一〇九五)年には某州祀典が編纂されることにより、域内の祠廟の場所と由来が明示されて、地方官が祀るべき対象も明確化された。しかし徽宗朝に編纂された『政和五礼新儀』をみても、地方官がおこなうべき祭祀が一部明記されていながら、着任時あるいは離任時に何か儀礼をおこなうという記述はいっさいみられない。その意味でもやはり着任時の謁廟とは、いまだ各地の慣習と各地方官の裁量に委ねられる部分が大きかったのであろう。

もう一つ南宋期の謁廟文にみられる北宋期との決定的な違いは、その対象が多岐にわたることである。南宋の初期こそ孔子廟と諸廟のみという場合が多くみられるが、南宋中期の乾道・淳熙以降に対象の多様化が進み、南宋後半にあたる嘉定年間以後には、真徳秀のような一つの赴任地で一〇以上の対象に謁廟文を書く例があらわれる。このように多様な廟に対して祝文を残すのは、北宋末頃からその兆しはみられ、例えば政和年間に地方官を歴任した劉安上は、その最初の任地である寿州で、孔子・諸廟・天斉廟・社稷・淮源王を対象とする謁廟文を残している。天斉王は泰山、淮源王は淮河の神を指しているので、孔子・社稷のほか、代表的な自然神を祀っているが、これに対して南宋中期以降にはどのような対象が増えていく傾向にあったのだろうか。次に朱熹と孫応時の具体例からみていくこととしたい。

(3) 朱熹の場合

朱熹の文集に残される着任時の祝文は淳熙五（一一七八）年の知南康軍のときのものと、紹熙元（一一九〇）年の知漳《しょう》州のときのものがある。淳熙五（一一七八）年の着任時に拝謁しているのは孔子・侍中太尉長沙陶威公（陶侃《とうかん》）・李尚書（李常）・劉屯田（劉渙《りゅうかん》）・諸廟・社稷である。陶侃は晋代の将軍で、隣接する饒《じょう》州鄱陽《はよう》の出身、のちに南康軍下の都昌に移り住んだ人物である。つまり郷賢として都昌で祀られていたが、朱熹が南康に赴任したときには南康軍の城内にも廟が設けられていた。とりわけ都昌のものは、近隣住民まで含めてしばしば雨乞いの際に祈りが捧げられていたようで、朱熹自身、淳熙七（一一八〇）年三月にはこれに賜額・賜封するよう朝廷に願い出ている[43]。すなわちこの地の有力な廟であり、それが着任時に軍の城内にも設けられていたことからこれに拝謁したのである。一方の李常と劉渙は事情がやや異なり、朱熹が学校に赴いて孔子廟に拝謁した際に、学校内に二人の祠があるのをみつけたので拝謁したというもので[44]、のちに朱熹はこの二人に加えて陶潜（陶淵明）・劉恕・陳瓘《ちんかん》の五人を祀って五賢祠を建てている[45]。さらに朱熹はすでにある祠廟を祀るだけではなく、着任とともに「諸図経」を調べてこの地における先賢を探し出している。その結果、南朝陳の司《し》馬暠《ばこう》・司馬延の二人と唐の宜春県令熊仁贍《ゆうじんせん》を見出し、このうち熊仁贍はその旧宅跡および墓がこのときまで残っていたので、着任の翌年、淳熙六（一一七九）年五月に僚吏を遣わしてその墓を祀らせた[46]。つまり朱熹は着任時に、孔子をはじめとする当然祀るべき対象と、手近に存在した有力な祠廟に拝謁したが、それにとどまらずさらに地元の先賢を求め、それものちに祈りを捧げる対象としたのである。南宋時期は各地の学校内に先賢祠がつくられていき、中期以降にはそれらも着任時の祭祀対象となる傾向が進んでいく。北宋時期に、孔子のほかには主に自然神を対象としていたのとは異なり、先賢もその対象に加わってきたのが新しい変化といってよいであろう。

次いで朱熹が知漳州の着任当時に拝謁した対象をみると、孔子のほか、高東渓祠(高登)・李竜学祠(李弥遜《りびそん》)・端明侍郎蔡忠恵公祠(蔡襄)・崔統領祠(崔亮)・諸廟・社稷が確認できる。[47] 李弥遜は紹興九(一一三九)年に漳州府学を修建したことで、諸生によって崇学祠がつくられ、そこに生祠(存命中の人物を祀る祠)が建てられた人物である。[48] 高登についてはこの地に着任する以前の淳熙一四(一一八七)年に、朱熹が自身で高東渓先生祠記を書いたという経緯がある。当時漳州府教授を務めていた田澹《でんたん》が学校の中に高登の像を描き、のちに州の人王遇が朱熹に記を書いてくれるよう依頼した。その当時朱熹は病を理由にいったん断ったが、知漳州の林元仲がさらに祠をつくったところ、学生たちだけでなく四方からも士人たちがやって来て、これを祀ったという。朱熹はその話を聞いて感じ入り、最終的に記を書くことを引き受けたのである。[49] その経緯があって朱熹は漳州に着任した際、自身も学校においてまず高登に拝謁した。しかもその翌年の紹熙二(一一九一)年正月には「褒東渓高公登直節」を朝廷に奏請しており、[50] 高登はここに朱熹からも朝廷からも認められ、先賢の仲間入りを果たすこととなる。また時期が明確ではないが、のちに高登と蔡襄はそれまで漳州にあった三賢祠に加わる形で五賢祠の中に含まれており、[51] 少なくとも朱熹によって先賢として認められたことが影響しているのは想像に難くない。ちなみに崔亮のみ生前は学校と直接関係がなく、北宋末から南宋の戦乱時、南渡の際に戦没した忠臣として、この地域で祀られていた人物である。[52]

(4) 孫応時の場合

ここまでみてきたように、孔子廟に拝謁するということは学校に赴くことに直接結びつく。ゆえにこの時期以降の祝文では、場合によって題を「宣聖」等とせずに「県学」や「府学」と書くものもあらわれてくる。例えば朱熹とほぼ同時代の人である孫応時の『燭《しょく》湖集』巻一三には「常熟県到任謁廟文」四首が残っており、付された註によれば、その対象はそれぞれ「県学」「社稷」「岳廟」「諸廟」となっている。

孫応時は陸游に師事し、淳熙二(一一七五)年に進士登第、初めは黄巌《こうがん》県尉(県の治安担当官)や海陵県丞(県次官)を務め、この頃に朱熹と交友をもった。その後も各地を転々とするが、慶元三(一一九七)年七月に常熟県の知県となると、着任して学校に赴き、すぐに孔子の弟子、十哲の一人である言偃《げんえん》(子游)の祠を講堂の東につくらせた。孔門十哲を紹介する『論語』先進篇において、言偃は文学の才を認められた人物としてあげられ、また魯の国を中心に活動した弟子が多い中、南方に移り住んで呉の国に孔子の教えを伝えた人物としても知られる。学校に赴くということは、当然ながら孔子が祭祀対象の中心ではあるが、「県学」と註が付されたこの祝文は、言偃にとくに言及しており、常熟が「言游之故里」であることを述べている。このときの言偃祠新設の経緯は朱熹の手になる記文が存在するので[53]、それを整理すれば以下のようになる。

常熟県には子游巷と名づけられた通りや、文学橋という名の橋があるほか、古い図経[54]には言偃の故宅が県の西北にあり、当時の井戸がまだ残されているという記録があった。故宅はすでになくなっていたものの、これらの情報から言偃が常熟の人であることは疑いないが、しかし言偃はあらゆる地の学校で孔子の従祀として祀られるのみで、地元としてとくにこれを祀ることはしていなかった。そこで孫応時は県学の東に祠堂をつくって祀った上、その年の冬至には県の士人やその子弟を率いて「釈奠[55]」をおこない、この旨を朱熹に知らせて記の執筆を依頼したという。

(5) 南宋中期以降

ほぼ同時代となる朱熹と孫応時の例をあげたが、この頃の孔子廟への謁廟というのは、単に学校へ行って孔子廟に拝謁するだけではなく、学校で祀られる多くの先賢・郷賢にも拝謁するという意識が強くなっている。当時の一般的な状況とまではいえないものの、朱熹らにとって着任時に学校に行くことは、その地の先賢を理解しこれを祀るとともに、場合によっては自ら先賢を見出しそこに追加する意図も含まれていたといえる。学校では春秋に釈奠儀礼がおこなわれることになっており、これに備えて対象を選定していたという面もあろう。それは単に孔子廟のみに行くのとは異なり、外来の地方官にとってその地の歴史や特色にふれる最初の機会になったはずである。

南宋中期以降に視点を移せば、真徳秀はいうにおよばず、黄榦《こうかん》・劉克荘・方岳・黄震・牟巘《ぼうけん》らの例をみても、着任時の祭祀対象は多岐にわたるようになり、孔子をはじめ学校に祀られていた先賢や郷賢、北宋時代から対象として長く続いてきた山川の神々、さらに南宋頃から対象としての例が増える社稷や城隍《じょうこう》(都市の守り神)などにおよび、これらに対する謁廟は特筆すべきことではなくなってくる。南宋期にはそれ以前と比較して正式に認可された祠廟の数自体が増えたし、地方官がより積極的に祭祀をおこなって、それを祝文という形で残すようになった結果でもあろう。元代以降の着任儀礼については、実は南宋期よりも詳細がわからなくなる。南宋滅亡のおよそ二〇年後にあたる元の成宗大徳年間初めには、着任したらまず孔子廟に拝謁し、それから順序に従ってその他の廟に拝謁せよとの勅がくだされている。[56] 元朝は南宋と同じかそれ以上に孔子廟の整備と孔子祭祀に積極的であり、この詔では孔子が他の諸廟よりも高い地位にあることを明確に示して、地方官着任時の謁廟儀礼に反映させている。しかし残念ながら、着任儀礼を実際におこなったことの証拠となる祝文については、例えば『全元文』(李修生主編、江蘇古籍出版社〈鳳凰出版社〉、一九九七―二〇〇五年)を確認しても、元代に書かれたものは宋代よりも圧倒的に少ない。このことはおそらく謁廟儀礼が実際には廃れていたことを意味するのではなく、明代になると着任儀礼が詳細に整備され、祝文の本文がテンプレート化されるにいたっているので、逆に広く定着したがゆえに定型化が進み、文集に残す価値が減じたからだととらえるべきであろう。

4 謁廟儀礼と管理体制

着任儀礼は地方官による統治の最初におこなわれる。ゆえに中央政府は、地方官による謁廟を利用して、当該施設を維持管理する機能を期待する、という側面もあった。

学校に関しては、残存する祝文だけでなく、「孔子廟記」や「学記」といった孔子廟および学校の建設・改修にかかわる史料の中からも、着任時に地方官が訪れていたことが確認できる。地方官学は、北宋中期仁宗朝の頃にはじめて政策的に奨励されたが、その頃に書かれた学記の中には、地方官がまず孔子廟に行き、そこで学校建設を決めたとする記述がしばしば見受けられる。時代を下っても改修事業にかかわる修学記には同じようによくみられ、とくに南宋期には、着任時の学校への謁廟は視察の意味合いを濃くしていく。例えば王庭珪「吉州新修教授庁記」(『盧渓文集』巻三五)によれば、紹興二八(一一五八)年に吉州に赴任した「鄱陽魏侯」は定例通り孔子廟に赴くが、そこでまず学官の宿舎についての問題を尋ねている。学官すなわち教授等学校職員の宿舎が、学校施設から遠く離れていて不便だとして、学校門外の周囲を視察し近くの適当な地を確保して、そこに宿舎を新設することで解決をみている。また楊甲「修学記」(『成都文類』巻三〇)によれば、淳熙二(一一七五)年に范成大が成都に赴任すると、まず学校に行き、学生を率いて孔子に拝謁して、そこで改修を決めたことが記される。それまで成都府学では、月に一度地方官が学校を訪れることが定例になっていたが、「修学記」はそれでもなお学校視察が十分でなかったと述べ、范成大がより頻繁に学生と交流をもったことを称賛している。

地方官が着任して最初の視察がこの着任儀礼である以上、改修事業を興す契機になり得るのは当然であるし、それを「修学記」のような文章中に織り込むのは、その地方官が当初から教化に熱心であったことを示す格好の材料であったろう。ここからは地方官には学校施設の視察と、必要であればその維持管理が求められていたという推測が成り立つが、ここでそれを裏づける比較材料として、地方の社稷壇の例をあげておきたい。というのも社稷壇も孔子廟と同じく、地方官が着任時に赴くことが法文化されたことを示唆する史料が存在し、さらにその機会を利用して、適切に維持管理がなされているか確認を求められたからである。

まず地方官祭祀における社稷の位置を今一度確認すれば、『大唐開元礼』以来、社稷は孔子と並んで地方官祭祀の最上位におかれていた。宋代でも早くは景徳四(一〇〇七)年に、原則として釈奠と社稷の祭祀は地方長官が自らおこなうべきものと規定され、あわせて壇の修復が命ぜられているし[57]、『政和五礼新儀』においても、両者は地方官祭祀として正式に位置づけられている。

ただし実態をみると、地方の社稷壇は北宋時期にはそれほど重視された形跡はなく、北宋末の政和六(一一一六)年の江東提挙沈延嗣《しんえんし》の提起によれば、州県の社稷はどれも定められた制度に則っていないことが指摘されている。これは『政和五礼新儀』の編纂を通じた礼制改革において、壇の制度が改められたことに端を発していると考えられるが、興味深いのはその対策として、制度を記した図を版木に彫って全国に配布し、壇に付随する斎に石碑を立ててその図を刻み、地方官が着任した際には、自ら社稷壇に赴いてその図のようになっているかを確かめるようにすべき、としている点である[58]。これは、地方官が着任時に諸廟に赴く慣習を利用して社稷壇へ行くことを義務づけ、維持管理も含めておこなわせようとしたとみることができる。史料はこの上奏に対して「之に従う」と記すが、これに続けて州県は社稷・風師・雨師の壇を建てることと、壇の制度を記した図を広く配布することの二点を記した簡潔な詔が書かれるのみであり、着任した地方官による視察義務まで制度化されたか否かについてははっきりしない。祝文の残存状況からみる限り、この時期、孔子廟に比して社稷に謁している例はさほど多くなく、むしろその事例が増えてくるのは南宋の中期以降のこととなる。

とはいえ、南宋中期における地方の社稷壇の実態をみると、複数の史料がその荒廃ぶりを伝えている。[59]淳熙年間に書かれた羅願の「淳安県社壇記」(『羅鄂州小集』巻三)は、陳曄《ちんよう》が淳熙二(一一七五)年に淳安県の社稷壇を改修・整備したことを記した文章だが、地方長官が着任したらまず社稷壇に赴き、必要ならば改修させるというのは法令でも定められているのに、それが疎かにされているのは嘆かわしいことだと述べる。また紹熙三(一一九二)年の監察御史(監察のほか祠や謚も取り扱う)曽三復の上言では、州県の社稷壇について、士大夫がその重要性を認識せず祭祀をおこなわないことに慣れきってしまっていることを指摘し、地方長官自ら春秋の祭祀を実際に壇に赴いておこなうべきことや、着任した際にはまず社稷壇に行くべきであること等を再確認している。[60]

これら史料をみても地方の社稷壇が実際にはいかに軽視されていたかがわかるが、その際に重要なのが、地方長官が維持管理に努めるのが本来の姿であり、着任時にはまず壇に赴いて状態確認から始めなければならないとする法令が、少なくとも淳熙年間には存在したことである。それにもかかわらず遵守されることなく放置されていた例が多いようで、その維持管理を難しくしている要因の一つとして、社稷壇が原則として雨ざらし状態の壇であり、学校と比べた場合、儀礼の場以外の存在意義をもたなかった点が考えられる。学校は常に人の居住する空間ともなっており、地域士大夫層の交流の場ともなっていたのとは事情が異なっていたのである。社稷壇に比して地方官による孔子廟謁廟が定着できた背景として、学校施設と一体となっていたことも無視できない要素といえるだろう。

孔子廟への謁廟儀礼が定着化・制度化されていく過程は、地方官学の全国的な普及・定着と軌を一にしており、宋代の地方官は事実上着任時にまず官学に行くようになっていく。孔子廟と官学の全国的な展開は、北宋中期以降、政策的に推進されたものであり、南宋初めの謁廟規定も、基本的にはこの時期の一連の政策と関連していた。各地域の慣習に多くを依っていた謁廟儀礼の中に、徐々に孔子や社稷という画一的なものが組み込まれていき、さらには地方官にその維持管理の役割をも期待するようになっていったのである。着任儀礼とは、地方官が着任の初めに、職務に忠実であることを誓う場でもあるから、儒教にもとづく統一的価値観を各地域にまで押し広め、それを地方統治の基礎に据えようとした王朝の意図が読み取れるだろう。しかしこれとはまた別の側面として、南宋中期以降には先賢をはじめとする各地域固有の謁廟対象も増えていく傾向にあり、画一的な存在であったはずの官学にも地域性を帯びた面があらわれてくる。外来の地方官は、それらも地域社会を構成する重要な要素として尊重し、あるいは場合によってはより積極的にその選定にかかわりをもつようになっていった。

その大きな転換点と考えられるのが南宋中期頃であり、朱熹の存在が大きい。朱熹は意識的に各地でその土地の人々が祀るべき先賢を見出そうとしており、この発想は朱熹の教えに倣う人々によって継承され、朱子学の浸透とともに広まっていき、南宋後半期における先賢祠の急激な増加につながるのである。しかし一方で、朱熹によって道統の観念が確立されると、周敦頤や二程らを学に祀ることも盛んにおこなわれるようになっていく。このように南宋後半期には多様な先賢祠があらわれ、学校内に祀られていくようになるが、次に章を改めて先賢祭祀の理論的な側面に焦点をあて、宋代の変遷を追うことで、学校と先賢祠の関係を整理しなおし、朱熹以降の特徴をみていくこととしたい。

【表　宋代到任祝文一覧】

文集名・巻数は基本的に『四庫全書』による。

＊の付されている祝文は『四庫全書』に収録されないものである。

末尾に○のあるものは，確実に着任時と判断できたもので，その基準については本文中に示した。

著者	文集	巻数	題	対象	職	年号	西暦	
陳襄	古霊集	巻19	謁廟祝文	諸神	浦城県主簿	慶暦3	1043	○
黄庶	伐檀集	巻下	文相到任謁廟文	孔子	許州幕職官	皇祐3	1051	○
			祭某廟文	諸神	許州幕職官	皇祐3	1051	○
宋祁	景文集	巻48	定州到任謝神文	諸神	知定州	皇祐5	1053	○
祖無択	竜学文集	巻10	知袁州日謁仰山廟祝文	仰山	知袁州	皇祐5	1053	○
蘇頌	蘇魏公文集	巻71	穎州謁廟	諸神	知穎州	嘉祐7頃	1062	○
			南都謁廟	諸神？	南京留守推官	皇祐5頃	1053	○
			南都謁廟	諸神？	南京留守推官	皇祐5頃	1053	○
劉敞	公是集	巻50	鄆州謁廟文	泰山	知鄆州	嘉祐3	1058	×
			謁諸廟神文	諸神	？	慶暦末～治平	?	○
曽鞏	元豊類藁	巻39	代太平州知州謁廟文	諸神	太平州司法参軍	嘉祐2頃	1057	×
			斉州到任謁舜廟文	舜	知斉州	熙寧半ば	?	○
			斉州謁夫子廟文	孔子	知斉州	熙寧半ば	?	×
			斉州謁諸廟文	諸神	知斉州	熙寧半ば	?	×
			襄州謁文宣王廟文	孔子	知襄州	熙寧後半	?	×
			襄州謁諸廟文	諸神	知襄州	熙寧後半	?	○
		巻40	洪州謁諸廟文	諸神	知洪州	熙寧8	1075	○
			洪州謁夫子廟文	孔子	知洪州	熙寧8	1075	○
			福州謁夫子廟文	孔子	知福州	熙寧10	1077	○
			福州謁諸廟文	諸神	知福州	熙寧10	1077	○
			亳州謁諸廟文	諸神	知亳州	元豊元	1078	×
			亳州謁夫子廟文	孔子	知亳州	元豊元	1078	×
韋驤	銭塘集	巻16＊	礼上謁廟文	諸神	知海門県	熙寧5頃	1072	○
			到任謁廟文	諸神	知海門県？	熙寧5頃？	1072	○
			謁宣聖文	孔子	知海門県？	熙寧5頃？	1072	○
			到滁謁廟文	諸神	滁州通判	熙寧後半	?	○
			謁諸廟文	諸神	知明州	元符2	1099	×
			謁諸廟文	諸神	知明州	元符2	1099	○
			謁宣聖廟文	孔子	知明州	元符2	1099	○
蘇軾	東坡全集	巻99	謁文宣王廟祝文	孔子	知湖州	元豊2	1079	○
			謁諸廟祝文	諸神	知湖州	元豊2	1079	○
			謁文宣王廟祝文	孔子	知杭州	元祐4	1089	○
			謁廟祝文	諸神	知杭州	元祐4	1089	○
			穎州謁文宣王廟祝文	孔子	知穎州	元祐6	1091	○
			謁諸廟祝文	諸神	知穎州	元祐6	1091	○
			定州謁諸廟祝文	諸神	知定州	元祐8	1093	○
			謁文宣王祝文	孔子	知定州	元祐8	1093	○
蘇轍	欒城集	巻26	績渓謁城隍文	城隍	知績渓県	元豊8	1085	×
			謁孔子廟文	孔子	知績渓県	元豊8	1085	×
秦観	淮海集	巻31	謁宣聖文	孔子	杭州通判？	紹聖元？	1094	○
			謁先師文	顔回	杭州通判？	紹聖元？	1094	×
			代蔡州太守謁先聖文	孔子	蔡州教授	元祐元頃	1086	×
			代蔡州太守謁岳廟文	泰山	蔡州教授	元祐元頃	1086	×
			代蔡州太守謁城隍文	城隍	蔡州教授	元祐元頃	1086	×
范祖禹	范太史集	巻37	陜府謁諸廟文	諸神	知陜州	元祐9	1094	×
			謁先師文	孔子	知陜州	元祐9	1094	○
鄭俠	西塘集	巻5	代林丈到任謁宣聖	孔子	泉州教授か録事参軍？	元祐～崇寧？	?	○
			代林丈再任謁宣聖	孔子	泉州教授か録事参軍？	元祐～崇寧？	?	○

著者	文集	巻数	題	対象	職	年号	西暦	
			代謁諸廟文	諸神	泉州教授か録事参軍？	元祐～崇寧？	？	○
			代林丈再任謁諸廟	諸神	泉州教授か録事参軍？	元祐～崇寧？	？	○
劉弇	竜雲集	巻30	代謁文宣王文	孔子	洪州教授？	元豊～紹聖	？	○
			代謁兗国公文	顔回	洪州教授？	元豊～紹聖	？	○
毛滂	東堂集	巻10	武康謁廟文	諸神	知武康県	紹聖４頃	1097	○
華鎮	雲渓居士集	巻30	代淮南運使到任謁諸廟文	諸神	湖南転運使帳勾兼管勾文字？	紹聖頃	？	○
			海門県祭竜王文	竜王	知海門県	元符	？	○
			新安県到任謁廟文	諸神	知新安県	崇寧	？	○
張耒	柯山集	巻48	祭社文	社稷	？	紹聖～建中靖国	？	○
			祭稷文	社稷	？	紹聖～建中靖国	？	○
			祭文宣王文	孔子	？	紹聖～建中靖国	？	○
			祭聖帝文	泰山	知兗州？	建中靖国元頃	1101	○
李新	跨鼇集	巻28	代遂寧知府到任謁廟文	諸神	遂州編管？	崇寧	？	○
晁補之	雞肋集	巻61	河中府謁文宣王文	孔子	知河中府	崇寧	？	
			謁文宣王廟文	孔子	知達州？	大観３頃	1109	○
			謁諸廟文	諸神	知達州？	大観３頃	1109	×
劉安上	給事集	巻４	寿州謁先聖	孔子	知寿州	政和２頃	1112	○
			諸廟	諸神	知寿州	政和２頃	1112	○
			天斉廟	泰山	知寿州	政和２頃	1112	○
			社稷	社稷	知寿州	政和２頃	1112	○
			淮源王	淮河	知寿州	政和２頃	1112	○
趙鼎臣	五百家播芳大全文粋	巻84	謁廟祝文	諸神	？	元符～宣和	？	○
			謁廟祝文	諸神	？	元符～宣和	？	○
許景衡	横塘集	巻18	祭諸廟文	諸神	福州通判	宣和頃	？	○
葛勝仲	丹陽集	巻11	初莅任祀神文(一)	諸神	知休寧県	崇寧～政和前半	？	○
			初莅任祀神文(二)	諸神	？	崇寧～建炎	？	○
			初莅任祀神文(三)	諸神	知州	政和～建炎	？	○
			初莅任祀神文(四)	諸神	？	崇寧～建炎	？	○
			天斉仁聖帝祀文	泰山	？	崇寧～建炎	？	○
			顔魯公祝文一	顔真卿	知汝州	宣和頃	？	○
劉一止	苕渓集	巻26	代太守謁廟文	諸神	越州教授？	建炎初め頃？	？	○
張綱	華陽集	巻31	謁文宣王廟文	孔子	提刑使	靖康元～紹興２	？	×
			謁諸廟文	諸神	提刑使	靖康元～紹興２	？	○
朱松	韋斎集	巻12	謁廟文	諸神	知饒州？	紹興10？	1140	○
			代謁先聖祝文	孔子	？	宣和～紹興３頃	？	○
			代謁諸廟文	諸神	？	宣和～紹興３頃	？	○
廖剛	高峯文集	巻12	僉謁先聖祝文	孔子	？	宣和～紹興６頃	？	○
			謁諸廟祝文	諸神	？	宣和～紹興６頃	？	×
葉夢得	建康集	巻４	到任謁先聖文	孔子	知建康府	紹興８	1138	○
			到任謁諸廟文	諸神	知建康府	紹興８	1138	○
李綱	梁谿集	巻1164	謁廟文	諸神	帥兼知州	紹興２～９	？	○
			謁先聖文	孔子	帥兼知州	紹興２～９	？	○
汪藻	五百家播芳大全文粋	巻83	謁宣聖祝文	孔子	？	紹興半ば？	？	○
		巻84	謁諸廟祝文	諸神	？	紹興半ば？	？	○
			謁社稷祝文	社稷	？	紹興半ば？	？	×
			謁安豊軍遺愛侯孫叔敖文	孫叔敖	安豊軍通判	紹興23	1153	○
			代何希淵到廬江謁諸廟文	諸神	？	紹興初め頃？	？	○
王之道	相山集	巻28	謁王欧二公祠文	王禹偁・欧陽脩	滁州通判	紹興14頃	1144	○
張嵲	紫微集	巻35	謁諸廟文	諸神	知衢州？	紹興半ば？	？	○

著者	文集	巻数	題	対象	職	年号	西暦	
洪适	盤洲文集	巻71	台州謁先聖文	孔子	台州通判	紹興17	1147	○
			謁諸廟文	諸神	台州通判	紹興17	1147	○
			荊門謁先聖文	孔子	知荊門軍	紹興28頃	1158	○
			謁廟文	諸神	知荊門軍	紹興28頃	1158	×
			徽州謁廟文	諸神	知徽州	紹興31頃	1161	○
			鎮江謁廟文	諸神	総領淮東軍馬銭料	紹興32	1162	○
			紹興謁文宣王廟文	孔子	知紹興府	乾道元	1165	○
			謁諸廟文	諸神	知紹興府	乾道元	1165	○
王之望	漢濱集	巻16	荊門到任謁諸廟文	諸神	知荊門軍	紹興20頃	1150	○
張九成	横甫集	巻20	到任祭文宣王	孔子	知温州？	紹興25頃？	1155	○
			祭本衙土地	社稷	知温州？	紹興25頃？	1155	×
黄公度	莆陽知稼翁文集	巻11＊	権南恩謁夫子廟祝文	孔子	摂南恩州	紹興25頃	1155	○
王之望	漢濱集	巻16	永嘉到任謁諸廟文	諸神	知温州	乾道半ば	?	○
			謁江瀆王廟文	長江	成都府路転運副使	紹興28	1158	×
葛立方	五百家播芳大全文粋	巻83	謁先聖祝文	孔子	?	紹興末	?	×
		巻84	謁城隍廟祝文	城隍	?	紹興末	?	○
			謁韓文公祝文	韓愈	知袁州	紹興29頃	1159	○
薛季宣	浪語集	巻15	謁文宣王廟文	孔子	知武昌県？	紹興末？	?	×
			謁諸廟文	諸神	知武昌県？	紹興末？	?	○
			湖州到任告文宣王廟文	孔子	知湖州	乾道７頃	1171	○
			到任告諸廟文	諸神	知湖州	乾道７頃	1171	○
蘇籀	双渓集	巻15	謁廟文	諸神	衢州通判？	宣和～紹興	?	○
王十朋	梅渓後集	巻28	饒州謁顔范祠文	顔真卿・范仲淹	知饒州	隆興２頃	1164	○
			夔州謁文宣王廟文	孔子	知夔州	乾道元	1165	×
			謁昭烈廟文	劉備	知夔州	乾道元	1165	×
			謁武侯廟文	諸葛亮	知夔州	乾道元	1165	×
			謁杜工部祠文	杜甫	知夔州	乾道元	1165	×
			湖州謁文宣廟文	孔子	知湖州	乾道３	1167	×
			謁顔魯公祠文	顔真卿	知湖州	乾道３	1167	○
			祭安定先生文	胡安国	知湖州	乾道３	1167	×
			泉州謁文宣王廟文	孔子	知泉州	乾道３頃	1167	×
陸游	渭南文集	巻24	鎮江謁諸廟文	諸神	建康府通判	隆興２	1164	×
			福建謁諸廟文	諸神	江西路提挙常平使？	淳熙６頃？	1179	○
			厳州謁諸廟文	諸神	知厳州	淳熙後半	?	×
			謁大成殿文	孔子	知厳州	淳熙後半	?	○
			謁社稷神文	社稷	知厳州	淳熙後半	?	○
晁公遡	嵩山集	巻28	謁先聖文	孔子	知眉州？	乾道元？	1165	×
			謁諸廟文	諸神	知眉州？	乾道元？	1165	○
			祭竈文	竈	知眉州？	乾道元？	1165	○
			祭雨師文	雨師	知眉州？	乾道元？	1165	×
			祭雷師文	雷師	知眉州？	乾道元？	1165	×
			祭社稷文	社稷	知眉州？	乾道元？	1165	○
張孝祥	于湖集	巻27	到任謁廟文		?	隆興～乾道前半	?	
			先聖廟文	孔子	?	隆興～乾道前半	?	○
			后土東岳文	社神・泰山	?	隆興～乾道前半	?	○
			諸廟文	諸神	?	隆興～乾道前半	?	○
趙彦端	五百家播芳大全文粋	巻83	謁夫子廟祝文	孔子	?	隆興～乾道半ば	?	○
			謁先聖祝文	孔子	?	隆興～乾道半ば	?	×
		巻84	謁諸廟祝文	諸神	?	隆興～乾道半ば	?	×

著者	文集	巻数	題	対象	職	年号	西暦	
張栻	南軒集	巻42	社壇	社稷	?	乾道後半～淳熙前半	?	○
			社壇	社稷	?	乾道後半～淳熙前半	?	○
			諸廟	諸神	?	乾道後半～淳熙前半	?	○
			大成殿	孔子	?	乾道後半～淳熙前半	?	○
			文宣王	孔子	?	乾道後半～淳熙前半	?	○
			先聖	孔子	?	乾道後半～淳熙前半	?	○
			厳子陵祠	厳光	知厳州	乾道5	1169	○
	五百家播芳大全文粋	巻84	謁三公堂祝文	田錫・范仲淹・趙抃	知厳州	乾道5	1169	○
彭亀年	止堂集	巻15*	宜春県尉謁社稷文	社稷	宜春県尉	乾道5頃	1169	○
			謁仰山行廟文	仰山	宜春県尉	乾道5頃	1169	×
			袁州権郡謁社稷文	社稷	宜春県尉	乾道5頃	1169	×
			江陵府謁社稷文	社稷	知江陵府兼湖北安撫使	慶元元頃	1195	×
			謁東岳廟文	泰山	知江陵府兼湖北安撫使	慶元元頃	1195	×
李石	方舟集	巻14	黎州謁先聖廟祝文	孔子	知黎州	乾道	?	×
			黎州謁諸廟文	諸神	知黎州	乾道	?	×
			彭州謁諸廟文	諸神	彭州通判	乾道	?	○
周孚	蠹斎鉛刀編	巻29	謁先聖文	孔子	真州教授?	乾道～淳熙初め	?	×
			向漕到任謁先聖文	孔子	真州教授?	乾道～淳熙初め	?	○
			諸廟文	諸神	真州教授?	乾道～淳熙初め	?	○
			解寺丞到任謁諸廟文*	諸神	?	乾道～淳熙初め	?	○
楊万里	誠斎集	巻104	奉新県謁先聖文	孔子	知奉新県	淳熙初め頃	?	×
			謁先師兗国公文	顔回	知奉新県	淳熙初め頃	?	○
			謁先師鄒国公文	孟子	知奉新県	淳熙初め頃	?	○
			謁諸廟文	諸神	知奉新県	淳熙初め頃	?	×
			常州謁先聖文	孔子	知常州	淳熙6頃	1179	○
			謁廟文	諸神	知常州	淳熙6頃	1179	○
朱熹	晦庵集	巻86	南康謁先聖文	孔子	知南康軍	淳熙5	1178	○
			謁故侍中太尉長沙陶威公祠文	陶侃	知南康軍	淳熙5	1178	×
			謁李尚書劉屯田祠文	李常・劉渙	知南康軍	淳熙5	1178	○
			謁廟文	諸神	知南康軍	淳熙5	1178	×
			謁社稷文	社稷	知南康軍	淳熙5	1178	×
			漳州謁先聖文	孔子	知漳州	紹熙元	1190	○
			謁高東渓祠文	高登	知漳州	紹熙元	1190	×
			謁李竜学祠文	李弥遜	知漳州	紹熙元	1190	×
			謁端明侍郎蔡忠恵公祠文	蔡襄	知漳州	紹熙元	1190	○
			謁崔統領祠文	崔亮	知漳州	紹熙元	1190	○
			謁諸廟文	諸神	知漳州	紹熙元	1190	○
			謁社禝文	社稷	知漳州	紹熙元	1190	○
楼鑰	攻媿集	巻82	台州謁廟祝文		台州添差通判	淳熙6頃	1179	
			東岳行祠	泰山	台州添差通判	淳熙6頃	1179	×
			霊康行祠	趙炳	台州添差通判	淳熙6頃	1179	○
			諸廟	諸神	台州添差通判	淳熙6頃	1179	×
			霊康正廟	趙炳	台州添差通判	淳熙6頃	1179	×
			温州謁廟祝文		知温州	淳熙14頃	1187	
			先聖	孔子	知温州	淳熙14頃	1187	×
			諸廟	諸神	知温州	淳熙14頃	1187	○

著者	文集	巻数	題	対象	職	年号	西暦	
曽丰	縁督集	巻20	赴広東漕属到官謁廟文	諸神	広東転運使幹弁公事	淳熙12	1185	○
陳傅良	止斎集	巻44	到桂陽謁宣聖文	孔子	知桂陽軍	淳熙12頃	1185	○
廖行之	永楽大典	巻20425＊	代劉守到任謁社稷文	社稷	なし（知衡州の代理）	淳熙後半	?	○
周必大	文忠集	巻37	判潭州謁宣聖文	孔子	判潭州（知州）	紹熙2	1191	○
			謁諸廟文	諸神	判潭州（知州）	紹熙2	1191	○
衛涇	後楽集	巻19	淮東提挙任謁諸廟文	諸神	淮東提挙常平使	紹熙2	1191	○
			東海提挙任謁殿文	孔子	浙東提挙常平使	紹熙4	1193	○
			潭州到任謁南岳行廟文	衡山	知潭州	嘉定4頃	1211	○
			潭州謁殿文	孔子	知潭州	嘉定4頃	1211	○
			謁真武祐聖廟文	玄武（北斗星）	知潭州	嘉定4頃	1211	○
			福州到任謁殿文	孔子	知福州	嘉定10	1217	○
			隆興府再任謁殿文	孔子	知隆興府	嘉定12頃	1219	○
			隆興府再任謁諸廟文	諸神	知隆興府	嘉定12頃	1219	○
			謁廟文	諸神	?	?	?	○
孫応時	燭湖集	巻13	到任謁廟文（岳祠）	泰山	知遂安県？	淳熙末～慶元初め	?	○
			到任謁廟文（城隍県衙土地）	城隍・社神	知遂安県？	淳熙末～慶元初め	?	○
			到任謁廟文（皐陶祠）	皐陶	知遂安県？	淳熙末～慶元初め	?	○
			海陵県到任謁廟文（城隍）	城隍	海陵県丞	淳熙14頃	1187	○
			常熟県到任謁廟文（県学）	孔子ほか	知常熟県	慶元3	1197	○
			常熟県到任謁廟文（社稷）	社稷	知常熟県	慶元3	1197	○
			常熟県到任謁廟文（岳廟）	泰山	知常熟県	慶元3	1197	○
			常熟県到任謁廟文（諸廟）	諸神	知常熟県	慶元3	1197	○
葉適	水心文集	巻26	蘄州謁先聖文	孔子	知蘄州	紹熙元頃	1190	×
			祭諸廟文	諸神	知蘄州	紹熙元頃	1190	×
			総司祭先聖文	孔子	総領淮東軍馬銭料	慶元元	1195	×
			諸廟文	諸神	総領淮東軍馬銭料	慶元元	1195	×
袁説友	東塘集	巻16	謁漢高帝廟祝文	漢高祖	四川制置司兼知成都府	慶元2	1196	×
			謁漢世祖廟祝文	後漢光武帝	四川制置司兼知成都府	慶元2	1196	×
			謁漢恵帝廟祝文	漢恵帝	四川制置司兼知成都府	慶元2	1196	×
			謁漢昭烈帝廟祝文	劉備	四川制置司兼知成都府	慶元2	1196	×
			謁東嶽帝廟祝文	泰山	四川制置司兼知成都府	慶元2	1196	×
			謁諸神廟祝文	諸神	四川制置司兼知成都府	慶元2	1196	×
			謁諸葛武侯廟祝文	諸葛亮	四川制置司兼知成都府	慶元2	1196	×
			謁梓潼王廟祝文	梓潼帝君	四川制置司兼知成都府	慶元2	1196	×
			謁石室文公祝文	文翁	四川制置司兼知成都府	慶元2	1196	×
			謁張忠定公祝文	張詠	四川制置司兼知成都府	慶元2	1196	×
			謁土地廟祝文	社稷	四川制置司兼知成都府	慶元2	1196	×

著者	文集	巻数	題	対象	職	年号	西暦	
趙崇憲	濂渓集	巻12＊	到任謁祠祝文	周敦頤	知南昌県	慶元５頃	1199	○
蔡戡	定斎集	巻13	謁廟祝文	泰山	？	乾道末～慶元	？	×
			告城隍祝文	城隍	？	乾道末～慶元	？	○
黄榦	勉斎集	巻24	臨川謁廟文		知臨川県	嘉定元	1208	
			社稷	社稷	知臨川県	嘉定元	1208	×
			県学	学校	知臨川県	嘉定元	1208	×
			城隍	城隍	知臨川県	嘉定元	1208	○
			顔魯公祠	顔真卿	知臨川県	嘉定元	1208	×
			晏元献祠	晏殊	知臨川県	嘉定元	1208	×
			新淦謁廟文		知新淦県	嘉定前半	？	
			県学	孔子ほか	知新淦県	嘉定前半	？	×
			城隍	城隍	知新淦県	嘉定前半	？	○
			建康謁廟文		建康府通判	嘉定前半	？	
			府学	孔子ほか	建康府通判	嘉定前半	？	○
			城隍	城隍	建康府通判	嘉定前半	？	○
			安慶府祭諸廟文	諸神	安慶府	嘉定10	1217	×
戴栩	浣川集	巻９	諸廟祝文	諸神	定海県主簿？	嘉定元頃？	1208	×
			池頭廟祝文	？	定海県主簿？	嘉定元頃？	1208	×
楊簡	慈湖遺書	巻４	謁先聖文	孔子	知温州	嘉定４頃	1211	×
		巻18	到任謁社稷	社稷	？	紹熙～嘉定初め	？	○
			到任謁諸廟	諸神	？	紹熙～嘉定初め	？	○
陳宓	復斎集	巻19＊	安渓到任謁宣聖文	孔子	知安渓県	嘉定初め頃	？	○
			到任謁諸廟文	諸神	知安渓県	嘉定初め頃	？	○
真徳秀	西山文集	巻52	謁先聖廟文	孔子	知泉州	嘉定９	1216	×
			社稷祝文	社稷	知泉州	嘉定９	1216	×
			諸廟祝文	諸神	知泉州	嘉定９	1216	×
			東嶽祝文	泰山	知泉州	嘉定９	1216	×
			趙忠簡祝文	趙鼎	知泉州	嘉定９	1216	×
			韓中令祝文	韓国華	知泉州	嘉定９	1216	×
			王詹事祝文	王十朋	知泉州	嘉定９	1216	×
			蔡端明祝文	蔡襄	知泉州	嘉定９	1216	×
			顔尚書徐都承程尚書祝文	顔魯・徐之霖・程大昌	知泉州	嘉定９	1216	○
			姜相公祝文	姜行輔	知泉州	嘉定９	1216	×
			到任謁韓魏王祝文	韓琦	知泉州	嘉定９	1216	○
			社稷祝文	社稷	知隆興府？	？	？	○
			城隍祝文	城隍	知隆興府？	？	？	○
		巻53	潭州謁先聖祝文	孔子	知潭州	嘉定16	1223	○
			先賢祠祝文	諸先賢	知潭州	嘉定16	1223	×
			漢高文帝祝文	漢高祖	知潭州	嘉定16	1223	×
			漢長沙文王長沙定王長沙陶公祝文	呉芮・劉発・陶侃	知潭州	嘉定16	1223	×
			三閭大夫忠潔侯屈公祝文	屈原	知潭州	嘉定16	1223	○
			賈太傅祝文	賈宜	知潭州	嘉定16	1223	○
			端潔譚公祝文	譚申	知潭州	嘉定16	1223	×
			忠節十位祝文	忠節祠	知潭州	嘉定16	1223	×
			真武殿祝文	玄武（北斗星）	知潭州	嘉定16	1223	○
			泉州謁先聖祝文	孔子	知泉州	紹定５	1232	×
			東岳祝文	泰山	知泉州	紹定５	1232	×
			朱文公祠祝文	朱熹	知泉州	紹定５	1232	×
			忠孝祠祝文	忠孝祠	知泉州	紹定５	1232	×
			蔡忠恵公祝文	蔡襄	知泉州	紹定５	1232	×
			王忠文公祝文	王十朋	知泉州	紹定５	1232	×

著者	文集	巻数	題	対象	職	年号	西暦	
			諸先賢祠祝文　韓忠献趙丞相游御史	韓琦・趙鼎・游酢	知泉州	紹定 5	1232	×
			社稷祝文	社稷	知泉州	紹定 5	1232	×
			福州謁先聖祝文	孔子	知福州	紹定 6	1233	×
			謁先賢堂祝文	諸先賢	知福州	紹定 6	1233	×
			濂渓明道伊川三先生祝文	周敦頤・程顥・程頤	知福州	紹定 6	1233	×
			晦翁先生祝文	朱熹	知福州	紹定 6	1233	×
			勉斎祝文	黄榦	知福州	紹定 6	1233	×
			諸廟祝文	諸神	知福州	紹定 6	1233	×
			南台廟祝文	南台廟	知福州	紹定 6	1233	×
			東岳祝文	泰山	知福州	紹定 6	1233	×
			炳霊王祝文	炳霊王	知福州	紹定 6	1233	×
劉克荘	後村集	巻36	謁夫子廟	孔子	知建陽県	嘉定17	1224	×
			謁諸廟	諸神	知建陽県	嘉定17	1224	×
			県土地	社稷	知建陽県	嘉定17	1224	○
			士師	士師	知建陽県	嘉定17	1224	×
			仰山	仰山	知袁州	嘉熙元頃	1237	×
			韓文公廟	韓愈	知袁州	嘉熙元頃	1237	○
			夫子	孔子	知袁州	嘉熙元頃	1237	×
			諸廟	諸神	知袁州	嘉熙元頃	1237	○
			土地	社稷	知袁州	嘉熙元頃	1237	×
			謁南海広利王廟	南海	広南東路提挙常平使	嘉熙 4	1240	×
			到任謁諸廟	諸神	広南東路提挙常平使	嘉熙 4	1240	○
			聖妃廟	聖妃（林氏）	広南東路提挙常平使	嘉熙 4	1240	×
			土地	社稷	広南東路提挙常平使	嘉熙 4	1240	×
			謁学	孔子	広南東路提挙常平使	嘉熙 4	1240	×
			除漕謁学	孔子	広南東路転運判官	嘉熙 4	1240	×
			濂渓祠	周敦頤	広南東路転運判官	嘉熙 4	1240	×
			南海廟	南海	広南東路転運判官	嘉熙 4	1240	×
			聖妃廟	聖妃（林氏）	広南東路転運判官	嘉熙 4	1240	○
			土地	社稷	広南東路転運判官	嘉熙 4	1240	×
			江東謁学	孔子	広南東路提刑使	淳祐 4	1244	×
			諸廟	諸神	広南東路提刑使	淳祐 4	1244	×
			三賢祠	顔真卿・范仲淹・王十朋	広南東路提刑使	淳祐 4	1244	×
方大琮	鉄庵集	巻33	将楽謁先聖	孔子	知将楽県	嘉定頃	?	×
袁甫	蒙斎集	巻17	江東謁諸廟祝文	諸神	江南東路提刑使（兼提挙常平使）	紹定 3 頃	1230	×
許応竜	東澗集	巻 9	謁諸廟祝文	諸神	知潮州？	宝慶～紹定？	?	○
			謁諸廟祝文	諸神	知潮州？	宝慶～紹定？	?	
杜範	清献集	巻18	謁諸廟祝文	諸神	知寧国府	嘉熙 3 年	1239	○
			先聖祝文	孔子	知寧国府	嘉熙 3 年	1239	○
			二僊亭祝文	?	知寧国府	嘉熙 3 年	1239	○
			李参政祝文	?	知寧国府	嘉熙 3 年	1239	○

著者	文集	巻数	題	対象	職	年号	西暦	
			東岳祝文	泰山	知寧国府	嘉熙 3 年	1239	○
			威徳□□祝文	?	知寧国府	嘉熙 3 年	1239	○
			城隍祝文	城隍	知寧国府	嘉熙 3 年	1239	○
			承烈王・武烈大帝・李参政諸廟祝文	?	知寧国府	嘉熙 3 年	1239	○
王邁	臞軒集	巻10	漳倅到任告先聖文	孔子	漳州通判	嘉熙 3 頃	1239	○
			告霊著王文	霊著王（陳元光）	漳州通判	嘉熙 3 頃	1239	×
			告霊会妃文	?	漳州通判	嘉熙 3 頃	1239	×
徐元杰	楳埜集	巻11	謁顔魯公祠文	顔真卿	知安吉州	嘉熙頃	?	○
			南剣到任謁廟文	諸神	知南剣州	淳祐元	1241	○
李曽伯	可斎続稿後	巻12	謁夫子廟文	孔子	知重慶府兼四川制置使	淳祐 4 頃	1244	×
			謁諸廟文	諸神	知重慶府兼四川制置使	淳祐 4 頃	1244	×
方岳	秋崖集	巻35	帥幕謁夫子廟	孔子	（江淮京西湖北）都督府参議官	淳祐 7 頃	1247	×
			諸廟	諸神	（江淮京西湖北）都督府参議官	淳祐 7 頃	1247	×
			南康到任祝文十首		知南康軍	淳祐末	?	
			先聖	孔子	知南康軍	淳祐末	?	○
			兗国公	顔回	知南康軍	淳祐末	?	○
			鄒国公	孟子	知南康軍	淳祐末	?	○
			社稷	社稷	知南康軍	淳祐末	?	○
			二賢	周敦頤・朱熹	知南康軍	淳祐末	?	○
			西祠	五先生	知南康軍	淳祐末	?	○
			東祠	五賢	知南康軍	淳祐末	?	○
			谷源	谷源	知南康軍	淳祐末	?	○
			諸廟	諸神	知南康軍	淳祐末	?	○
			三聖	三大士	知南康軍	淳祐末	?	○
			邵武詣学	孔子	知邵武軍	淳祐末?	?	×
			諸廟	諸神	知邵武軍	淳祐末?	?	×
唐士恥	霊巌集	巻 8 *	万安到任謁廟祝文	諸神	知万安県?	嘉定～淳祐	?	○
			謁諸廟祝文	諸神	?	嘉定～淳祐	?	×
呉泳	鶴林集	巻13	秋祭諸廟祝文	諸神	?	嘉定～淳祐頃	?	○
			秋祭諸廟祝文	諸神	?	嘉定～淳祐頃	?	○
姚勉	雪坡集	巻47	代謁先聖	孔子	?	宝祐～景定	?	×
			代謁諸廟	諸神	?	宝祐～景定	?	○
黄応竜	永楽大典	巻7238 *	謁大人堂	大人（銭億か闞皤）	?	宝祐～咸淳	?	○
黄震	黄氏日抄	巻91	平江府太伯譲王	呉大伯	呉県尉	開慶元	1259	○
			祠山	祠山（張渤）	呉県尉	開慶元	1259	×
			城隍	城隍	呉県尉	開慶元	1259	×
			五龍王	五竜王	呉県尉	開慶元	1259	×
			尉司土地	社稷	呉県尉	開慶元	1259	×
			華亭権県謁廟	諸神	摂華亭県	景定 2	1261	×
			先聖	孔子	主管浙東提挙常平帳司文字	景定 3	1262	×
			城隍	城隍	主管浙東提挙常平帳司文字	景定 3	1262	×
			本司土地	社稷	主管浙東提挙常平帳司文字	景定 3	1262	×
			広徳軍学大成殿	孔子	広徳軍添差通判	咸淳 4	1268	○

著者	文集	巻数	題	対象	職	年号	西暦	
			社稷	社稷	広徳軍添差通判	咸淳 4	1268	×
			城隍	城隍	広徳軍添差通判	咸淳 4	1268	×
			岳廟	泰山	広徳軍添差通判	咸淳 4	1268	○
			真武	玄武（北斗星）	広徳軍添差通判	咸淳 4	1268	×
			祠山真君	祠山（張渤）	広徳軍添差通判	咸淳 4	1268	×
			先賢祠	諸先賢	広徳軍添差通判	咸淳 4	1268	×
			紹興府学先聖殿	孔子	紹興府添差通判	咸淳 6	1270	×
			社稷	社稷	紹興府添差通判	咸淳 6	1270	×
			城隍	城隍	紹興府添差通判	咸淳 6	1270	×
			禹王	禹	紹興府添差通判	咸淳 6	1270	○
			越王	句践	紹興府添差通判	咸淳 6	1270	×
			銭王	銭鏐	紹興府添差通判	咸淳 6	1270	×
			唐将軍（名琦）	唐琦	紹興府添差通判	咸淳 6	1270	×
			撫州先聖殿	孔子	知撫州	咸淳 7	1271	○
			社稷	社稷	知撫州	咸淳 7	1271	×
			臨汝書院朱文公祠	朱熹	知撫州	咸淳 7	1271	×
			諸廟	諸神	知撫州	咸淳 7	1271	×
			慶元府先聖殿	孔子	浙東提挙常平使	徳祐元	1275	○
			霊応廟	鮑蓋	浙東提挙常平使	徳祐元	1275	×
			城隍	城隍	浙東提挙常平使	徳祐元	1275	×
			董孝廟	董黯	浙東提挙常平使	徳祐元	1275	×
			大人堂	大人（銭億か闞燔）	浙東提挙常平使	徳祐元	1275	×
			佽飛廟	佽飛	浙東提挙常平使	徳祐元	1275	○
			張真君	祠山（張渤）	浙東提挙常平使	徳祐元	1275	×
			旗纛将軍	旗纛	浙東提挙常平使	徳祐元	1275	×
			湖亭土地	社稷	浙東提挙常平使	徳祐元	1275	×
牟巘	陵陽集	巻23	謁大成殿祝文	孔子	知武岡軍	淳祐～南宋末	?	○
			堯禹帝廟	堯・禹	知武岡軍	淳祐～南宋末	?	○
			諸廟	諸神	知武岡軍	淳祐～南宋末	?	×
			渠渡・城隍・鼇山	渠渡・城隍・鼇山	知武岡軍	淳祐～南宋末	?	○
			社稷	社稷	知武岡軍	淳祐～南宋末	?	○
			大士	?	知武岡軍	淳祐～南宋末	?	○
			三大神	三大神（清源君・梓潼君・白石君）	知武岡軍	淳祐～南宋末	?	○
			射洪	張士遜	知武岡軍	淳祐～南宋末	?	×
			謁府学先聖祝文	孔子	両浙東路提刑使	淳祐～南宋末	?	○
			書堂先聖	孔子	両浙東路提刑使	淳祐～南宋末	?	×
			朱文公	朱熹	両浙東路提刑使	淳祐～南宋末	?	×
			尹和靖	尹焞	両浙東路提刑使	淳祐～南宋末	?	×
			諸廟	諸神	両浙東路提刑使	淳祐～南宋末	?	○

第四章　先賢祭祀の理論

学校の中に先賢が祀られるようになっていく流れを、ここまで具体的に述べてきた。そこで次になぜ宋代になって、学校の中に多くの先賢が祀られるようになったのか、という問題について考えてみたい。これは、先賢祠が多様な対象を含むようになる過程を知る上でも、学校が先賢を祀る場へ変化した意味を知る上でも極めて重要な問題である[1]。

そもそも先賢を祀るということを考えたときに、実際に祀られるのがどのような人物なのか、あるいは祀られるにふさわしい条件は何かという疑問が起こってくるが、このこと自体を問題と認識し、祀る側が積極的に議論し始めたのが宋代という時代であった。過去に立派なおこないをした人物を、その人に縁のある場所に祀るという行為自体はごく自然なことであり、宋代以前においても、後世まで継続して伝わらなかったものも含めれば、おそらく厖大な数に上ったであろう。

一方でこのように自然的に発生した祠は、人々の信仰とともに神と人との境界が曖昧になることがしばしばあった。とくに民間で継承される祠廟には旱《かん》害（日照り）や水害を防いだなど、民のために超自然的な霊験をあらわしたものは多い。このようなものも含めて宋代は多くの祠廟がつくられた時代であったが、それに対応する形で王朝は「正祠」と「淫祠」の区別を明確にして、儒教の教義に合致しない祠廟を破壊し、あるいは逆に正しい信仰と認められるものには積極的に認可と権威を与えていった。このような峻別に際して重要になったのが、その対象を祀ることについて、経書にもとづいた根拠を説明できるかという点であった。[2]

過去の人物を祀る先賢祠においてもこれは同様で、最も基本的には『礼記《らいき》』祭法にその根拠が求められた。『礼記』祭法は天の神や山川の神、宗廟の祭祀やその他の自然神など、礼としておこなうべき祭祀を一通り述べた篇であるが、その最後には、過去の偉大な王を祀ることについて次のように述べられている。

聖王が制定した祭祀は以下のようである。法を民に施した者はこれを祀る。死を以て職に尽くした者はこれを祀る。国を定めることに功労のあった者はこれを祀る。大きな災害を防ぐことができた者はこれを祀る。大きな災難から守ることができた者はこれを祀る。[3]

そしてこれに続けて、神農《しんのう》から始まり、堯《ぎょう》や舜から文王・武王にいたるまで、各項目が具体的にどの王のことを指しているのか列挙されている。そのため、鄭玄《じょうげん》注・孔穎達《くようだつ》疏を含めてこれをごく一般的に解釈すれば、ここにあげられる古の偉大な王たちがなぜ祀られるのか、その根拠を示した文章と理解される。ゆえに、このままではこれを他の先賢に援用する余地はないが、経文では偉大な王たちを列挙した最後に、「これらは皆、民に対して顕著な功があった者である」と書かれていることから拡大解釈の余地が生まれ、「民に功があった」人物を祀ることに正当性を与えることとなった。唐代では、唐王朝より前の歴代の帝王を祀る正式な根拠とされたことがあり、[4]また例えば蜀漢の名宰相と名高い諸葛亮のことを「法を民に施した」「国を定めることに功労があった」「死を以て職に尽くした」と評して、廟祀することを正当化している例がある。[5]北宋前半期の例をあげれば、范仲淹らが国子監に招いて教授させた著名な春秋学者の孫復は、孟子を「大きな災害を防ぐことができた者」「大きな災難から守ることができた者」として認め、孟子の故郷である鄒《すう》県に廟をつくることを正当化している。[6]

このように過去の偉人の廟や祠をつくり祀ることは、『礼記』祭法の記述によって一応正当化された。とはいえ、右にあげた例からもわかるように、かなりの拡大解釈をしている場合もあり、本来の『礼記』の経文からのずれもみられる。また、宋代に特有のこととして起こったもう一つの問題は、学校に先賢を祀ることをどのように根拠づければよいか、ということであった。第一章で述べたことを今一度振り返れば、孔子を祀る儀礼であった釈奠が、学における礼として再定義されたことが大きい。孔子は全国に廟祀され、それこそが孔子の尊さを証明するものとした韓愈の「処州孔子廟碑」は、古の王である堯や舜との比較の上に成り立っており、これは功や徳の大きさを問題とした『礼記』祭法の理論の延長線上に存在する。ところが、この定義を根本から改め、釈奠を学における最も重要な儀礼と考えた結果、孔子も含めて、なぜ学に祀るのかという問いに改めて解答を与える必要が生じたのである。欧陽脩以降、宋代の儒者たちは、「釈奠」というのは単に「置く」意味であり、必ずしも孔子を祀る儀礼を指すのではなく、学において師にまみえる礼という点を明確にした。実際には、儒者が最も尊ぶべき対象は先聖たる孔子であり、また伝統的に孔子廟には、七十二弟子をはじめとする配享・従祀が祀られてきた。それに加えて、これに含まれない地域固有の先賢が学校の中に多く祀られるようになっていったことは、ここまで述べてきた通りである。

そこでこの章では、釈奠に対する理解を起点として、先賢を祀るということが当時の人にどのように認識され、正当化されたのか、という点に焦点をあて、それを通して学校とは理念上いかなるものであったのかを考える。それに際して、経学・礼学上の議論を重視して論を進めるが、それは学校を重視する観念が北宋期の新たな経学の流れと不可分なものであり、当時の士大夫と同様、経書にもとづいて考えることが欠かせないからである。そこでまず、欧陽脩らを継承し、新たな学術を形成した王安石ら王学派（新法党系）の理解から説き起こし、次いで朱子学が展開する南宋期にどのような考え方が確立されていったのか、その過程をみていくこととしたい。

1　北宋末の学校観と「瞽宗に祭る」

そもそも釈奠の根拠は通常、『礼記』文王世子に求められる。

　すべて学は、春に官が先師に釈奠し、秋冬も同様にする。[7]

とあり、また

　すべてはじめて学を立てる者は、必ず先聖先師に釈奠し、その礼をおこなうにあたっては必ず幣を用いる。[8]

とある。前者は季節ごとの定例の儀礼について述べ、後者は新しく学を立てたときの儀礼を述べたものと理解できるが、釈奠の対象は先師あるいは先聖であり、唐代の一時期、周公が先聖とされていたことがあるものの、基本的には孔子は常に先聖であり、釈奠は主に孔子を祀る儀礼と認識されていた。宋代も同様に先聖は孔子であり続け、釈奠の対象として最も重視されたが、先師の方は明確な規定が一貫してあったわけではなく、これがいかなる意味であるかが宋代における一つの焦点となっていく。[9]まずは唐代までの理解をおさえるため、文王世子の前者の経文に対する鄭玄注を確認しておこう。

　官とは礼・楽・詩・書の官のことをいっている。『周礼』に、「すべて有道の者、有徳の者に教えさせ、(それらの者が)死んだならば楽祖とし、瞽宗《こそう》に祭る」とある。これは先師の類のことをいっている。漢の場合には、礼に高堂生がおり、楽に制氏がおり、詩に毛公がおり、書に伏生がおり、彼らは先師とみなすことができる。[10]

ここで引用される『周礼《しゅらい》』の経文は大司楽にみられ、それに対して鄭玄注は鄭司農の説を引き「瞽《こ》は楽人のことである。楽人がみな宗とする所だから瞽宗という。……『礼記』明堂位篇には「瞽宗は殷の学で、泮宮《はんきゅう》は周の学である」とある。……」[11]としている。この注釈があるため、瞽宗が殷代の学校のことで、また瞽が楽人を示し、瞽宗とは楽人集団が宗とする（源流として尊ぶ、祀る）場所である、というのは共通する理解となっている。この『周礼』鄭玄注を説明する賈公彦《かこうげん》疏は、楽祖として瞽宗に祭る理由について、『礼記』文王世子の経文を引用しつつ、「その教楽は瞽宗でおこなわれるので、楽祖を祭るのもやはり瞽宗でおこなうのである」[12]とし、さらに先述の文王世子の鄭玄注を参照しつつ、礼楽を学ぶのが瞽宗であるならば、礼の先師を祭るのも瞽宗であり、そうであれば書の先師は上庠《じょうしょう》に祭り、詩の先師は東序に祭るのだと解釈する。上庠・東序とはあらわれる経書によって定義が異なるが、文王世子の文脈ではいずれも学の一つであり、上庠は書を学び、東序は詩を学ぶ場所とされる。[13]つまり鄭玄が「礼に高堂生がおり、楽に制氏がおり、詩に毛公がおり、書に伏生がいる」と述べたのを受けてのことで、楽祖を瞽宗に祭るというのは各学にその先師を祭ることの例示であって、礼や詩・書にも同様に敷衍すべきというのである。すなわち高堂生らがまさに先師であり、各専門の学で各専門の先師を祭るべきという認識になる。

実際に唐代の例をみてみると、貞観二一（六四七）年には、孔子が先聖で、顔回といわゆる二十一大儒が先師とされている。その後いったん周公が先聖、孔子が先師とされた時期をはさみ、顕慶二（六五七）年の長孫無忌らの議では、『礼記』の経文と鄭玄注を示しながら、「聖とは周公か孔子のことで、師とは一経のみを著した者」と定義している。この師は実質的には左丘明をはじめとする二十一大儒のことを指すが、そこには高堂生・伏勝（伏生）・毛萇《もうちょう》（毛公）らが含まれるため、鄭玄注にあげられる具体例が言及されているのである。[14]

これに対して、王安石ら北宋後半期の新たな経学ではどのように解釈されたのであろうか。王安石『周官新義』該当箇所の後半部分は以下のようにいう。

「瞽宗」とは、楽教を主《つかさど》る瞽人が宗とする（尊び祀る）所だからいうのであろう。「大司楽、建国の学政を治む」とは国の子弟を集めることを指す。その教は有道有徳の者におこなわせ、死んだら瞽宗に祭られるというのは、楽教を主っているからである。[15]

瞽は単に楽人とはせず、また賈公彦疏のように楽を教える(教楽)のではなく、「楽教」すなわち楽による教をおこなう存在としたことに特徴がある。一見すると些末な差であり、各学が専門の師を祭るという古注と大差がないようにもみえ、王安石自身そのようにとらえていた可能性を完全には排除できないが、おそらくそうではなく、この「楽教」こそが重要だったと思われる。王安石がこの注釈で何を主眼としていたのか、それを理解するためにも次に王安石学派とみなされる陳祥道・陳暘《ちんよう》・王昭禹らの周代の楽や学校に対する理解を確認しておきたい。

陳祥道は福州長楽の人。『宋史』に伝がないが、治平四(一〇六七)年の進士で[16]、のちに太常博士(儀礼の執行や改革のための議論をおこなう役職)となり元祐五(一〇九〇)年には『礼書』一五〇巻を著した[17]。学問的には陸佃《りくでん》とともに王安石の学を継承して、鄭玄の説を多く批判したとされる人物である。その弟である陳暘は紹聖年間の制科によって出仕し、徽宗朝で太学博士となり『楽書』を著した[18]。『楽書』の成立には陳祥道も深くかかわっており、『礼書』と対になる書と位置づけられて、北宋末の礼楽議論を知る上ではともに欠かせない史料である。陳祥道は、各経書に散らばって存在し、かつ多くの矛盾を含む学についての記述を統合し、周代に絞ってその学校の姿を描いた。それが『礼書』巻四八の学校の項で述べられる内容であり、まとめると以下のようになる。

周代には成均すなわち辟雍《へきよう》、そして瞽宗・東序の三つの大学があり、成均を真ん中として西に瞽宗、東に東序が一直線に並んでいた。これは西学に先賢を祀るのと瞽宗に楽祖を祀るのは同義であるととらえるからで、瞽宗と西学は同じものを指していることになり、国老を東膠《とうこう》に養うというのは、東序で三老五更を養うことと同義なので、東膠と東序が同じものとなり、これも大学となる。すなわち、周代においては儀礼の面で成均が学政を広め、瞽宗に楽祖を祀り、東序で三老五更を養うことになる。一方、教育の面では三つの大学とは別に小学である上庠があり、まず小学たる上庠で書を学び、その後に大学に入って瞽宗で礼楽を学び、最後に東序で舞を学んで道徳は完成されたとする。さらに舞は楽を完成させるものと位置づけられ、周代の教育の中心は楽にあったという点を強調している。

陳暘はさらに楽を強調する立場をとり、とくに殷人は楽によって教をおこなっており、楽を尊んだがゆえに学校を瞽宗と名づけたとし[19]、周では大司楽に成均の法をおこなわせたが、その教の中心は楽にあったというのである。『楽書』巻三九、周礼訓義、大司楽の説明は一見して王安石『周官新義』と字句の一致が多く、かつより詳細なので、陳暘なりにこれを敷衍して述べていることは疑いない。そこではまず、周代に辟雍で成均の法がおこなわれたことを述べ、大司楽に成均の法を掌《つかさど》らせるのは、国の子弟を合し楽による教をおこなうからだとして[20]、「生前、楽職の長となり成均で教え、死後、楽祖となり瞽宗に祭られるのは、礼のいわゆる民のために功徳があれば祭る、ということである」[21]と述べる。「楽職之長」が『周礼』春官宗伯、大司楽に付された鄭玄注「楽官之長」と同義とすれば、これは大司楽自身のことを意味する。つまり楽祖は単に楽を教える存在を指しているのではなく、学校行政全体を掌りそして学の中心たる楽によって教をおこなう者のことであり、これを瞽宗に祭るのは民に功徳がある者を祭る『礼記』祭法にみえる原則にも適うというのである。また同書巻三、礼記訓義、文王世子には、「死後、楽祖として瞽宗に祭るのは、春誦夏弦が太(大)学の教であって小学の道ではないからである」[22]ともいっており、楽による教は大学の教であって、楽祖を祭るのは楽が学の中心だったからとなる。

さらに王昭禹『周礼詳解』[23]巻二〇の該当箇所では、やはり学の完成は楽にあることから説き、成均の法を大司楽に掌らせるのはその理由によることをいう。そして教をおこなうには道徳を身につけた者でなければ人の模範となることはできず、有道の者として保氏、有徳の者として師氏をあげて、これが実際に教をおこなうという。では楽祖を瞽宗に祭るのはなぜかといえば、古の人は田では田祖、馬については先牧、飲食については先食、養老に関しては先老を祭り、その本《もと》となるものを忘れないようにする。ならば道徳においても同様で、必ず瞽宗に祭るのは楽による教をおこなっていたからだと説明する。ここでは瞽宗に祭るのは大司楽や瞽人ではなく、教をおこなう道徳のある人であり、『周礼』経文にみえる「有道」「有徳」の者を主体として、それがなぜ瞽宗に祭られるのかを説明している。

ここからは次のような推測をすることができる。王安石の説明は、なぜ大司楽という楽にかかわる職掌の人物が成均の法という周代の学校行政における最も重要な部分を担ったのか、その説明を主眼とし、『周礼』の中で大司楽の部分にだけ「瞽宗に祭る」という祭祀の内容がみえるのは、楽による教が特別な事であり、道徳教化そのものだとする観点に立つのであろう。経書においても楽の重要性を示す記述は多いが、賈公彦疏の説明では詩・書・礼・楽の各学に大きな格の差等を見出さず横並びに描いている。それに対して北宋末には、周代の学校のあり方を具体的に経書から描く必要に迫られ、例えば陳祥道のような見解が示された。そこでは楽による教が道徳教化において最も鍵となる位置を占めたとする見方を背景とし、詩・書・礼・楽を順に積み上げることによって完成される「道徳」を教化の目標、学校の仕組みと考えたのである。その結果、「瞽宗に祭」られるのは、楽の師というよりは、「有道有徳」の者という点が重視されるようになったと考えられる。

のちに元の馬端臨は、唐代以来従祀されていた高堂生ら二十一賢を「経師」に過ぎず、義理の学を修めた「人師」ではないことを批判した[24]。これは先ほどあげた「聖とは周公か孔子のことで、師とは一経のみを著した者」という定義を正面から批判したものである。実際に孔子廟の配享・従祀が唐代以来の体制からはじめて手を加えられたのは、王安石らの学校改革を経た、元豊七(一〇八四)年のことである[25]。それまで顔回のみであった配享に孟子を加えたほか、従祀として二十一賢に荀子・揚雄・韓愈の三人を追加している。これは、孔子から孟子へと正しい道が伝えられたとする、いわゆる道統の観念を確立させていく最初の一歩と理解されるが、同時に「功」によって祀るという『礼記』祭法の価値観から、「道徳」ある者を祀るという王安石らが新たに提示した『周礼』大司楽の価値観へと転換したことも、その背景としているのである。このような先師観は南宋以降主流となるもので、ここに学における祭祀の原則が、一般的な祭祀の原則から独立していく契機をみることができる。

2 「凡釋奠者必有合也」の解釈

釈奠を規定した重要な経文の二つ目、「すべてはじめて学を立てる者は、必ず先聖先師に釈奠し、その礼をおこなうにあたっては必ず幣を用いる」も、宋代には大きな問題とされた。実際にはこの文そのものではなく、これに続く「凡そ釈奠は必ず合有るなり。国故有らば則ち否なり」[26]という部分で、意味としては「すべて釈奠には必ず合がある。国故があればその限りではない」となるが、この「合」と「国故」が何を指すかが問題で、それによって解釈の方向性が大きく変化したのである。

実はこの問題についてはネスカーがすでに論じており[27]、陳祥道らが従来の孔穎達説と異なる見解を示したこと、しかし南宋に入って魏了翁らが再び孔穎達説を採用し、それによって各地域の郷賢を祀ることを正当化したことが論証されている。これをもってネスカーは北宋の経学を中央志向とし、南宋の地域志向と対比させているが、これは南宋から振り返って北宋を評価すれば正しいといえる一方で、北宋の経学の論理構成や発生過程については再検証する必要がある。また南宋期についても、細かな差異はおくとしても、ネスカーが導く理解には本書の理解と根本的に異なる点がある。ネスカーは先賢祭祀を初めから「祖先祭祀ではない」祭祀とみなし、その理論構成を祖先祭祀とは異なるもの、無関係のものと位置づけているのである。たしかに孔子も先賢も祖先祭祀そのものではなく、これは一見妥当なことのようにみえるが、しかしそのような視点では、本書で重要な位置づけを与えている魏了翁の理論について、それを正しく理解するどころか、まったく逆の想定に陥ってしまう[28]。これらの点を述べていくにあたり、まずはこの問題を今一度整理しなおして、『周礼』の「瞽宗に祭る」や「郷先生」の問題とも関連させ、宋代を通じた先賢祭祀の理論全体における位置づけを示していくこととしたい。

さて、この文王世子の経文「凡そはじめて立学するは、必ず先聖先師に釈奠し、行事に及びては必ず幣を以てす。凡そ釈奠は、必ず合有るなり、国故有らば則ち否なり」に対して、鄭玄は「天子が教化を命じ、はじめて学を立てることをいっている。先聖とは周公もしくは孔子のことである。その国に先聖先師がいなければ釈奠する対象は、隣国と合するべきである。例えば唐虞《とうぐ》の地には夔《き》・竜・伯夷がおり、周の地には周公がおり、魯の地には孔子がいるので、それぞれこれらを対象に奠をおこない、合することはしない」[29]と注釈している。すなわち「合」とは隣国と合することを指し、「国故」とはその土地で先聖先師に該当する故人のことを指す。ここであらわれる「唐虞」は一般的には唐堯と虞舜すなわち堯・舜の時代のことを指す。しかし、その例としてあげられているのは夔・竜・伯夷であり、このうち夔と竜は『尚書』舜典にみえる人名で、とくに夔は楽をつかさどり冑子《ちゅうし》すなわち王の長男を教育するよう舜から命じられた人物である。伯夷は『論語』にも『史記』にもあらわれ、殷(商)に忠誠を誓い、周の粟を食らわなかったことで有名である。すなわち「唐虞」を時代を示す語とすると矛盾が生じるため、ここでは中原地域、とくに現在の山西から河北あたりの地域を指す語ととらえなければならず、同様に周、そして魯も「国」として特定の地域を指す語と考えることができる。それを踏まえた上で、孔穎達疏はとくに「合」と「国故」について以下のようにいう。

> 周公と孔子はどちらも先聖なので、周公に近い場所では周公を祭り、孔子に近い場所では孔子を祭る。……もし自国に先聖先師がいなければ隣国の先聖先師と合祭する。向こうとこちら、二国がともにこちらの国の先聖先師を祭ることをいっており、ゆえに合というのである。……例えば魯に孔子や顔回がいれば、その他の隣国が彼らを祭るのに必ずしも魯に行っておこなうわけではない。もし自分の国に先聖先師がいれば隣国と合する必要はなく、それぞれ自分の国の先聖先師を祭るべきである。ゆえに「国故有らば則ち否なり」というのである[30]。

先聖は周公もしくは孔子と直接指定するのは鄭玄以来の定説であり、唐代の制度の根幹はここに由来している。問題となる「合」をめぐって孔穎達は、周公の国である周だけでなく、それに近い場所では周公を先聖として祀ればよく、魯の国だけでなく、それに近ければ孔子を祀ればよい、これが「隣国と合する」、すなわち「合」の意味だとする。またもし自分の国に先聖先師が別に存在するならばその人物を祀ればよいので合する必要はなく、その際に祀られる人物のことを「国故」であると説明する。

これに対して、北宋以来主流となった解釈は「合」を「合楽」の意味に解するものである。最も早くは劉敞《りゅうしょう》の『七経小伝』に確認でき、「合は合楽の意味である。春に釈菜と合舞をおこない、秋に頒《はん》学（学生をその才によって振り分ける）と合声をおこなう。釈奠ではどちらも合し、そうして神にお供えを捧げるのである。国故が有るとは、国葬などの凶事や戦争の意味であり、この場合だけは合することをしない」[31]とするから、「合」とは合楽や合声をおこなうこと、すなわち合奏や合唱のようなものであり、「国故」は凶事や軍事行動のこととしてとらえる。陳祥道も同様の見解を示しており、『礼書』巻九四、釈奠において「釈奠には必ず合があるというが、これは釈奠に合楽があることの証である」とするから、合が合楽を指すのは所与の前提であって、釈奠に楽があったことの根拠として用いている。これは当時の釈奠に必ずしも楽が付属していなかったことのあらわれで、欧陽脩「襄州穀城県夫子廟記」では、本来の釈奠には楽があったが今の釈奠には楽がなくなってしまったことを問題の一つとしている（本書第一章）。

宋朝の制度からいえば、大中祥符二（一〇〇九）年に頒布された諸州釈奠儀注に、諸州においても釈奠の際に登歌の楽を用いることがすでに書かれているし、この儀注は景徳四（一〇〇七）年に判太常礼院の李維が『開宝通礼』を参照して建議したものを、『五礼精義』に即してつくられたものであるから[32]、つまりは『大唐開元礼』の儀注をもとにしてつくられたものということになる。その後、仁宗景祐元（一〇三四）年に太常寺（儀礼を司る官署）に出された詔として、先農の祭祀と文宣王・武成王に対する釈奠ではいずれも登歌の楽を用い、その楽章を制定させており[33]、とくにその歌詞六首が定められたことを考えても、大中祥符二（一〇〇九）年の時点では歌詞をともなった登歌を用いることは現実には不可能だったのである[34]。

では「合」を「合楽」と解釈する根拠はどのように説明されたのであろうか。衛湜《えいしょく》『礼記集説』に引く長楽陳氏の説[35]では、釈奠では必ず幣を用いることで神に対して礼をおこない、必ず合楽することで神に対して楽をおこなうとして、経文にみえる「必以幣」と「必有合」を対の概念としてとらえ、どちらも釈奠に欠かせないものと解している。

また陳暘は『楽書』巻三、礼記訓義、文王世子においてこの問題について述べ、合は合楽のことであり、さらに具体的にいえば合舞と合声のことと限定している。鄭玄および孔穎達は『周礼』大胥《たいしょ》にみえる合舞と合声、さらにはその下文にある大合楽をもこの合楽に含めるが、陳暘は大合楽を合楽と区別し、釈奠でおこなわれる合楽は六代(黄帝、唐、虞、夏、殷、周)の楽をすべておこなう大合楽のことではないと断りを入れている。そして合が合楽と解される最大の理由は『礼記』の経文「凡釋奠者、必有合也、有國故則否。凡大合樂、必遂養老」を対句ととらえるからで、釈奠の礼と養老の礼が対になるとみて「すべて釈奠には必ず合が有るというのは、礼をおこなうことを主として(それに付随して)合楽をおこなうことをいう。すべて大合楽には必ず養老の礼をおこなうというのは、合楽を主として(それに付随して)礼をおこなうことをいう」[36]と締め括る。釈奠という礼をおこなう際には合楽という楽をともない、大合楽という楽をおこなう際には養老という礼をともなうとの説明で、礼と楽が表裏一体の関係にあることを重視して合を合楽と解釈しているのである。

この「合」に関する劉敞・陳祥道らの見解には、朱熹も「これに続く文を考えると、合有りというのは合楽の意味とすべきで、陳説に従うべきである」[37]と述べ、陳暘と同じく下に続く経文との対句としてとらえるし、さらに時代を下って『明集礼』には、合は合楽であると明記されている[38]のをみてもそれ以降王朝による公式見解とされているのがわかる。[39]

劉敞以来、合を合楽とし、国故を『礼記』曲礼《きょくらい》における楽の記述と結びつけて考えている点など、北宋に新たに解釈された釈奠に関する経文は、楽を教化における重要なものと位置づけ、礼楽一体思想をより強調することで実現したものである。たしかに孔穎達の解釈は、すでに全国で孔子を先聖として祀っている現状からはそぐわないので、それを修正する意図も働いていたのであろうが、それは唐代から同様なのであって、北宋の新解釈が士大夫の中央志向から発生したものと想定するのは難しい。この後に説明する南宋期の意図的な地域志向と比較すれば中央志向といえるが、新解釈の発生過程はやはり礼楽一体思想の強調にこそ求められるべきであろう。

3 南宋期における「必有合」の展開

北宋後半期には「合」を合楽とする解釈が生まれたが、南宋期には一転して、経書注釈以外の場において孔穎達説を採用し、各地の学校で郷賢を祀る根拠とする例がしばしばみられるようになってくる。まずは時期の異なる三つの例をみてみよう。

(1)淳熙四(一一七七)年

古の時代には、建学すると先聖先師をそれぞれその国の故により定め、国にふさわしい人がいなければ、しかるのちに他国と合して釈奠をおこなった。漢代以来、先聖先師の地位は一つに定まっているが、州県の先賢もまた往々にして学宮に祠られるのは、古の時代の意を汲んだものである。[40](呂祖謙『東萊集《とうらい》』巻六「秀州陸宣公祠堂記」)

(2)紹定三(一二三〇)年

古の時代の学は、必ずその国の先師に釈奠をおこない、国にふさわしい人がいなければ他国の先師を採用した。祭祀には必ず原則があるのである。[41](劉宰『漫塘集』巻二三「紹興尹朱二先生祠堂記」)

(3)大徳二(一二九八)年

またすべてはじめて立学すれば、必ずその国の故を探し求めて祭り、先聖先師とするのである。国にその故がいなければ、しかるのちにやむを得ず隣国と合するのである。[42](戴表元『剡源《せんげん》文集』巻一「和靖書院記」)

⑴は南宋中期、⑵は南宋末期、⑶は元代のものであるが、こうして⑴から⑶を読み比べると、すべて同内容を述べているにもかかわらず、その語気は徐々にその地に関連の深い先師を祀らねばならないという含意を強めているのがわかる。⑴の「秀州陸宣公祠堂記」は唐の陸贄《りくし》を祀ったもの。陸贄は蘇州嘉興の人で父老が代々陸贄の生地であることを伝えており、このときすでに学校に祀られていた。それを知府の呂正己が改修をおこない、呂祖謙が淳熙四（一一七七）年[43]に記を書いたものである。南宋において「合」を孔穎達説で解釈するのは確認した限りこれが最も早いものだが、呂祖謙は先聖と先師にはあくまで孔子以下の定められた対象をあて、州県の先賢は先師そのものとは認識していない点は、のちの発想とは異なっている。

⑵の「紹興尹朱二先生祠堂記」は汪統《おうとう》が浙東提刑使（路の司法を司る）として赴任し、学校を新たにした際に尹焞《いんとん》と朱熹を祀ってその記を劉宰に依頼したものである。おそらくこれは紹興府学のことで、尹焞は老いてから越の地に移り住み、越の地で没し、墓が存在することを理由としている。朱熹は越に地方官として赴任し、社倉（飢饉に備えて穀物を備蓄する施設）などは今なおこの地に恩恵を残しているとして、それぞれ「越の先師に非ざるか」、「越の嘗《かつ》て師とする所に非ざるか」といって両者を越の先師と認定している。尹焞は河南洛陽の出身で程頤《ていい》の易学を学び、南渡後は中央に召されて崇政殿説書（皇帝に講義をおこなう官職）などを務め、紹興一〇（一一四〇）年に致仕、平江虎丘に隠棲し、紹興一二（一一四二）年に没して墓はのちに会稽県につくられた[44]。つまり元来紹興府学に縁の深い人物ではなかったが、記文によればそれ以前は学には和靖（尹焞）祠しかなく、それを改修して朱熹をともに祀ることにしたという。実際には、尹焞および朱熹は二程から続く道学の継承者のゆえに祀られたと考えられるが、朱熹は淳熙九（一一八二）年に浙東常平使（路の経済・福祉等を司る）を務めていた際、大規模な飢饉に直面し、知台州の唐仲友と対立しながらも飢饉を救ったことがある[45]。その前年には、朱熹がそれ以前に建寧でつくった社倉をモデルとして、社倉法が詔としてくだされており、朱熹の振《しん》恤《じゅつ》は後世よく知られるようになっていた。すなわち朱熹も紹興府学と直接の関係はなく、劉宰は紹興府に多少なりとも

関連する両者を先師と定義づけ、『礼記』の経文を引用したのであろう。その発想は地域との関連を可能な限り見出して根拠づけようというもので、劉宰はほかに「陳修撰祠堂記」（『漫塘集』巻二〇）、「黄州麻城県学記」（同、巻二一）、「宜興先賢堂賛」（同、巻二五）でも同様に、学ではその国の先師に釈奠しなければならないことを述べる。

例えば「黄州麻城県学記」では、麻城には古くから賢が多くまだ私は調べられていないが、北の浮光には司馬文公（司馬光）が生まれ、西の黄陂《こうは》には二程子（程顥《ていこう》・程頤）が生まれた、と述べている。麻城県は黄州の北東部に位置するのに対して黄陂県は黄州南西部にあたり、むしろ南隣の鄂《がく》州に近く、浮光は光州のことを指すため黄州の北隣の州にあたる。『方輿勝覧』巻五〇にみえる温公祠には、司馬光の父、司馬池が光州の光山という駅を通りかかった際に子が生まれたので、それにちなんで光と名づけたという伝説が記されている。光山県は光州の北部に位置し、麻城県からは穆陵山を越えて北に七〇キロメートルほど離れているが、劉宰は、三先生は天下の師であり麻城だけで師とするわけではないが、このように近いところでは当然師とすべきであると書いている。これらの例からみれば、南宋末の学校においては地域に関連する先賢を祀らねばならない必然性が存在し、もしその地独自の適切な人物がいなければ、道学者として著名な人物のうち、多少なりとも関連性のある人物を祀ったことになる。しかも麻城の例では、麻城の先賢のことを知らないが北と西には温公と二程がいると述べるから、孔

麻城県周辺図（譚其驤主編『中国歴史地図集　宋・遼・金時期』地図出版社，1982年をもとに作成）

穎達のいわゆる「隣に合す」こととして整合的に理解されたのであろう。

次いで(3)の史料であるが、これは元代のものであり、官学ではなく書院に関する記文である。これも尹焞を祀ったものであるが、成宗元貞二(一二九六)年に浙東道廉訪使(元代の道はおおむね宋代の路に相当し、これを監察した)の完顔貞《かんがんてい》が会稽に来て名賢の祠に付して書院をつくることを許可し、尹焞に因んだ和靖書院がつくられることとなった[46]。その中で戴表元は、古の人は道徳のある者を郷里で師とし、死んだらこれを社に祭っていたが、礼ではこれを楽祖という、また学を建てたならば必ず国の故を求めるが、これを先師という、と述べる。また尹焞を(会稽における)儒祖と認識するが、国の故とはその地における学問伝統の主流であり、直接師とすべき対象であるからだという。それを『礼記』における国故と解釈するとともに郷里の師すなわち『儀礼《ぎらい》』にみえる郷先生と同様の存在とし、さらにこれを『周礼』大司楽の楽祖と結びつけている。宋元交代期頃から、郷賢を先師と同一視するだけでなく、郷先生や楽祖とも直接結びつけていく例が増えていくが、この観念については後で郷先生についてふれる際に再度言及したい。

(1)から(3)の史料をみれば、「先師」という概念の範囲が拡大していることがうかがえるであろう。中央によりあらかじめ定められた存在を指していた先師は、地域の独自性を許容、さらには要求するようになり、地域独自の郷先生のようなものも包含するようになってくる。それを正当化するのに好都合だったのが『礼記』の孔穎達疏であり、これらは厳密な経書解釈というよりは便宜に応じた援用で、学校における先賢祭祀の変化に対応する手段であった。しかしこの点をとくに経学上の問題点とみなし、歴史的視点を含めて追究したのが以下に述べる魏了翁であった。

4　魏了翁による通祀批判

南宋の中期から後期にかけて活躍した魏了翁は、四川地域、邛《きょう》州蒲江《ほこう》の出身で、慶元五(一一九九)年の進士である。

慶元年間は、程顥・程頤から連なる道学系の学術が弾圧されたいわゆる慶元党禁の時期にあたり、魏了翁は党禁後の官界で朱子学の官学化に大きな役割を果たした。ちょうど同年生まれ、同年に進士に登第した福建の真徳秀と並んで、この時期を代表する儒者官僚である。学問的には朱子学の継承者といえるが、『九経要義』を著すなど経書全体に通じ、また史書にも詳しい博学であった。多くの文献を博捜して検証する姿勢は、のちの考証学に連なるような特徴をもつとも評されている[47]。

問題となっている『礼記』文王世子の経文について、魏了翁は各地で国の故を祀るべきという立場に立つため形式上孔穎達説を踏襲しているが、実は古注に対しても批判的であり、鄭玄・孔穎達さらには『礼記』の記述そのものをも再検証し、古には先聖先師を祀ることはなかったという独自の見解に到達した。ただ魏了翁は当初からそのように考えていたのではなく、後年になってその主張を打ち出すが、そのきっかけになったのが当時急速に数を増しつつあった周敦頤祠であった。まず確認しておかなければならないのは、魏了翁は周敦頤の顕彰に努めた人物としてよく知られており、嘉定九(一二一六)年の「奏乞為周濂渓《れんけい》賜諡」(『鶴山集』巻一五)を皮切りに、翌年「奏乞早定程周三先生諡議」(同書同巻)を上奏するなど、周敦頤が道統の主要人物として公式に確立され、孔子廟に従祀されるようになったことの最大の功労者という点である。また周敦頤に諡《おくりな》を賜るよう上奏して皇帝の認可を受けたことで、それ以降各地で多く周敦頤の祠がつくられるようになったと自らも述べており[48]、各地で周敦頤祠がつくられるきっかけを成したのがほかならぬ魏了翁だったのである。ところが嘉定末年以降になって一転、いたる所で周敦頤祠がつくられる現状に疑問を抱き、これを批判する論を展開するようになる。

その転換点が書かれているのが門人の呉泳に宛てた書簡であるが[49]、それによれば成都ではじめて周敦頤祠の記文を書いて以来、二〇年間十数カ所で書いたが、寧遠・営道で書いたときはその地が周敦頤にとって郷邑《きょうゆう》だったので「郷先生を社に祭る」こととして疑問を抱かなかったが、長寧・長沙で書いたときには疑問を感じ、やがてその疑問は確信に変わったという。魏了翁が到達した結論は三つで、一、各地で祠堂がつくられ過ぎている点、二、先聖先師の祭祀は漢儒が言い出した説に過ぎず、孔子廟も元来闕里（曲阜）にしかなかった点、三、これらは『易』の萃渙《すいかん》の義によって説明可能な点、である。

この結論にいたる過程をみるため、まずは魏了翁が書いた周敦頤祠にかかわる記文を、現在確認できる限り年代順に列挙すると以下のようになる。

「成都府学三先生祠堂記」（嘉定元〈一二〇八〉年）
「簡州四先生祠堂記」（嘉定一三〈一二二〇〉年）
「合州建濂渓先生祠堂記」（嘉定一五〈一二二二〉年）
「道州寧遠県新建濂渓周元公祠堂記」（嘉定一七〈一二二四〉年）
営道県の周濂渓祠[50]（年代不詳、現存せず）
「長沙県四先生祠堂記」（紹定元〈一二二八〉年前後[51]）
「長寧軍六先生祠堂記」（年代不詳）
「道州建濂谿書院記」（年代不詳）
また前後関係が不確定であるが、
「宝慶府濂渓周元公先生祠堂記」（紹定三〈一二三〇〉年）
が存在する。

このうち最も早い時期に書かれた「成都府学三先生祠堂記」（『鶴山集』巻三八）によれば、長沙の呉獵が制置使（該当区域の軍司令官）として成都に赴任し府学を視察に訪れた際に、古の教では「有道有徳の者をともに学に祀る」のに、周敦頤および二程の像がつくられておらず、祀られていないことを問題視した。このとき、魏了翁の表兄（いとこ）にあたる高崇も呉猟に賛同して「三先生の祠は天下にあまねく満ちております。まして周子（周敦頤）はかつて合陽（合州）で官として務め、蜀の賢人、君子はみな喜びこれを称えたと伝えられているのです。二程先生はかつて大中公（程珦《ていきょう》、二程の父）に従って広漢・成都を訪れ、最後に伊川（程頤）は長く涪《ふう》に住んで著作は甚だ多いのです」[52]と述べ、文翁石室の西に土地を確保して三人を祀るとともに、朱熹と張載をこれに配祀することとなった。高崇から記の執筆を依頼された魏了翁は初めこれを断ったが、州教授らを介して呉猟からも依頼され、結局これを執筆したという。この段階では魏了翁はこれら三人を祀ることにとくに異論をはさむことはなかった。

以上は成都府のことであるが、嘉定九（一二一六）年以降、魏了翁が周敦頤に対する賜諡《しし》を要求した際には、これが重要な根拠として援用されることになる。当時魏了翁は成都府の東隣にあたる潼川《とうせん》府路の提刑使・常平使・権転運使を兼ねており、とくに合州は潼川府路に含まれていた。周敦頤への賜諡を奏請した文章である「奏乞為周濂渓賜諡」では、魏了翁は周敦頤が以前合州僉《せん》書判官であったことをあげ、先朝の邵雍《しょうよう》、徐積らの故事に倣って周敦頤に諡を賜るようにと述べている。邵雍・徐積の賜諡はそれぞれ熙寧一〇（一〇七七）年と元祐年間におこなわれており、邵雍は衛州（河北西路）の人だが、河南で三〇年におよんで講学をおこなったことから、河南府の要求により賜諡がおこなわれている[53]。また徐積は生前、楚州で教授をしており、楚州の士人がその死後、部使（路官のこと、おそらくは当時の淮南路提挙学事使蔡観）に賜諡の請求を提出している[54]。つまり府や路の官が管轄地域内の人物について賜諡を請求するのは正当な手続きに則ったものであり[55]、魏了翁は周敦頤を合州あるいは潼川府路の先賢として、その地を管轄する地方官の立場から賜諡を要求したことになる。周敦頤への賜諡はスムーズにおこなわれたわけではなく、嘉定一二（一二一九）年にいたるまで正式決定はされていない。その一つの原因と想定されるのが、二程に対する賜諡がいまだ実現されていなかったことで、実は魏了翁は周敦頤への賜諡要求からほどなく、二程への賜諡も要求しており、嘉定一〇（一二一七）年には改めて三者への賜諡を急ぐよう求めている[56]。その中で、周敦頤に関しては己の職務の範囲内であるが、二程についてはその分を越え、「僭越の嫌いがある」と述べており、ここからも魏了翁による周敦頤への賜諡奏請が、当該地域の地方官からの奏請という正式な手続きに則っていたことがわかる。

魏了翁の周敦頤に対する認識には以上のような経緯があったことは重要である。周敦頤への賜諡が実現したのが嘉定一三(一二二〇)年であるが、その同年に書かれた「簡州四先生祠堂記」(『鶴山集』巻四二)では、周敦頤が「巴川に官した」こと、二程が「入蜀した」こと、張載が「金堂(簡州付近の県)に官した」ことに言及している。また嘉定一五(一二二二)年に書かれた「合州建濂渓先生祠堂記」(『鶴山集』巻四四)では周敦頤を合州の地方官、地元の先賢として記している。

しかし嘉定末年以後、魏了翁の考え方は厳密さを増し、これら祭祀に対して新たな理論構築を試みるようになっていく。嘉定一七(一二二四)年に書かれた「道州寧遠県新建濂渓周元公祠堂記」(『鶴山集』巻四三)では、魏了翁に記を依頼した県令の黄大明が、「古の郷先生歿せば社に祭る」故事をあげて、寧遠では周敦頤を祀る必然性があるとしたことを記述しており、魏了翁はこれを追認している。ところが営道県・長沙・長寧において記を書くに従い、疑問を強めていき、のちには古典にない誤ったやり方であるとはっきり認識するようになる。「長沙県四先生祠堂記」(『鶴山集』巻四三)は周敦頤のほかに胡宏・張栻《ちょうしょく》、朱熹を祀る祠堂について述べたもので、この四者はすべて道統に連なる人物である。ただ長沙は湖南学の中心地であり、胡宏は潭《たん》州寧郷県にある五峰山の下に五峯書堂を築き約二〇年間著作に専念したし、張栻は潭州の城南に城南書院を築いて寓居して講学をおこない、朱熹は紹熙五(一一九四)年に知潭州を務めている。この三者は『方輿勝覧』巻二三、湖南路、潭州、人物に項目が立てられているのをみても、南宋期にすでに潭州ゆかりの人物として広く認識されていたと思われる。記文は周氏の祖先が寧遠県から営道県に移り住んだことから書き始められ、それゆえに寧遠・営道では周敦頤祠がつくられ自らも記を書いたと述べた上で、長沙では胡宏・張栻・朱熹の三人は、生地であるか、寓居したか、地方官として赴任したかのいずれかに該当するから問題ないが、周敦頤はこれらの条件に当てはまらないことから、その祭祀には疑念を抱く、というのである。

ここでいう、生地であるか、寓居したか、地方官として赴任したかという三条件は、かつて朱熹が示したものである。朱熹の「徽州婺源《ぶげん》県学三先生祠記」(『晦菴《かいあん》集』巻七九)は淳熙八(一一八一)年、婺源県学に周敦頤と二程を祀ったことを紀念したもので、周敦頤と二程にとって、婺源は生地でもなく(非其郷也)、寓居した地でもなく(非其寓也)、地方官として赴任した地でもなく(非其所嘗遊宦之邦也)、また国の祀典にも載せられていない(国学の孔子廟に祀られていない)のだから、礼として何の根拠があるのかと疑問を述べている。ただし朱熹はそれに代わる理論を示すこともなく、結果としてこの祭祀を容認しているのであるが、このように礼学上の祭祀の根拠を問う姿勢、およびこの三条件は魏了翁をはじめとする後世の儒者に引き継がれていく。

魏了翁が朱熹と異なっていたのは、朱熹が示すことなく放棄した礼学上の根拠を自ら構築しようとしたところにあり、「長沙県四先生祠堂記」ではさらに以下のように批判の理論を展開している。

私が思うに、古の時代には故人の霊を廟で祀るにあたり、「萃」は有っても「渙」は無く、ゆえに同気の者を尸《し》として(祭祀をおこない)、同族か同類でなければ祭祀をおこなわなかった。(同族でない)他者を祀ってよいのは、功績がめざましい者を大烝《たいじょう》に祭る場合、楽祖を瞽宗に祭る場合、大きな徳が有ったのに後継の子孫がいないため、その国で祭る場合だけである。今の儒者たちは同族でも同氏でもなく、またそれぞれに後継の子孫がいるのに、郡国がそれらを祀っている。思うに漢代の儒者がはじめて先聖・先師・先賢・先老を祀るという説を唱えたのであろう。これにより近世の先儒の祠が州県に満ちているが、それらはその土地が「郷邑」(故郷)か、もしくは「仕国」(官としての赴任地)である。これも根拠のないこととはいえないが、要はすべてが「萃渙の義」を得られてはいないのである。[57]

この主張において特徴的なのは、漢儒がはじめて先聖先師を祀る説を唱えたとする点であり、以後魏了翁はこの自説をしばしば展開して、「長寧軍六先生祠堂記」（『鶴山集』巻四八）でも同様に「郷邑」や「仕国」でもない場所でも祠がつくられていることを批判する。そして『礼記』文王世子の経文、鄭玄と孔穎達の解釈を列挙した後、「三代（夏殷周）の学者は漢代の儒者のように一つの経を専門に学んだであろうか」、「夷・夔・周公のように功績が大きければ大烝に祭るのであり、（それらを）学者が祀ってよいであろうか」と疑問を述べる。夷（伯夷）・夔・周公は鄭玄注が隣国と合する例としてあげた人物で、これらは（同時代には）国の大烝に当然祭られるべき存在だったから、学者が祠をつくって各地で祀っていたはずはなく、この説は秦漢以後の制度のことをいっている、と説明する。また「道州建濂谿書院記」では、古には君主こそが人々の師となったため、聖賢は大烝に祭られるのみで、学者が祀るような存在ではなかった。それが春秋戦国の乱により道が分裂し、秦漢以降に専門の師があらわれることによって、あらゆる郡国で先師が存在するようになり、学での釈奠がおこなわれるようになったという。[58]

そしてこれに関連して魏了翁は、孔子廟は元来闕里（曲阜）を出なかったという見解を示す。より詳しくは紹定二、三（一二二九、三〇）年頃に書かれた[59]「潭州州学重建稽古閣明倫堂記」（『鶴山集』巻四五）の冒頭部に、漢代にはじめて先聖先師を祀るようになったが、全国の学校には孔子廟はなかったことを説く。『後漢書』に載る永平二（五九）年の郷飲礼の故事を引き、ここでは周公・孔子を祀ったとあるが、廟をつくったとは書いていないから、孔子廟は闕里以外にはなかったとし、さらにほかの史書を調べても「釈奠」とは書かれていないのだから、孔子を祀る釈奠は漢代でもまだおこなわれていなかったことを主張する。これも古には先聖先師の祭祀はなかったとの説を前提にしており、さらに『礼記』における釈奠の記述そのものにも疑問を向けたのである。また同記文では、唐初にはじめて全国に孔子廟がつくられて「廟制」が広まり、北宋中期に全国に学がつくられ、孔子廟は学の中におかれることで「廟学」がはじめて備わったという見解を示しており、これは本書でもすでにみてきた歴史認識と一致するものである。すなわち魏了翁は、『礼記』文王世子にみえる釈奠の記述そのものを古礼には合致しないものとして退け、古の時代には同氏同族による祭祀、すなわち祖先祭祀以外には、『礼記』祭法にみえるような功にもとづく祭祀だけを想定した。しかもそのような祭祀は「大烝に祭る」のであるから、中央の政府による祭祀であり、各地域のしかも学問をする一般の士が祀るのはふさわしくないと考えたのである。もちろんこの原則を貫いてしまえば、多くの先賢祠を否定しなくてはならなくなり、実際には秦漢以後の制も許容することになるのだが、それを代替できる理論が「郷先生を社に祭る」ことであり、それこそが朱熹の示した三条件の内実だと考えたのであろう。この郷先生については後で述べるため少しおくとして、ここではもう一点、魏了翁の議論に特徴的な「萃渙之義」について説明しておきたい。

「萃」と「渙」はともに『易』の卦であり、両者ともその経文に「王假有廟」[60]とあるため、歴代、廟の祭祀と関連づけて理解されてきた。しかし魏了翁の述べる「萃渙之義」を正確に把握するためには、「萃」と「渙」に関する解釈史を踏まえる必要がある。

まず孔穎達疏は、「王假有廟」について「萃」を萃集のときとし、大聚のときにいたって孝徳があまねく広まってはじめて廟があるといえるとし、一方「渙」を離散の意ととらえ、小人は難に遭って離散してしまうが、大徳の人はこのときにこそ功を立て難を散じ、それによって宗廟を立てることができるようになる、と説明する。この二つを合わせれば、天下がばらばらだったのを一つにまとめることで王は廟を立てることになるという解釈である。これに対して宋代における萃渙の解釈には大きく二通りの方向性が存在していた。一つは概ね古注の流れを引き、「萃」を天下が集まるとき、「渙」を天下がばらばらのときととらえるもので、代表的な論者に程頤・張載・朱震らをあげることができる。例えば程頤は、「萃」とは王者が天下の道を集めることとし、廟がある状態にいたるのは道を集める究極の形だと説く。[61]これと異なるもう一つの理解は、萃渙を気の集散ととらえるもので、胡瑗《こえん》や朱熹にみられるものである。胡瑗は萃集のときと渙散のときを否定してはいないが、「王假有廟」と書かれる理由としては、「先祖之神（神は精神の意）」を集めることを重視し、また死んで散じてしまった精気を集めるために廟を立てるのだという。[62]朱熹は「王假有廟」に対して、廟というのは祖先の精神を集める場所であり、人は必ず己の精神を集めて廟の中へといたることで祖先の精神を受けることができるとし、また祖先の精神がすでに散じてしまったからこそ、王は廟にいたってそれを集めるべきだとしている。[63]

魏了翁には『周易要義』があるが、これは孔穎達疏をもとにして、緯書にしかみられない内容を削ったものであり、あえて新たな説を付け加えることはしていない。また記文の中で、古には「萃有るも渙無し」という以上、単に気の集散ととらえるのは適切ではない。萃渙に関する宋代の易説を整理してみれば、例えば朱熹と易説において対立した林栗《りんりつ》は、本来逆の意味をもつ「萃」にも「渙」にも「王假有廟」とあって同じ結果が導かれることに疑問を投げかけている。それによれば、萃は王者がはじめて天下の萃を受けたときに廟をつくることとし、渙のときは天下がばらばらになっても各地に王とすべき者がいて安定しており、それぞれが宗廟をつくるのだという。そして合して一統をなすのが萃、離して万邦をなすのが渙という区別を明確にする。[64]ここで特徴的なのが、萃のときには天下を統べる王が宗廟をつくるのみだが、渙のときには各地で王がそれぞれ自らの祖先を祭る宗廟をつくるという発想にある。

魏了翁が林栗説を完全に踏襲しているわけではないが、「宝謨《ぼ》閣直学士知潼川府贈太師劉清恵公祠堂記」（『鶴山集』巻四五）には「萃渙立廟之意」という語がみえ、そこでは古は五侯三士に分裂しそれら諸侯が天子とともに天下を守り、晋における懐姓九宗や魯における殷民六族など、宗族が分担して統治をおこなっていたという『左伝』定公四年三月にみえる故事を引き、「思うに、邦を建て宗を啓《ひら》き代々世襲したならば、代々その祖先を祀るのである」と説明する。そして卿・大夫・士が朝廷から爵を受けて列せられても、等級に応じた廟数の家廟を立てて昭穆《しょうぼく》の序（世代の順序に従って正しく配置すること）を守れば萃渙の意が失われないと述べ、さらに魯の許田に周公の別廟を立て、のちには鄭がその祭祀を受け継いだ故事などは、先王の旧制にそぐわないとする。[65]ここには林栗と類似の発想がうかがえ、「渙」とは天下がばらばらになった「渙」のときのことをいい、その際には各地で子孫による正しい祖先祭祀をおこなうべきという主張である。これは『礼記』文王世子にみえる「国故」を祀るということと矛盾せず、その土地ごとにそれぞれ聖賢を祀ればよいということになる。この考え方にもとづけば、周敦頤を通祀することは、魯で周公を祀るようなものとして否定され、またその延長として、元来は孔子廟すら曲阜にしかなかったはずとの主張につながっていく。

さて魏了翁の主張の要点だけを書簡で送られた呉泳は、魏了翁への返信という形で反応を示している。呉泳「与魏鶴山書」二(『鶴林集』巻二八)がそれであるが、呉泳はここまで順を追って整理してきた諸史料をおそらくいっさい参照しておらず、ただ魏了翁の「答呉寺丞」のみをみて返信したのであろう。そのため魏了翁の主張の真意を汲んでいるとはいえず、的外れな返答をしているようにもみえる。逆にいえば魏了翁の構築した緻密な見解にふれていない、当時のより素朴な見方に近いとも考えられよう。呉泳は、まさに魏了翁の理論の核となる次の三点、「近年は祠堂が広汎で多すぎるのは古に典なし」とした点、「漢より以前は孔子廟は闕里を出なかった」とした点、「萃渙之義は甚だ精妙」とした点に疑問をぶつけている。呉泳の意見をみれば、一点目については『周礼』大司楽の「瞽宗に祭る」を引いて、有道有徳の者とは先師の類であるからこれを学校に祀るのは問題ないのではないか、という。二点目については、後漢永平年間におこなわれた郷飲礼では全国で孔子を祀った故事をあげて反駁している。三点目については、『礼記』檀弓《だんぐう》下にみえる季札の「魂気のごときは則ち之《ゆ》かざる無きなり、之かざる無きなり」を引用して、魂気は流動してあらゆる場所へと流れていくので、没して先師となった者は一〇〇年以上、千里以上を隔てようとも礼によって厳粛に祀られるものであると述べ、「士は聖賢の書を読み、聖賢の心を伝えるものなので、聖賢とは気脈が通じて、自然と互いにつながり合う。その祭祀は間違ったものではないし、聖賢がその祈りを受けるのは類が同じだからである。最初は必ずしも道州で濂溪(周敦頤)を祀っていたわけではなく、関中で横渠《おうきょ》(張載)を祀ったわけでもなく、伊洛で伊川(程頤)と明道(程顥)を祀っていたわけでもない」[66]と反論する。

魏了翁の所説とは大きな隔たりがあることが一見してわかるが、一点目についてはすでにみた『周礼』解釈によって学校で先師を祀ることを正当化している。北宋までの経学では、瞽宗とは国学を想定して論じられていたが、地方学校においてもこの理論を援用している点が注目される。また三点目については、呉泳は萃渙を気の集散ととらえ、しかも聖賢と士人は皆気類が通じると理解している。

このような魏了翁の特殊な見解が、それ以後にどの程度影響を与えたのかという点や、現実の実際的な場面においてどのような意味をもったかについては、次章以降でさらにみていくこととしたいが、ここまでの礼学上の理論に即して、朱熹からの流れの中に魏了翁を位置づければ、魏了翁が広汎な通祀を批判した背景にあるのは「鬼神論」に属する理解であったと考えられる。『朱子語類』巻三、鬼神には祭祀のあり方とその根拠に関する問答が記され、その中で祭祀における気類の重要性が説かれているが、祖先祭祀のほか天子による天の祭祀、諸侯による社稷の祭祀は気類に従ったものので、現在孔子の祭祀を必ず学でおこなうのも、その気類を考えるからだという。[67] これを魏了翁の問題意識に照らせば、要は遠く離れた地にあって、周敦頤以下の道統の先儒たちと気類を通じさせられるかという問題になり、魏了翁はこれを否定し、呉泳はこれを肯定したのである。『朱子語類』やその他の朱熹の著作をみても、その所説には曖昧さがあり、経学上の根拠も乏しく、整然とした理論を構築できているとは言い難い。そこで魏了翁は、『礼記』や『易』、さらには史書をひもといて詳細な検証をおこない、秦漢より前には地方における先聖先師の祭祀など存在せず、分邦した後に発生したものなのだから、当然地域ごとにそれぞれが適切な祭祀をおこなうべきという主張に行き着いたのである。これは当時急速に広がりつつあった、周敦頤祠という新たな類型の祭祀に対して対応を迫られたことの結果であり、どのような根拠を与えるのか、あるいは拒絶するのか、当時の士大夫の迷いがよくあらわれているといえよう。

5　郷先生の概念について

次に、魏了翁も古の制として許容した「郷先生歿せば社に祭るべし」にあらわれる「郷先生」について述べておきたい。郷先生という語は、宋元時代にとくに頻出する語であることや、元代においては、主に地方にあって仕官せず教育活動に従事した者に対する尊敬の念を込めた呼称であったことなどが、すでに明らかにされている。[68]「郷先生」とは元来『儀礼』にみえ、郷里で致仕した者、すなわち官を引退して郷里に戻った隠居の意味であるが、のちにとくに郷里で教学に携わった者のことを指すようになった。ところが南宋期には、古の故事として「郷先生歿せば社に祭るべし」(ただし現存の初出は韓愈「送楊少尹序」)との言説が再認識され、先師とほぼ同様の概念となって、先賢祭祀の根拠に据えられるようになるのである。[69]

南宋末の咸淳四(一二六八)年に書かれた欧陽守道の「州学三賢祠堂記」(『巽斎《そんさい》文集』巻一三)は、吉州の州学にある先賢の祠堂について書かれたもので、「廬陵は文献の邦と称賛されている。思うに欧陽文忠公(欧陽脩)以下は皆郷先生である。故事では、学がこれを祠るのは、道徳有る者を瞽宗に祀るということと同じである」[70]と述べられているから、欧陽脩以下そこに祀られる人物を郷先生と認識し、彼らを祀ることは『周礼』大司楽の「瞽宗に祭る」ことと同義と解釈している。

この「州学三賢祠堂記」は、以前からあった唐の顔真卿祠に、姜公輔《きょうこうほ》と余靖の祠を追加したものである。欧陽守道は、すでに祀られている欧陽脩以下の人物は郷先生であって学校に祀るのは当然であるが、顔真卿以下の三人を祀るのはなぜかと問いかけ、三人は吉州廬陵にとっては仕国にあたると説明する。それは漢代に蜀で文翁を祀り、九江で召父《しょうほ》を祀った故事に倣うものであり、彼らを現在の廬陵が「文献の邦」となった源流と位置づけ、三賢に拝謁した後に郷先生の像をみると、今日にまでいたる源流がわかるのだ、と述べて三賢祠を正当化している。そもそも二賢を追加して三賢祠をつくったのは金華出身で廬陵に赴任した倪普《げいふ》なので、廬陵に赴任したことのあるよく名の知られた名宦を選んで祀ったのであろう。ところが、欧陽守道の記文を読むと、顔真卿に対する深い思い入れがあることはうかがえるが[71]、姜公輔と余靖に対してはどのように評してよいか、やや困惑している様が伝わってくる。というのも姜公輔と吉州の関係は、晩年に姜公輔が吉州刺史に命ぜられたことが新旧唐書に書かれるのみであり、『新唐書』(巻一五二)では就任前に没したと書かれているほどである。また余靖は実際に知州となったが、一月ほどで去っており、邦人に残した福沢は浅いと評されている。これに対して欧陽守道は、姜公輔も余靖も、廬陵以外での活躍により廬陵でよく知られた存在であることを説明するが、積極的に廬陵との関係を述べることができず、郷先生にいたる源流と位置づけるのみである。

では欧陽守道の述べる欧陽脩以下の郷先生とは具体的に誰のことを指すのであろうか。雍正『江西通志』巻一七、学校の吉安府儒学の項には三忠堂が存在し、欧陽脩・楊邦乂《ようほうがい》・胡銓《こせん》の三人を祀っていて、嘉泰四(一二〇四)年に周必大が記を書いていることがわかる[72]。さらに同史料には九賢祠もあり、上記三人に楊万里・周必大・胡夢昱《こぼういく》・欧陽珣《おうようしゅん》・欧陽守道・文天祥の六人を加え、南宋中期から末期にかけての廬陵出身者を追加した形になっている。また文天祥の『文山集』巻二一にみえる紀年録壬午(一二八二)の項には、文天祥が子どもの頃郷校に行き、欧陽脩・楊邦乂以下祀られている「郷先生」に謁したこと、またのちに文天祥が欧陽脩・楊邦乂・胡銓・楊万里・周必大・胡夢昱らの序列に加えて祀られるようになったことが記されている。この記述は文天祥の年譜として編まれたものなので、文天祥自身がこれらを「郷先生」と認識していたかはまた別の問題となるが、少なくとものちには「郷先生」としてこれらの人物が認識されていたこと、人選の一致からみて『江西通志』に残る九賢祠と同一のものであろうと考えられる。文天祥が祀られたのが至治三(一三二三)年なので、その時点で祀られていたのが胡夢昱までであるとしたら、欧陽守道が郷先生と述べた時点では、周必大あたりまでを祀っていた可能性が高い。つまり欧陽守道は欧陽脩以下、楊邦乂・胡銓・楊万里・周必大あたりの当時先賢堂に祀られていた人物を一括して郷先生と呼称したことになる。

ただしこのような祭祀対象としての「郷先生」の用例は、実は廬陵、すなわち吉州でかなり目立つという点には注意しなければならない。そもそも「郷先生」の用例の数自体、楊万里と周必大が突出しており[73]、周必大が楊万里のことを郷先生と称している例（『文忠集』巻七三「率斎王（伯芻）居士墓誌銘」）や、楊万里が欧陽脩・胡銓・劉才邵《りゅうさいしょう》のことを郷先生と称している例が確認できる[74]。このうち劉才邵は大観二（一一〇八）年に上舎釈褐《しゃっかつ》（太学経由での仕官）、宣和二（一一二〇）年に博学宏詞科に合格したのちに親養のために一〇年ほど故郷に帰って自ら檆溪《さんけい》居士と号した[75]というから、教学を主とした郷先生に近いともいえる。しかし欧陽脩は中央で顕官として活躍し、むしろ吉州にはあまり帰らなかったことで知られる人物である[76]。また楊邦乂は建炎年間に建康陥落時に敵に降らずに死んだ人物、胡銓は秦檜らと対立して左遷された人物であり、これらは元来三忠堂に祀られたというのは自然なことであっても、郷先生という語からくるイメージとはずれがある。楊万里にしても同様で、晩年は郷里に帰って著述活動をしているが、人生の多くを中央・地方官として過ごしている。三人は南宋中期に廬陵を代表する忠臣に選ばれ、のちに楊万里や周必大もこの三人に加わる形で「郷先生」となっていく。つまり南宋の中～後期にかけて廬陵では地元出身の代表的人物を郷先生と呼びならわす習慣が形成されていたと推測することができる。とくに欧陽脩に関して楊万里は「廬陵の郷先生であるだけでなく、天下の師でもあるのだから廬陵で祀らなくてよいはずがない」と述べており、欧陽脩が韓愈以後はじめてあらわれた天下後世の師であることを強調して、「わが州（吉州）の地方学校にはみな先生の祠堂があるが、沙渓にはまだない」ことをいう。当然これは沙渓における功績を評価したのではなく、天下の師となった著名な人物を逆に「郷先生」と認定することで祭祀の根拠を与えているのである。

そして欧陽守道は、地方学校で郷先生を祭ることは瞽宗に道徳ある者を祭ることと同義と解釈した。この発想は南宋後半期から元にかけてみられ、例えば嘉定一二（一二一九）年に書かれた王邁《おうまい》「胡文定張宣公二先生祠堂記」（『臞軒《くけん》集』巻五)には「礼にいう「道徳有る者を瞽宗に祭る」というのは国学についていったものであり、伝にいう「郷先生を社に祭る」というのは郷学についていったものである」[77]とあるほか、至元三一(一二九四)年に書かれた王応麟「先賢祠堂記」(『四明文献集』巻一)は国学である瞽宗に祭られる楽祖(道徳のある者)と地方学に祭られる郷先生を対概念としてとらえている。これは経文に「学」の字がなくとも、地方学校の中に多くの先賢祠が取り込まれていくことを追認するための一つの理論となったのである。

この章では学校の中に先賢を祀るという行為がどのように理論づけられ、正当化されていくのか、宋代の新たな経学の一面を重視して述べてきた。北宋時期には学校という仕組みについて新たに経書にもとづいて説明する必要に迫られたが、そこでは先賢を祀ることは学校にとって重要な一部であると認識され、またその対象である先師は、専門の師というよりは道徳的に完成された人格に重点がおかれるようになっていくのである。南宋期はとくに中期以降、学校の中に祀られる対象が急増するという現実を受けて、それをいかに正当化するかが問題とされた。しかも各地方独自の対象と全国で通祀される対象という、方向性の異なる二つの類型に対してそれぞれ対応することが求められたのである。『礼記』解釈にそれを見出すやり方、『周礼』の瞽宗や、郷先生の故事によって解決する方法、または学者と先儒は類が同じため気が通じるという発想などさまざまな説明をみてきたが、そのどれもが簡単にすべてを解決できるものではなく、地域独自の祭祀と通祀が入り混じる中で試行錯誤がおこなわれていたのである。

また確認しておかなければならないのは、先賢として学校に祀られる条件が南宋中期以降になってはじめて厳しく問われるようになった点である。その土地の生まれであるか、その土地で官として務めたか、あるいはその土地に暮らしたかという三原則は、朱熹以降になって繰り返し述べられ、定着していく。おそらく朱熹は、彼が正しいと思う既存の先賢祠を類別してみせたのであろうが、それはまさに先賢というカテゴリーが細分化されるきっかけとなり、のちの

「郷賢」や「名宦」といった類別につながっていく。その過程においては、土地独自の「郷賢」や「名宦」を祀らなければならないという意識も生じてくるため、祭祀の正しさを厳密に説明しようとしたその態度が、一面では多様な祭祀を生み出したともいえるであろう。

しかしこのような議論は、必ずしもすべての人に理解されたわけではなかっただろうし、理解は示しても建前上の言説にとどまった場合もあったろうと想像される。そこで次に学校が多様な祭祀対象を包含していった背景について、より現実的な側面に注目しながら、地域社会における学校の意義についてさらに踏み込んで考えてみたい。

宋代を通じて徐々に変容してきた学内先賢祠が、重要なターニングポイントを迎えるのが、南宋後半期とくに理宗朝の時期である。

エレン＝ネスカーは、南宋期に道学が政治的・学術的に勝利する過程の一部として先賢祠の歴史を位置づけ、新たな先賢祠の設置が、朱子学が官学化された理宗朝に多いこと、それら先賢祠が学校と不可分の関係にあって徐々に学校内に取り込まれていったことなどを指摘して、周敦頤以下、二程や朱熹ら「正当な」道統に対する信仰を表現したものととらえ、これを道学派の「草の根」運動と評価した。[1] この時期、多くの地域でつくられた周敦頤祠にはとくに注目しており、これが重要な一面を指摘しているのは間違いない。しかし南宋後半期に急速に増えたのは道統の先儒を祀る先賢祠だけではなく、のちに名宦や郷賢と呼ばれる多様な対象も同様で、しかも学校内へと移行する傾向にあったのも同じである。それらは北宋からも一定程度存在していたため、南宋中期に突然あらわれた周敦頤らの祠に比べれば目立たないかもしれないが、絶対数からいえばむしろ多数を占めていたといえる。そうであれば、この時期にその他の先賢祠も急増し、学校に多く祀られるようになった背景を探らなければならない。そこで、この章では先賢祠が学校外から学校内へと移動する際の過程と理由に注目することで、当時の士大夫たちにとって先賢を祀ること、また先賢を祀る場としての学校がいかなる意味をもっていたのかをみていくこととする。これは前の章でふれられなかった学校外の先賢祠や、理念から離れた実態面も重視することで、それを補うものでもある。

その際にやはり鍵となるのが魏了翁である。魏了翁『鶴山集』は宋代の文集中、最も多くの先賢祠記を含んでいて、事例研究としてもまず注目すべき対象であるし、礼学全般に対して理論的な根拠・説明を求める傾向が強く、先賢祭祀においても特殊な解釈をしてみせたにもかかわらず、これまであまり言及されてこなかった。周敦頤祠をめぐる解釈と、それにいたる魏了翁の思索は、朱熹などのそれ以前の儒者と比べてもはるかに緻密であり、同時代でもここまで厳密な定義と解釈が広く浸透していたとは考えにくい。それでは、このような魏了翁の発想は、単に理念上にのみあらわれた、実際上の意味に乏しい議論だったのだろうか。結論からいえば決してそうではなく、彼の発想は当時の士大夫たちの風潮と要請をうまく内包したものであったと考えられるのである。

1　先賢祠と祖先祭祀――魏了翁の思想から

(1)　楊文安公祠堂記

理宗朝の前半期にあたる、紹定六(一二三三)年から端平元(一二三四)年頃[2]に書かれた「楊文安公祠堂記」(『鶴山集』巻四四)は、知府となった楊瑾が潼川府の楊椿祠をつくった際に、魏了翁にその記文を自ら依頼して書かれたものである。楊椿は『宋史』に伝が残されていないが、陳良祐の書いた「楊文安公椿墓誌銘」(杜大圭『名臣碑傳琬琰之集』中、巻三三)が残っており、魏了翁もこれを参照した可能性が高い。それによれば楊氏は周武王の子である唐叔(唐虞)を祖とし、漢代に楊震・楊秉・楊業ら三代にわたって高官を輩出した弘農楊氏をその出自と想定している。[3]のちに別族が蜀の郫《ひ》県に移り住み、七世の祖が眉へと定住、曽祖父の楊鴻震は太子太保を贈られたと書かれるのみなのでおそらく無官で、祖父の楊亮が鳳州団練推官（幕職官の一つ）となったのが出官の初めであろう。楊椿は北宋末、三舎法により太学に入るが、当初から王安石の学派とは距離をとったとされ、三舎法廃止後の宣和六（一一二四）年に太学から科挙を受けて省元（太学試の成績第一）となり、[4]雅州厳道県尉等を経た後、建炎三（一一二九）年に潼川府節度推官に辟召（地方官の権限により幕職官に招かれること）される。紹興八（一一三八）年、趙鼎によって中央に召されるが、翌年秦檜が国権を握ると外任を請い潼川路転運判官に、紹興一四（一一四四）年には潼川府路提刑使を歴任、その後秦檜没後の紹興二六（一一五六）年に中央に呼び戻され、紹興三一（一一六一）年には参知政事（宰相に次ぐ大臣クラス）となった。孝宗が即位すると知潼川府に任じられるが翌年には致仕、乾道三（一一六七）年に七三歳で病没する。男子が五人、うち二人は楊椿より先に没し、二人は出継したため、残る楊光旦のみが継嗣となった。男孫は六人、そのうち瑑・璐・瑾の三人は楊椿の恩蔭《おんいん》（高官の子や孫などに低位の官位を授ける制度）がおよんで官を得ることとなった。

　つまり祠堂をつくった知府の楊瑾とは楊椿の孫にあたるのだが、潼川府に赴任したときにはまず文安（楊椿）の絵像に拝したという。かつて楊椿の住んだ州宅には載徳堂、提刑司の庁舎には徳遠堂、学宮には祥鱣《せん》堂、節度推官の庁舎には遠業堂があり、それぞれ邦人が公のことを思い、誠を致すためにつくられたものがすでにあったというから、いずれか、もしくは全部に楊椿の肖像が掛けられていたのであろう。祠典に記載されていたかは不明で、定期的な祭祀はおこなわれていなかったかもしれないが、楊椿が官職として務めた役所[5]および学校ではすでに先賢として崇拝されていたことがうかがえる。そして楊瑾は民の要請により新たに土地を確保し、趙文定の懐徳堂と対峙するようにして、新たな祠堂をつくったのである。

　楊瑾から楊椿祠について記文執筆の依頼を受けた魏了翁は、これを好意的に受け止めている。とくに楊瑾からの書簡に、

　ここは私の祖先が仕えた場所であるというだけでなく、私が生まれた地でもあります。今七〇年が経ち、天子は私

が不肖（立派であった祖先とは似ていない）とは思わず、この土地を継いで守るよう命ぜられました。[6]

とあるのを読んで魏了翁はいたく感動し（「某輾《てん》然として喜びて曰く」）、

　秦漢の時代以来存在する、他姓によって故侯を祠るというのは、実に古典に合わないやり方である。しかし「変の正」ということはできる。今、孫によってその祖父を祠るというのだから、古の人が「外は諸侯が廟を都邑に立てる」ことに近い。どうして私が浅はかだからといって辞退できようか。[7]

と述べている。このことを説得的に説明したいがためであろうが、そもそもこの記文は冒頭から地方官を祀るということはどのようなことか、その歴史的経緯を読み解きながら主張がなされており、それをまとめれば以下のようになる。

『礼記』王制に「内は諸侯禄するなり」、「外は諸侯嗣するなり」という語があり、これは畿内の公卿大夫はその職を世襲せず、その子は父が与えられた采地（俸禄を支給するための土地）から禄を食むのに対し、畿外の諸侯は職位そのものを世襲することをいう。そして采地、あるいは諸侯が都とした封地で廟を立てることは、気を同じくするもの（子孫）がおこなう祭祀であって、釈奠や釈菜といった異姓のおこなう祭祀とは性質が異なるので、春秋時代以降に庚桑子《こうそうし》が畏塁で祀られた例があらわれるのは、古の原則を応用した「一時の寓言」、つまり仮におこなわれたことであった。しかしこれこそが吏を社に祀ることの萌芽であり、その後、漢代に蜀の文翁をはじめとする吏を祀る祠がつくられ、古との差は大きくなり、さらに隋唐以降は枚挙に暇がないほどこれが乱立すると、人々は疑問を抱くことすらなくなった。それは古のやり方には反するが、民がかつての地方官の遺愛を思って建てるのだから「変之正」であるという。「変之正」とは『春秋』穀梁伝の僖公五年八月などにみえる表現で、范寧はこれを礼の正ではないが時宜に合ったものと注釈しており、正しい応用、改変だということになる。

　つまり上述の楊瑾の例での魏了翁は、地方官を祀るのは本来古にはないやり方だが、礼の意を汲む形で社会に適合させた正しい改変ではある。しかし、その土地をおさめた人物をその子孫が祀るのであれば、古の時代に諸侯が廟をつくって自らの祖先を祀っていたのと近いものとなるので、完全に古礼に合致するといっているのである。

さらにいえば、魏了翁はこの記文を締め括るにあたって『詩経』大雅、蕩《とう》之什《じゅう》にある江漢とそれに続く常武の一節を引用する。江漢は、周の宣王が召虎に命じて淮夷を討伐することを謳った詩であるが、召虎は召康公の子孫であり、召康公はかつて宣王の祖である文王・武王が受命した際にそれを補佐した。引用の一節は、宣王が召虎に対して召公の功績と事業を継ぐように説き、岐周の地に山川田土を賜い諸侯に封じて、祖先を宗廟に祭るよう命ずる場面である。

また常武から引用する「南仲大祖、大師皇父」の一節は、宣王が軍隊の司令官を任命したとされる記述である。南仲は文王の時代の武臣であり、南仲を「大祖」つまり祖先にもつ皇父（皇甫）を大師に任じたことをいい、将を命ずるには必ずその祖先にもとづくのは代々功績があるからだという意味づけがなされる。[8]

魏了翁はこれらの詩を引用して「古の人は、臣下に職務を命ずるにあたり、必ずその父祖の職を任命した」[9] とまとめるが、これは楊瑾が祖父の楊椿と同じ職に就いたことを古の理想に適う正しいあり方だと述べているのである。

(2) 殷少師祠堂記

次いで「殷少師祠堂記」（『鶴山集』巻四九）は紹定三（一二三〇）年頃、広安の人、楊恢《ようかい》が知均州となった際に殷代の少師、比干を祀った祠堂に関する記文である。[10] 比干は殷の暴君として知られる紂《ちゅう》王の叔父で、しばしば紂王に諫言し、結果不興を買って殺された。魏了翁によれば、のちに魏の曹操が殷の故地に祠をつくり、唐太宗は太師と追名して李白がそれを表して銘を書いたという。これだけの歴史をもつ古い先賢でありながら、魏了翁にとっては均州でこれを祀るのが疑問に思われたのである。記文は魏了翁が楊恢から執筆を依頼する書簡を受け取った際の心の動きを生き生きと伝えている。

私（魏了翁）は書簡を読み終える前、呆然と失意して言った。紂は河内に住んでおり、北は邶《はい》の国、南は鄘《よう》の国、東

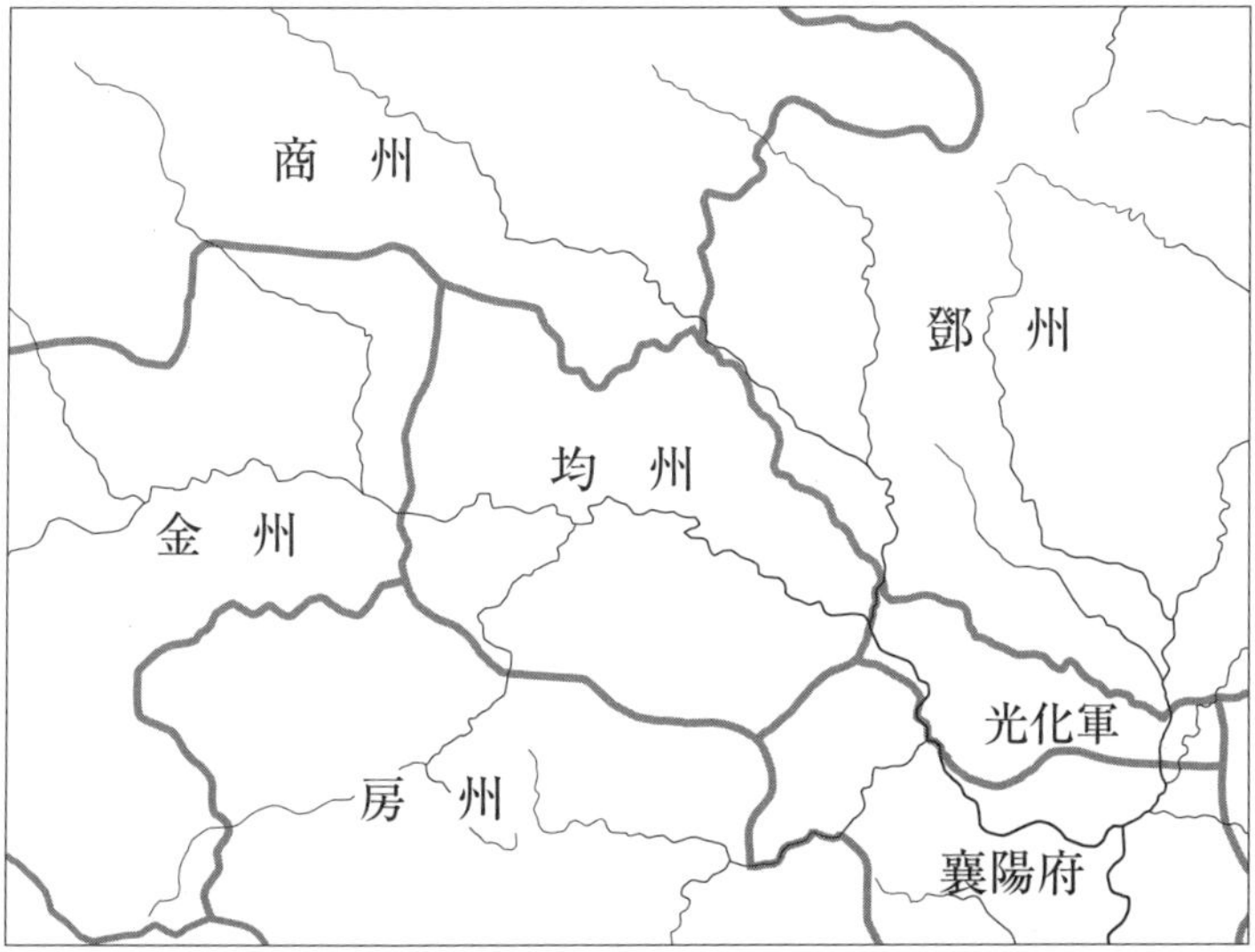

均州周辺図（譚其驤主編『中国歴史地図集　宋・遼・金時期』地図出版社，1982年をもとに作成）

は衛の国で西には薄山がある。少師は紂の諸父であり、自分の国と存亡をともにしたのだから、亡くなったのも葬られたのも当然紂の都の範囲を出ないはずである。今、均州の四方の境界は金州・房州・光化軍・商州・鄧州・襄陽府で、紂の都からは遠く離れている。少師の祠がどうしてここにあるというのか。[11]

魏了翁はすぐさま依頼元の均州の地理関係を頭に思い描き、殷の都である鄭とは遠く離れていることを確認したのである。あるいは、ここに書かれる金州をはじめとする隣接諸州は、当時の行政区画に照らして漏れなく列挙されているので、わざわざ地図を開いて確認したのかもしれない。いずれにせよ、比干と均州がなんの関連性もないので不満に思い落胆したのだが、魏了翁は書簡の続きを読み一転して態度を改める。

…伯洪（楊恢）はまた自らそのことに言及して言った。「私がこの地に着任したとき、古今の人物は誰かと聞き尋ねたところ、長老は皆、「殷の少師の末裔がこの土地に住んでおり、比干を氏とし、比干の二文字を合わせて一文字とした字であらわし、音は変えていません」といいました。……その子孫がこの州に暮らしているのですからどうして祠がなくてよいでしょうか」。私（魏了翁）はこれを読んでおおいに感じるところがあった。[12]

魏了翁が心を動かされたのは子孫がいるからこれを祀るという点である。魏了翁はこの記文の中で、国故を祀るのは「礼之経、人情之常」、すなわち古から今にいたるまで時代を通じて変わらないものであるが、他国と合して祀る、つまり仕方なく隣国の先賢を祀るのは「礼之変、人情之義起」であるとして、本来の礼にはないが、人情から自然と発生してきたものであり、礼を時宜に合わせて再解釈し、改変した結果ととらえる。比干の場合はこれとは次元が異なり、すでに今から三千年も隔てているにもかかわらず、子孫がいる土地で社に祀るというのは、古礼に適う非常に意を尽くしたことであり、楊恢の措置が素晴らしいことを褒め称えているのである。

ちなみに付言すると、同時期に魏了翁が書いた「均州尹公亭記」は楊恢が均州において尹洙《いんしゅ》にちなんだ亭をつくったことを紀念したものだが、その中に「今均陽を守し、廢墜を蒐輯《しゅうしゅう》し、校官を興し、殷少師祠を創る」[13]と記されている。「校官」[14]とは一般に学校の官員かあるいは学校そのものを指す。「興」はあるいは「典」の誤記である可能性も考えられるが、いずれにしろ学校行政に関連する記述で、「亭」というのも古制である泮宮の制に則れば学校内におかれて然るべきものである。学記そのものが残されていないことが不自然ではあるものの、比干祠も学校整備にかかわる一連の事業であった可能性は十分にある。

ここからは、魏了翁が先賢祭祀のあり方を改めて礼にもとづく形で定義し問い直そうとしていたこと、その結果として子孫による祖先祭祀こそが本来の礼が最も尊ぶものであり、のちの時代に発生したと考えられる通常の先賢祭祀よりも尊重すべきものとして位置づけたことがわかるであろう。

2　先賢祠への学校関与

(1)　葉適『水心集』にみる先賢の後裔

それでは、より現実に即した問題として、学校と先賢祭祀、そして祖先祭祀はどのように結びついていたのだろうか。魏了翁以降に目を向ける前に、ここでいったん時代を少しさかのぼり、一代前の寧宗朝嘉定年間の事例から、理宗朝以降につながる伏線を確認しておきたい。とりあげるのは葉適が書いた二つの記文、「亀山楊先生祠堂記」と「上蔡先生祠堂記」(ともに『水心集』巻一〇)である。一つ目の「亀山楊先生祠堂記」は、北宋後期から南宋初期にかけての大儒、楊時(一〇五三～一一三五)を祀った祠堂に関する文章で、寧宗朝の折り返し地点にあたる嘉定二(一二〇九)年に書かれたものである。楊時は福建南剣州将楽の人で、熙寧九(一〇七六)年に進士に登第した後、しばらくは仕官せず程顥を師と仰いで学んだこと、また南宋に入って、当時孔子廟に配享されていた王安石を批判し、その結果王安石は従祀へと格下げとなったことがよく知られている。記文によれば、楊時の没後、その子孫は一人として仕官したものはなく、零落してその家も売り払ってしまっていた。楊時の四世孫の楊子復が訴訟を起こしてこれを取り戻そうとしたところ、当時知州であった余景瞻《よけいせん》は、手持ちもないのにこれを取り戻そうとするのは無謀だとして、自身の自由になる対価を用意し、[15]これを買い戻して旧宅の修復をおこなった。さらに楊子復が衣食にも困っていたので、学官の職を与えて俸給を支給し、年に一度は官を派遣して楊時の旧宅につくった祠を祀らせたという。

もう一つの事例である「上蔡先生祠堂記」は、謝良佐を祀った祠についての文章である。謝良佐は寿春上蔡の人で、楊時らとともに二程の門に学んだが、徽宗朝の新法党政権下で左遷されたまま没し、北宋滅亡の動乱に際して、その子孫は散り散りになってしまった。唯一台州に落ち延びた子が生き残ったが、その孫の世代には衣食すらままならないありさまであったという。嘉定五(一二一二)年に知州となった黄㽦《こううん》が、謝良佐の家とその子孫を訪ね当て、賓客として遇し、冠帯と銭米を支給して(士として遇し俸給を与える意味)、子孫のために田宅を買い取って与えた上、州学にある二程祠の後ろに謝良佐を祀ったという。しかし、この黄㽦の措置をみた州の人々はおおいに驚き、また黄㽦が赴任してから政治は大変よくなったのに、「ただ上蔡のことだけは不可解である」と述べたという。さらに人によってはこの措置を嘲笑ったとも書かれている。

二つの事例は年代も近く、楊時と謝良佐はともに程顥の弟子と位置づけられていて、その子孫を厚遇した点や、学から経費を支出している点など共通点が多い。しかし台州の士人の反応は、この措置が常識外のことであったことを示している。その理由としては、楊時は南宋初期に高位高官まで上ったのに対して、謝良佐はごく低い官歴しかなかったこと、謝良佐自身は台州と接点がないことなどが考えられる。嘉定年間は、周敦頤や二程から連なる儒者の復権が図られ、道統が確立していく時期であり、張栻への賜諡が嘉定八(一二一五)年、呂祖謙への賜諡が嘉定九(一二一六)年におこなわれているほか、魏了翁が周敦頤への賜諡を申請したのが嘉定九(一二一六)年で、嘉定一三(一二二〇)年には周敦頤とともに二程への賜諡も実現している。中でも程頤の子孫には嘉定一七(一二二四)年にとくに官位が与えられており[16]、嘉定年間を通じて、新たな先賢の確立とともに、その子孫の保護が徐々に浸透していったのである。ここであげた二つの事例は、それ以前の先駆的なものといえるが、そのためか長続きしなかったようで、南宋末の咸淳年間までの間に、楊時の旧宅は保つことができなくなり、また謝良佐の子孫も再び没落してしまったことが確認できる[17]。

(2) 常熟県重建学記

それに対して、理宗朝では類似の事例がどのように展開したのであろうか。再び魏了翁の書いた記文である「常熟県重建学記」(『鶴山集』巻四六)から、そこに記載される子游祠の例をみてみよう。

常熟県の県学では慶元三(一一九七)年以来、孔子の弟子、十哲の一人である言偃、字子游を祀っていたが、これは県令となった孫応時が、着任時に県学に行った際、地元出身の言偃がとくに祀られてはいないのをみて、県学内に祠をつくり祀らせたのがその初めである(本書第三章)。その後、宝慶三(一二二七)年に子游祠は学の右に移されたのだが、この頃には「礼は廃れていた」[18]とのちに回顧されているので、きちんと祭祀がおこなわれていなかったのであろう。ほどなくして紹定年間に県令となった王爚《おうやく》[19]が県学の大幅な改修に着手、「左廟右学」の制に則って孔子廟を左に配置し、その北に子游祠をおき、孔子廟の東北には周敦頤・張載・程顥・程頤・朱熹・張栻の祠をつくって祀り、右には明倫堂をおいてその東西に斎廬四と塾二をつくった。その二つの塾のうち東は書や祭器・祭服などを収蔵する場所としたが、西には言氏の子孫を住まわせたというのである。[20]「常熟県重建学記」は完成の翌端平三(一二三六)年の八月丁亥《ていがい》におこなわれた釈奠の後、州の士人葉輔之がこの顛末を記に書くよう魏了翁に依頼したものであるが、言氏の子孫についてより詳しくは、さらに翌年の嘉熙元(一二三七)年に、鄞県の人、袁甫によって書かれた「教育言氏子孫記」(『呉都文粋続集』巻六)にみることができる。

こちらは王爚自身が袁甫に執筆を依頼したもので、その際の書簡の一部が引用されており、そこには以下のようなことが書かれている。王爚が自身で言氏の子孫を訪ねたところ、儒業を修める士ではなく、落ちぶれて平民となっていた。王爚はこれを嘆かわしく思い、言氏一族の子弟を県学の中に集め、県からこれらを養う費用を支給し、書を買い師を招いて儒学を学ばせるとともに、一族の年長の者を選んで子游祠の管理をおこなわせた。しかも年月を経るといずれはこの措置も廃れてしまうであろうことを予見し、これを永続させるために県の財政から費用を捻出して田四五〇畝《ぼ》を買い付け、そこから毎年三八〇斛《こく》の穀物が収入として上がるよう取り計らったという。袁甫はこれを「まさに礼に適う」と評価し、先賢を祀らせてその子孫を教養(教化と養士)することは、「礼を復《ふ》む」措置だと述べている。祠の管理をするというのは釈奠など定期的な祭祀をおこない、また学校内での儀礼において重要な役割を担うということだから、それに恥じないだけの儒教の素養を身につける必要がある。つまり子孫を学ばせる主要な目的はそこにあって、科挙合格に結びつくことは直接には求められていないのである。

ちなみに王倫は言氏の子孫を集めて学ばせた学内の堂を「象賢」と名づけて扁額を掲げている。象賢とは、先賢の子孫はその祖先を象《かたど》ったもの、かわりであるという『儀礼』士冠礼の理解にもとづき、[21]『尚書』周書、微子之命にも「崇徳象賢[22]」としてあらわれる。これは先賢の子孫は祖先に似て、いわば生まれ変わりのように立ちあらわれてくるという発想で、『儀礼』鄭玄注はこれを古の諸侯がその地位を世襲する根拠の一つとしているし、南宋の『尚書』解釈の中には、徳のある聖人の祭祀をその子孫におこなわせることと解釈しているものもある。[23]「崇徳象賢」は葉適「亀山楊先生祠堂記」がその根拠として引用し、また魏了翁「楊文安公祠堂記」で『詩経』の引用がなされる際にも「象賢」が使われており、この時期に重要な意味づけが与えられた語だといえる。古の時代のように諸侯が世襲することを理想と考える魏了翁の発想からすれば、先賢も同様に賢によって世襲され受け継がれていくべきということになろう。

子游祠と言氏について後代の史料を確認すると、言偃はこの頃を境として常熟で最も有名な先賢となっていったことがわかる。常熟県学について明初に書かれた呉訥《ごとつ》「尊経閣記」は、「常熟は呉国子游言公の闕里である」という冒頭で始まるし、同じく明初の徐有貞「常熟県学興修記」も「常熟は蘇の上邑である。思うに古の呉国の虞郷であり、また言游氏の故里である」から始まっている。[24]また嘉靖『重修常熟県志』巻四、祠祀には「言氏家廟」がみえるし、明代に県令の楊子器（弘治『常熟県志』の編纂者でもある）が「言氏之居」に子游を祀るとともに祭田三〇畝を設置しているのが確認できる。これらはその子孫がこの土地に継続して住み続け、祭祀を絶やさなかったからこそ可能だったと考えられ、その大きなきっかけを王倫の措置に求めることができよう。

(3) 艾軒先生（林光朝）と艾軒祠

次にとりあげるのは福建興化の艾軒《がいけん》祠の事例である。艾軒先生こと林光朝は、興化軍莆田《ほでん》の人で、南宋以後の莆田では道学の祖ともされる著名な人物である。例えば『閩中理学淵源考』巻八は「文節林艾軒先生光朝学派」と題して莆田の洛学（洛学は二程の学を指す）は艾軒先生がつくったとも述べている。[25] 林光朝は科挙を繰り返し受験するも成功せず、呉の陸子正が尹焞に学んだことを聞き、遊学して洛学を学んだ。その後、隆興元（一一六三）年に五〇歳にして進士に登第、淳熙五（一一七八）年に六五歳で没するまでに国子祭酒（国子監長官）や中書舎人兼侍講（中書舎人は詔勅の起草にかかわり侍講は皇帝に対する講義をおこなう）などを務めている。とくに淳熙四（一一七七）年の孝宗の幸太学の際には『中庸』を講じて孝宗におおいに称賛されたという。

林光朝が興化軍で最初に祀られたのは、その死後まもない南宋中期のことで、興化軍の人々によって城南に祠が建てられたが、その顛末を陳俊卿が記文として書いている。[26] 淳熙九（一一八二）年、永嘉の人林元仲が知軍となった数カ月後、郡中の士が集まって林元仲に、この郡の士人が洛学を知るようになったのは実に艾軒先生のおかげであり、我々は皆艾軒先生の弟子のようなものだから、春秋に先生を祀りたいと訴え出た。知軍はこれを喜び「古のいわゆる郷先生が没すれば社に祭るというのは、この人をおいてほかにない」といい、城南の隙地をみつけて一六楹の屋をつくって像を設置したという。

翌年二月丁酉《ていゆう》（上丁に相当する）には知軍が諸生を率いて祠に礼をおこない、郡の人々も駆けつけない者はなかったとされる。このときの祝文が二篇残されており、一つは知軍の林元仲の書いたもので、もう一つは高弟の林亦之《りんえきし》が書いたものである。[27] それによれば、知軍が告礼をおこなった翌日、林亦之は林光朝の弟子数百人とともに祠に行き、最も年長であった迪功郎《てきこうろう》（下級の官位を示す）致仕の呉悦之が代表して最初に礼をおこなったという。[28] 春秋の二月と八月の上丁の日は、学校内の孔子廟に釈奠をおこなう日であるから、二月丁酉というのは、それに合わせて告礼がおこなわれたことを示している。また林亦之の祝文には「七閩の都督、義として交友を重んじ、田を買い以て祠す、邈《はる》かに不朽ならん」[29]という句がある。これは当時、知福州兼福建路安撫使(路の軍政を統括する長官)であった趙汝愚が艾軒祠のために田を買ったことを指しており、趙汝愚自身も同年四月の乙未《いつび》朔と十六日庚戌《こうじゅつ》、すなわち朔望の二度にわたって艾軒祠を訪れ告礼をおこなっている。趙汝愚の祝文中には「聊《いささ》か不腆《てん》の田を持し、往《ゆ》きて明清の供を助く」[30]とあるから、ささやかながら田を用意して祭祀の助けとするよう述べて祈りを捧げたのである。つまりこの時点では、艾軒祠は学校内に設置されなかったが、釈奠の日には一般的な学校内の先賢祠と同様、地方長官と学校関係者によって儀礼が執りおこなわれ、そのための祠田が設置されたのである。同六月には陳俊卿が記文を撰し、それを趙汝愚が書し、さらには朱熹がこの祠に額を題したというから、一躍当地における有力な先賢となったことがうかがえる。

当時、興化軍学には紹興一九(一一四九)年につくられた名賢堂がおかれており、唐代の林欑《りんさん》と北宋中期の蔡襄が祀られていた。その後、林光朝の死後しばらく経った紹熙年間(一一九〇～九四)に、教授の黄灝《こうこう》が郷の名賢一六人の絵を描いて大成殿(孔子廟で孔子を祀っている建物)の両廡に従祀として祀ったが[31]、林光朝は一六人の中に含まれたから、これ以降軍学内でも正式に祀られたようである。なお黄灝の選定基準は功や徳・名位によるのではなく、「六藝の科」「君臣父子兄弟夫婦朋友の義」「正心誠意修身謹独の道」を備え、聖賢と向き合っても恥ずかしくない者としている。しかし実際の対象をみてみると、すべて興化軍出身の人物であることが特徴で、さらにいえば当地の有力氏族から多く選ばれている上[32]、祀られた一人である鄭僑《ていきょう》はおそらく存命しており、生祠も含んでいたことになる[33]。後世この一六人は「郷賢」として認識されるが[34]、当時は「名賢」と称しており、ここからも「郷賢」概念の未分化が確認できるであろう。

(4)　修復艾軒祠田記

城南におかれた艾軒祠の祠田について、その後の顚末が劉克荘「修復艾軒祠田記[35]」に記されている。撰者の劉克荘は、淳熙一四（一一八七）年に興化莆田に生まれ、嘉定二（一二〇九）年に父の蔭で出仕、官歴を重ねながら淳祐六（一二四六）年には同進士出身を賜り、咸淳五年（一二六九）に没する人物で、南宋最末期にかけて活躍した福建の代表的な士人である[36]。また、この一件に関係する多くの人物と交友関係にあり、彼らの事情に通じていた人物でもあった。

記文には以下のような経緯が書かれている。林光朝には二人の子がいたがあいついで死に、兄弟の子（猶子）林成季がこれを継いだ。林成季は「賢名があり忠定（趙汝愚）の客であった」と書かれるから、林光朝の死後、趙汝愚が保護していたと思われる。しかしその林成季が死んだ後、林家はますます零落し祠田は転売され「二姓の得る所」となった。嘉熙四（一二四〇）年頃、林成季の孫にあたる林鈞がこれに関して三司に訴え出たところ、これが方之泰（字、巌仲）を通じて当時福建路転運判官であった方大琮の耳に入る[37]。林鈞の話を聞いた方大琮は、祠田を売るのは法にはなく、代価は没収して田を返却すべきとして、興化軍通判に窠名《かめい》銭[38]から支出し元値の半分を支払うことで祠田を買戻し、復旧させるよう通知した。しかし翌淳祐元（一二四一）年に方大琮は知広州兼広東経略安撫使へと転任したためいったん沙汰やみとなる。

それから数年後の淳祐四〜五（一二四四〜四五）年頃[39]、林鈞が改めて興化軍に訴え出ていたところ、知軍であった四川眉州の人、楊棟は「古は郷国の先賢を祀って先師とした。艾軒先生は先賢である」として城南の艾軒祠を新しくした上で、方公（方大琮）が去ってしまったので窠名銭からの支出を要求することはできないとしながらも、代わりに郡の銭（郡鏹《きょう》）一二万銭を二姓に与えて諭し、これを買い戻した。さらに楊棟は、かつて一度売られた以上はまた同じことが起こるとも限らないので、田の面積・収穫を調べ、「これを永久のものとするためには学校に託すのが最もよい」として学の管轄下におかせた。そして林光朝の孫にあたる林文郁《りんぶんいく》にその祭祀を主催させ、「田に労があった」林鈞ともども二人には学から祭祀のための費用を毎年支給するよう命じたのである。
この楊棟の措置は、申請をした林氏の子孫に保証を与えることで、学の管轄下の田を増やしたわけであるから、見方によっては体のよい学田への接収とみることも可能であろう。実は黄灝が一六人を合祀した紹熙年間以降、学田を増やすための接収がたびたびおこなわれていたようで、そのことを功として軍学内には知軍の趙彦励・王居安の生祠がつくられている。[40]むろん任期が過ぎればこの地を去るのであるから、当の両名にとっていかほど利益があったかは甚だ疑問だが、明正徳年間につくられたとされる名宦祠にも両名は名を連ねているので、後世まで学内に祀られたことになる。[41]楊棟も後世の名宦祠に含まれているので、このとき生祠がつくられた可能性も考えられよう。楊棟はほかにも在任中に、孔子の子孫が涵頭《かんとう》鎮に住んでいることを聞いて、これのために廟を建て田を設けてその子弟を教育したといい、[42]また城北四先生祠を改修したことなどが朝廷に評価され、淳祐六(一二四六)年、提刑使に抜擢されることとなり、その離任前に劉克荘に記文を書くよう命じたのがこの「修復艾軒祠田記」である。
また林鈞から方大琮へとその仲介を果たした方之泰、字巌仲は、その祖父である方壬とともに劉克荘が書いた墓誌銘が残っており、[43]太学経由で紹定五(一二三二)年に進士登第、知県や州通判等の地方官を歴任した人物である。母は林氏で林光朝の外孫にあたるというから、林光朝の娘が方壬の子に嫁いで生まれた子がこの方之泰ということになる。のちに林光朝の学統を自称する林希逸とは同舎(同じ学で学んだ間柄)の関係でもあり、林希逸が『艾軒集』の編纂のため林光朝の遺文を収集した際には、ともに尽力したという。[44]方之泰は宝祐二(一二五四)年に没するが、その際に劉克荘に墓誌銘の執筆を依頼したのも林希逸であった。[45]
方之泰は嘉熙年間(一二三七〜四〇)、当時南剣州の幕僚を務めており、飢饉に関連して暴徒と化した民衆を説得して慰撫したことが福建路転運判官だった王伯大の耳に入り、王伯大およびその後任の方大琮に重んぜられることとなった。そして方大琮に乞われてその幕僚となるので、その際に林鈞からの訴えを依頼したことになる。なお幕僚に招かれた方之泰は「あなた様とは同里でもあり、同宗でもあるので、どうして断れましょうか」と答えているが、両者は出身地も近く同姓ながら別の一族である。ただし方大琮は「同宗」と認識しており、それ以前から族譜の編纂等を通じて交流のあった可能性は高い。[46]

その方大琮は興化軍からの転任後に、劉克荘の記文を読んで楊棟の措置を知り、林鈞に書簡を送っている。[47]その中で、林光朝も自分(方大琮)と同じく転運判官によって召辟された経験があること、林光朝の子孫がまだその地に暮らしていることにふれ、「(祠田は)林家の私物ではなく、忠定趙公(汝愚)が師友の数百年後のために用意したものだから、ほかの人が勝手なことをしてはならない」と述べ、自分の任期中に成し遂げられなかったことを楊棟が実現したとしてこれを称賛している。また林鈞に対しては「大賢の子孫(林鈞)が賢者(林光朝)のことを思えば激しく憤らずにはいられないだろう。どうかその士の心をもち続け、士の家から堕落しないでもらいたい」と書いている。これをみれば先賢祠を維持するのがその子孫にとっての義務であり、かつ権利であるという当時広がりつつあった「士」としての通念がうかがえるであろう。現実上、公的にそれを保障する最もふさわしい手段が学校の管理を通じた先賢祭祀であったことをこの事例は示している。

(5) 城山三先生祠記

艾軒祠に関連するものとしてもう一つ、劉克荘「城山三先生祠記」[48]がある。右の一件の数年後にあたる淳祐八(一二四八)年、林光朝の学統を自認する林希逸が知興化軍として赴任したが、林希逸はその着任直後、学生たちに向かって林光朝以下三先生の学問について語ったほか、淳祐一〇(一二五〇)年には城山の山頂に三先生祠をつくった。城山は興化軍城外東二〇里にあり、かつて林光朝が講学をした場所で、[49]ここに三先生を祀って自ら祼薦《かんせん》の礼(祠に対して酒を注ぐ礼で宗廟祭祀などでおこなわれる)をおこない、劉克荘にその記を書くよう依頼したのがこの記文である。

三先生とは林光朝のほか、それに学んだ網山先生林亦之(福州福清人)・楽軒先生陳藻(福州閩県人)を加えた三人のことを指す。林光朝が仕官して莆田を去った後、林亦之が莆田でその講席を継ぎ、その林亦之没後は同じく林光朝に師事していた陳藻がこれを継いだ。林亦之と陳藻は終生無官の布衣だったが、陳藻に師事して学んだ林希逸(福州福清人)は端平二(一二三五)年に太学を経由して、進士第四名という優秀な成績で登第する。そして以後も官歴を重ねながら、常に陳藻に弟子として仕え、長きにわたって三人の顕彰に努めることになる。

林亦之が没したのは林光朝の死よりわずか七年後の淳熙一二(一一八五)年のことで、陳藻は宝慶元(一二二五)年に没するまでその後を担ったが、その晩年にいたって学統は廃れてしまい、人々は衰えた陳藻を嘲笑うほどだったという[50]。また林光朝以下三人は好んで著作を残すことをしなかったため、遺文がまとめられることもなかったが、林希逸は陳藻の死後、嘉熙年間(一二三七〜四〇)頃にかけて三人の遺稿を収集してこれらの刊行に尽力し、それぞれ自ら序文も書いている[51]。

記文の中で注目すべきは、四人の師弟関係について言及している部分である。それによれば、林亦之は師の林光朝が死んだ際には喪に服した上、忌日には墓で哭し、陳藻もまた林亦之に対して同様に仕えた。さらに林希逸にいたっては、「林陳の後がほとんど絶えてしまったことを嘆き、楽軒を家廟に祀った上、二人の墓地から木を切り出すのを禁止するよう尚書に申請し、郷校に合祀させた」[52]ほか、師の陳藻を祀る日に遠く離れた地にいれば帰った際に必ずその墓に行き、帰れないときには祝史(祭祀を司る人)に命じて祭祀を執りおこなわせていたという。

この記述からはその師弟関係が、父子関係になぞらえられるものだったことがわかる。そうであれば、これら林希逸の措置は単に二人ののちに門人が途絶えたというだけでなく、子孫による祭祀がおこなわれていないことを嘆いたものだったと推測される。実際に林亦之の子、林簡は客死してその子孫が絶えたとされるし[53]、陳藻についてはその子の存在を確認することができない。林希逸には林亦之・陳藻ともに子孫の途絶や零落による祭祀の断絶が懸念されたのであろう。そこで陳藻を自らの家廟に祀り、二人の墓の保護を朝廷に申請した上で、県学(おそらく福清県学)でも祀らせたのである。[54]

その後、景定四(一二六三)年、司農少卿となっていた林希逸は、林亦之・陳藻の二人に林公遇を加え、三人に贈官するよう朝廷に願い出て認められている。[55] 林公遇(福州福清人)は劉克荘の妻の兄にあたり、[56] 父の蔭により官職を得たが父の傍を離れることを嫌ってそれを固辞した人物で、この頃すでに林希逸の請によって福清県学に祀られていた。[57] 景定四(一二六三)年の贈官以降、県学では「三先生祠」と呼ばれるようになったほか、のちに三人は福州の州学にも祀られて、元初にはこれに林希逸も加えられたようである。[58]

一方で城山の三先生祠は、南宋末の進士で元には仕えなかった余謙一の告文[59]が残るが、その後史料にみられなくなる。長い時間の中で廃れてしまった可能性が高く、結局は林光朝以下林希逸にいたるまで、主に出身地域の学校で後世まで長く祀られたのである。

これらをみれば、理宗朝の時期の事例がそれ以前と異なるのは、先賢祠の維持のために学校がより積極的に関与を深め、先賢の子孫を保護するため継続的な措置をとっている点である。これは学校にかかわる地方官や学官、さらには地域の士人層による、一定程度の支持があってはじめて可能になることであろう。ここに魏了翁が示したような、先賢はその子孫によって祀られるべきとする観念の浸透をみることができる。

3　学校内先賢祠の多様化――仏寺から学校へ

(1)　宴雲寺玉陽先生韓公祠堂記

次に扱うのは、仏教寺院から学校内へと先賢祠が移動する例である。劉克荘の「宴雲寺玉陽先生韓公祠堂記」（『後村先生大全集』巻九三）は、景定五（一二六四）年以降、福州羅源県[60]の宴雲寺内にある玉陽先生韓永の祠堂について書かれたものである。劉克荘によれば、福州は唐代からの都会であり、大儒・名公卿は州学にすでに合祀されているが、文山先生鄭育・玉陽先生韓永は、懐安県に住み仕官せず布衣のまま死んだために祀られておらず、県の士人はまず鄭育を、のちに韓永を県学に祀ったという。韓永が祀られたのは景定四（一二六三）年で、提刑使の陳仁玉が「玉陽祠記」を書いたとするが、これは現存しない。

しかし韓永は県学に祀られる以前から、すでに県内に祠が存在していた。記文はその事情を次のように記している。景定元（一二六〇）年から三（一二六二）年にかけて提刑使を務め、また知福州を兼任した王鎔《おうよう》は、玉陽祠をみて「ただ祠があるだけで祭祀がおこなわれていない、時が経てば必ず廃れるだろう」と嘆き、宴雲寺からの銭二〇〇ほどを祠田のために割り当て、祭祀をおこなう人にあわせて管理させ、宴雲寺に住む僧に命じて仏殿の後ろに玉陽祠を立てさせた。王鎔は「郡は多く利に濟《およ》ばない[61]」から宴雲寺の銭わずか二〇〇を祠田に充てたと述べており、州の費用から出費する余裕がなく、寺ならば可能だと考えたのであろう。ここでは州学に祀ることは検討されなかったが、祭祀が途絶えることが懸念され、寺に祠田を設定して保護したと考えられ、本来はどこか別の場所にあった玉陽祠がまず宴雲寺内に移され、その後県学にも祀られるようになったと推測できる。なお景定四（一二六三）年から五（一二六四）年に転運使と知福州を兼ねた江万里が、宴雲寺にある玉陽祠に「玉陽先生韓公祠堂」と八字を大書し、これに記を書くよう黄登孫を通じて劉克荘に依頼したというから、寺にある祠堂はそのまま残され、知州の江万里はそちらに扁額を掲げたことになろう。

　劉克荘は仏寺で祭祀することについて強く批判することはない。しかし一方で「これもまた社に祭るということである」と弁明をしている。この記文は冒頭から「古には郷先生が没すれば社に祭る。社とは何か」という定義を問う文言から始まり、それは「屋せずして壇」という、いわゆる社稷壇のことを必ずしも指すのではなく、家々が集まれば必ず福を求めて祈る祠がつくられ、肖像も設けられる、そのような「里社」のことを指すと述べている。本朝では郡邑に必ず学校があるのだから、郷先生は必ず学校に祀るのだ、とも書いており、学校を「社」に相当するものだとみなして、学内への祠の移転を正当化している。この記文でわざわざこのような理屈を述べているのは、仏寺に先賢を祀ることが、建前上あまり好ましくないことを承知していたからにほかならない。

(2)　衢州修群賢祠記

　より明確に儒仏の対抗関係があらわれているものとして、時少章「衢《く》州修群賢祠記」（『敬郷録』巻一二）がある。衢州は浙東路の南部に位置し、東には婺州、西には徽州・饒州・信州があってこれらにはさまれた場所に位置する。南宋では附郭県の西安県のほか、竜游県・常山県・江山県・開化県がおかれた。歴史はさほど古くなく、唐代に婺州と分割する形で新たにおかれ、北宋初めに編纂された『太平寰《かん》宇記』巻九七の風俗の項には「婺州と同じ」とのみあり[62]、人物の項にいたっては「無し」と書かれるほどである。しかしその名の示す通り、宋代以降交通の要衝となり、とりわけ南宋初めの建炎年間に、高宗が難を逃れるためこの地に一時的に駐蹕して以来、多くの有力氏族が移住してきたという。

　この記文が書かれたのは嘉熙二（一二三八）年頃のことだが、この時点で州学には劉牧・徐存の二人が祀られていたほか、学外にも多くの人物が祀られていた。まずはそれらの人物の特定と、彼らがいかにして祀られるようになったのか

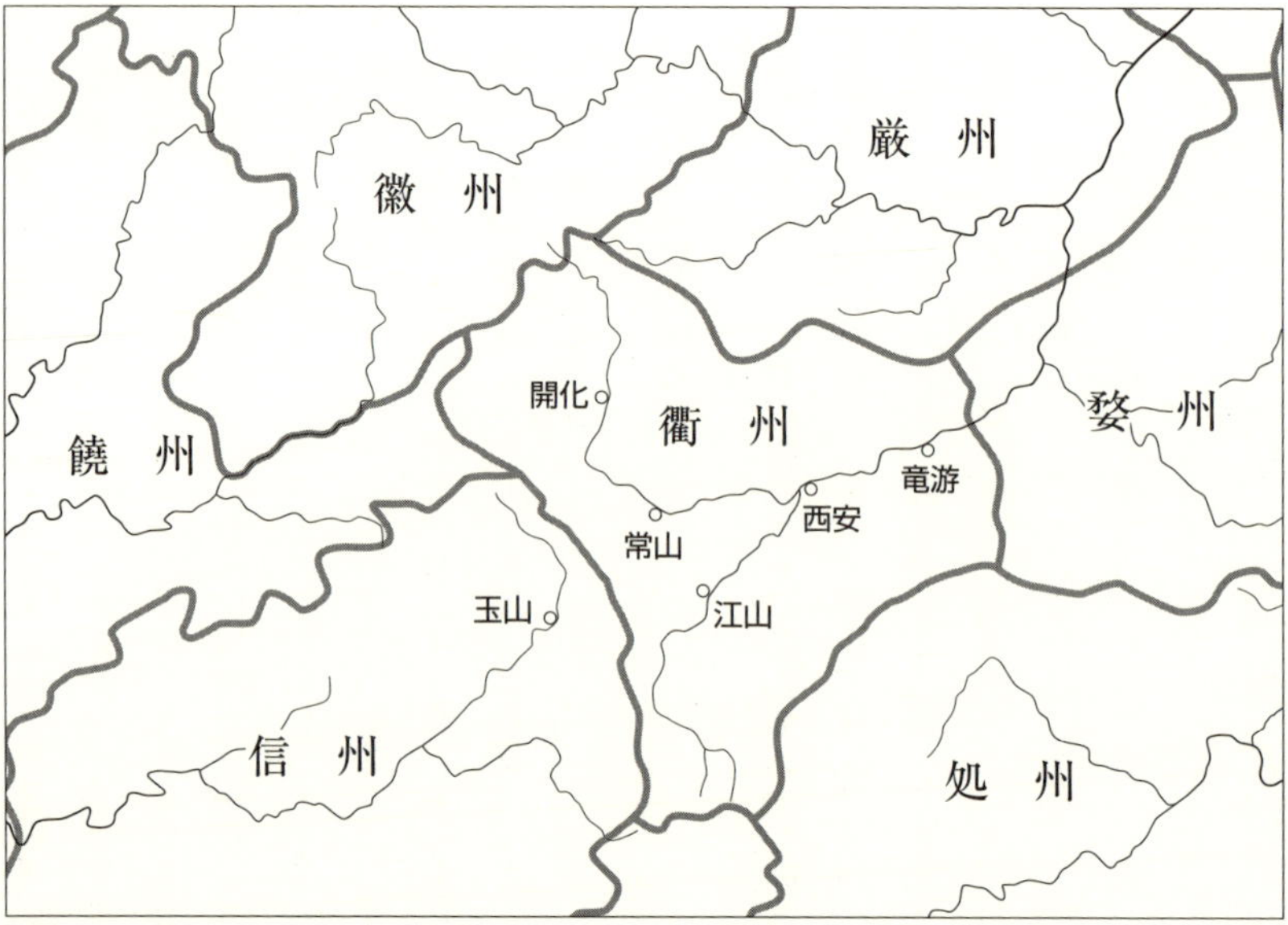

衢州周辺図（譚其驤主編『中国歴史地図集　宋・遼・金時期』地図出版社，1982年をもとに作成）

を整理しておく必要がある。

記文によれば、衢州に初めてあらわれた名賢はともに西安県の出身で北宋仁宗朝の人、清献趙公と屯田劉公である。清献趙公は北宋中期の名宰相と名高く、蜀など他の地域でもしばしば祀られている趙抃《ちょうべん》のことを指す。一方、屯田劉公は劉牧という人物を指し、その同定には実は大きな問題をはらんでいるが、[63] この記文においては、易学で名高く、周敦頤に太極図を伝えたとされる劉牧、字長民が想定されている。

その後、北宋滅亡後の南渡に際しては丞相趙公（趙鼎）・侍読范公（范沖）・諫議馬公（馬伸）が北方から移住してきたほか、須江徐先生（徐存）が楊時に学び、上饒《じょうじょう》汪尚書（汪応辰）が張九成に学び、にわかに文風が盛んになったとされる。また記文には記されないが、この時期、孔子の四八世の子孫にあたる孔端友が高宗とともにこの地に移住し、紹興六（一一三六）年には失った兗州の家廟の代わりに衢州学を仮の家廟とした上、紹興八（一一三八）年にはその後継の孔玠《こうかい》に祠田五頃を賜って孔子廟を管理させたという。この状態は宝祐三（一二五五）年に、知州の孫子秀が州学から孔家の家廟を切り離すまで続けられたようで、嘉熙二(一二三八)年時点では衢州学は州学内に孔氏の家廟があるというやや特殊な状況にあった[64]。

南宋に入って以降は靖文(劉章)・宝謨《ほうぼ》(劉穎)の二劉公が著名で、また汪尚書の子、詹事《せんじ》(汪達)が万巻の書を集めたから三衢は「道徳の藪」となり、他郡が望んでもおよばないほどになったと記されている。

ここで記文が書かれた時点での先賢祠の状況を整理すれば以下のようになる。まず衢州にあった最も古い先賢祠とされるのは趙公祠であり、のちにこれに太史范公(范祖禹)と文正司馬公(司馬光)を加える形で堂がつくられ、景高堂と名づけられた[65]。また趙丞相・范侍読・馬諫議・劉宝謨・汪公父子(汪応辰・汪達)は州の東にある超化寺に祀られており[66]、劉屯田と徐先生の二人のみが州学に祀られていたという。

まず州学に祀られていた劉牧は、西安県の出身とされており、また徐存は江山県の出身で、この地で講学をおこなったから両者は地元の人物といえる[67]。次に超化寺に祀られていた人物を確認しておくと、北方から移住したという趙鼎・范沖については、衢州常山県にその墓があり[68]、その後も一族が衢州に代々続いたことがうかがえる。馬伸は『宋史』巻四五五、忠義列伝に立伝されており、兗州東平の人で紹聖四(一〇九七)年の進士である。『明一統志』巻四三によれば、建炎年間に高宗とともに南渡して竜游県に寓家したとあり、また、黄潜善・汪伯彦を弾劾したことによって左遷されたが、紹興年間にはこれが逆に評価され、胡安国の奏請によって諫議大夫を追贈された[69]。一方で馬伸は、弘治『衢州府志』および康熙『衢州府志』に記述がみられず、また陵墓の存在も確認できないため、その子孫の衢州での状況を知ることは難しい[70]。ただし、弘治『衢州府志』巻八、流寓の項には馬希言がみえ[71]、濮《ぼく》州鄄城《けんじょう》の人で従父の馬伸とともに高宗に従って南渡し、竜邱《りゅうきゅう》(竜游県)に住んだとある。おそらく山東付近に住んでいた馬氏が、一族で移住したのであろう。次いで劉穎は西安県出身で紹興二七(一一五七)年の進士[72]、知紹興府や知平江府を歴任している。汪応辰・汪達父子は、衢州の隣州である信州玉山県の出身である。

次に景高堂の三賢であるが、このうち趙抃は西安県の出身で、古くからこの地の先賢とされる存在だから問題はない。しかし他の二人の関連性はどうなっているのであろうか。二人のうち范祖禹は范沖の父であり、范祖禹と司馬光が追加して祀られたときに書かれた「景高堂記」[73]によると、「范太史の子孫は超化寺に寓居して代々名声があり、衢州を帰るべき故郷のように思っている」とある。范沖の墓がここにあることも考えあわせれば、范氏の子孫がこの地に住んでいたことが、ここに祀られた主な根拠だったといえよう。さらに司馬光については「司馬文正（司馬光）の『緒』である范沖の住んだ所は、すなわち文正公の住んだ所である」と述べており、范祖禹を司馬光の「緒」（系統を継ぐ者の意）と認識している。范祖禹は司馬光の『資治通鑑』編纂に長らく従事し、その後司馬光の推薦によって取り立てられ、のちには反新法の立場を明確にするから、司馬光が范祖禹の学問上の師であることを指しているのは確かである。しかしそれだけではなく、范沖は司馬光の遺族を保護する立場にあったことが重要で、司馬光の遺族は范沖に頼って子孫を撫育したというし、范沖は司馬光の子孫に司馬光の祭祀を執りおこなわせるよう上奏もしている。[74]また司馬光の子である司馬康の夫人、張氏の墓がやはり後世まで常山県に残っており、[75]司馬康の子孫が衢州に住んでいたことはほぼ確かであろう。すなわち景高堂に二人を追加したというのは、その地に子孫が住んでいたことが実際的には最も大きな要因だったと考えられるのである。

ではその范沖のほか、上記五人が祀られていた超化寺とはいかなる寺院であったのか。乾道八（一一七二）年に呉郡から任地の静江府まで赴く行程を記した范成大の『驂鸞録《さんらん》』には、乾道九（一一七三）年正月十三日に婺州から衢州へと入り、十五日・十六日の二日にわたってここで汪応辰と面会したことが記されている。このとき汪応辰は吏部尚書をすでに退き、生地でもある西隣の信州玉山県に隠棲していたが、十四日に范成大の衢州入りに合わせる形で衢州に来ている。これは清明節に合わせて汪応辰が衢州を訪れたという事情もあるが、范成大は十七日に衢州を発ち、十九日には信州玉山県を通過しているので、范成大と面会する場としてわざわざ衢州の超化寺を選んだとみることができよう。また呂祖謙の『東莱集《とうらい》』巻一五「入閩録」は、淳熙二（一一七五）年三月に婺州を発ち、四月五日紹興の五夫にいたるところで紀事が終わっているが、三月二十三日に衢州に入ったときにやはり超化寺で汪応辰と面会をし、この日は超化寺に泊まっている。翌日も雨のためここにとどまったが、汪氏の一族と思われる人物[76]がこの接待にあたり、二十五日に衢州を発っている。さらに後世、元の呉師道が「衢州超化寺」（『礼部集』巻八）と題する詩をつくっているが、その起句「前朝の老屋半ば傾欹《けいき》し、尚想う諸賢會集の時」に対する割注には、「大宋南渡の後、朱希真（敦儒）、汪玉山（応辰）、范元長（沖）、嘗て寓す」とあるから、汪応辰や范沖がここに住んだことを指して「諸賢会集」と述べているのである。このように超化寺は当時衢州を代表する名勝であったはずで、隣州に住んだ汪応辰にとっても縁の深い寺であったといえる。汪応辰は信州玉山県の自邸で死に、後世まで玉山にも墓があったが、衢州常山県にも墓があり[77]、その母魯氏がここに葬られていることからつくられたという[78]。当時は汪氏や范氏の菩提寺としての役割を果たした可能性も考えられよう。

以上が嘉熙二（一二三八）年における衢州の状況であった。話を戻すと、この状況下で竜游県の人、劉章、諡靖文[79]の孫が州に対して、祖先の劉章を超化寺の祠群に付け加えてくれるよう申請した。当時知州であった史弥鞏《しびきょう》はこれを受けて以下のように述べている。

浮屠《ふと》氏（仏教徒）は儒者が退けるものであって、思うに群賢をそこに祀って慰霊したのでは神はその祈りを受けることはできないであろう。『周礼』大司楽によれば「学政を掌り、凡そ有道有徳の者死せば、瞽宗に列す」とある。瞽宗は殷の学である。そうであれば、徳が其の郷に薫陶すれば学で祭るべきで、どうして浮屠（仏寺）でおこなうのか[80]。

そして銭二〇万を支出して学の先賢祠を広くし、景高の三公と超化寺の諸公を奉ったというから、すでに存在する先賢の祠を寺にあったものも含めてすべて州学に吸収して増設したことになる。

この事例からは、子孫によって祖先を先賢祠群に加えてくれるよう申請があったということ、そしてこの場合には学が土地の先賢を多く祀る機能をいまだ十分に果たしていなかったために、それをおこなっていた寺に加えてもらえるよう子孫自身が希望したということ、それに対して州はその機能を学に移植したことが読み取れる。とりわけこのケースでは、それまで学に祀られていたのは、その土地出身で学問によって名のあった劉牧・徐存のみであったのが、このときを境に多様な対象を祀る空間へと変化したのである。

この章では南宋後半期の理宗朝の時期を中心に、先賢祠と祖先祭祀、そして学校がどのような関係にあったのかをまとめた。魏了翁は同じ先賢を祀るという行為であっても、それが祖先祭祀と重なり合ったときに最も礼に適う理想的な状態と認識したが、この立論自体は経学や歴史を前提にした緻密なものであった。ただし祖先祭祀に最も大きな価値をおく点や、偉大な先賢の子孫はその祖先の功績・地位をなんらかの形で引き継ぐべきとする考え方は、嘉定年間の道学の復権とともに、多くの士人へと浸透していった新たな感覚でもあった。すなわち魏了翁によって先賢祭祀の理論が大きく組み変わったというよりは、むしろ徐々に広まりつつあった感覚をうまく整理・理論化し、その方向へと後押ししたと考えるべきであろう。

このような風潮を背景として、学校は多様な先賢を祀る場へと変化していくが、とくに学校や学問に直接かかわり、学校に祀られるのが当然と思われるような人物だけでなく、当地での著名な人物や有力な一族が、多く学校内に祀られるようになることが重要である。明代にかけて学校は「名宦」や「郷賢」が区別され、多くの人物を祀る場となっていくが、南宋の理宗朝を中心とする時期は、その重要な契機となったといえる。その背景にあったのが、子孫による先賢祠の維持が望まれたことであり、また偉大な先賢の子孫は脈々と続くべきで、その祭祀を子孫がおこなうことが先賢を敬う大切なことだ、という考え方だったのである。

そうであれば、南宋の学校がその地域の士人にとって重要な意味をもったであろうことは容易に想像できる。先賢の子孫にとっては一族のセーフティネットになり得るし、学校内に祖先の祠を維持できるということは、公的な保護を受けるに値する有力な一族だと認められることでもある。かつて高橋芳郎は南宋後期の史料上の用例から「士人」の指す具体像を抽出したが、それによれば儒教的教養を身につけ、科挙受験をするだけの資質があるものを指すという。[81] この章であげた史料では、学校で学び、礼によって祖先を祀ることが「士」であるための重要な指標となっていた。学校とは士を士たらしめる重要な施設だったのである。

このような傾向は基本的に南宋末から元を経て、明初へと引き継がれていく。しかし一方で理宗朝の後半期以降、道統の確立と書院の発展というもう一つの流れが生まれ、元代学校の特徴を彩ることになる。そこで次に章を改めて、南宋末から元を経て明初にいたる展開を追っていくこととする。

第六章

南宋末から明初にいたる学校祭祀

南宋末から明初にいたる学校を描くには、官学のみならず書院の動向を含めて考えていく必要がある[1]。ここまでは一貫して官学について述べてきたが、学校祭祀に注目した場合、南宋末に重要な転換があり、元代以降に無視できない存在となるからである。

書院の性格をどのように定義づけるのか、という問題には二つのアプローチがあり得る。一つは、官学以外の教育機関を書院と考えるもので、その場合には書堂や義塾といったものも、規模の小さな書院、あるいは書院の前身ととらえられる。もう一つは「書院」と名のつくものを指すという考え方があり、例えば唐代の集賢書院のような、官立でかつ専ら集書をおこなっていたものを、書院の初期形態として重視するか否かにその違いはあらわれてくる[2]。このような書院の多義性が一つの方向性に収斂され、おおよそ一つのイメージを結ぶのが南宋期のことであり、朱子学が書院を拠点として広がりをみせていったのはよく知られている。また朱子学以前の宋代においても、書院は少なからず存在し、一貫して発展する傾向にあったことは事実であるが、しかし北宋から南宋中期にかけては官学の発展がそれをはるかに上回っており、書院など既存の教育機関を官学に転換させたことも含めて、官学の急速な発展が支えられていた。朱子学が理想としたいわゆる「宋代四大書院」(岳鹿書院など宋代の朱子学発展に重要な意味をもったとされる代表的書院)というのも、半ば後世につくられた伝説であり[3]、学校全体において一定以上の位置を占め、かつ祭祀の上で独自の意義をもつようになるのは、早くみて南宋中期以降、実質的には南宋理宗朝の後半期、すなわち南宋末以降とみるのが妥当である。そして元代の書院は、この南宋末に確立された書院の特徴を多く引き継いでおり、「官学化」された書院とか、家塾・宗族型の書院が多くつくられるようになるのである。

書院を単に私設の学校と定義づけられない最大の理由がこの「官学化」にある。南宋末以降、著名な書院は皇帝から賜額を受け、公的な認可を得るとともに、その経営経費を官がすべて負担し、さらに書院の責任者たる山長以下の職員を官が任命するケースがあらわれる。また元代の中期、仁宗朝(一三一一～二〇)以降の時期には、公的認可を得て「学宮(学官)に列せられる」書院が史料に散見されるようになるが、[4] この「学宮」は各行政区画の官学を指す「廟学」と、それと同列に扱われる書院を包含した制度上の用語と解するのが妥当であり、おそらく「学宮」に含まれる書院のリストが、中央の政府によって管理されていたことを示唆する。さらにこの頃からは、勅命によって設立される書院もあり、[5] これらにいたってはほぼ官立学校と呼んで差し支えないであろう。

元代で、このような正式な許認可を与えられることの重要な意味は儒籍の制度にあり、学校ごとに管理される儒籍に登録された戸は、免役など税制上の特権が与えられた。[6] 儒籍に登録される戸数も各学校ごとに定められており、公認された書院は官学と同様に免役特権が割り当てられたから、書院の新設・増加は儒戸の増加に直結したのである。このように書院の制度上の位置づけが官学に接近していくことは、一般に「書院の官学化」と呼ばれるが、それでも書院と官学との差異は存在した。

まず重要な点として、官学は各行政区画に一つしか存在し得ないという特徴がある。つまり、すでに県学が存在する県に学校を新設するには、必然的に書院となるか、あるいは社学・郷学といったランクの異なる学校とならざるを得ない。免役特権にあずかる儒戸を増やすためには、書院の新設が最も有効になるのはこのためである。そしてもう一つの大きな差異が儀礼祭祀であり、元代ではとくに官学における祭祀体系の厳格化が進められていく。[7] この章では、主に学校祭祀という観点にもとづいて、これまでの延長線上に元代をおき、明初の体制につながる過程に注目して、その転換点を描き出す。その論点は大きく分けて二つあり、一つは書院の発展を南宋末から元前半期までの連続性の中でとらえ、主に家塾型書院の展開を追う。二つ目は、官学における先賢祠を中心に、南宋末以降の展開を思想の面からみることで、北宋・南宋期に蓄積された理論が、現実の変化を織り込みながらどのように昇華されていったのかを考える。これによって、宋代の学校と先賢祠を相対化し、長期的動向の中に位置づけていく。

1 書院と祖先祭祀

(1) 官学と書院の数量的傾向

中国の教育史では官学よりも書院に重きがおかれるのが普通である。官学は科挙との結びつきが強くなり過ぎた結果、形式的な教育に堕し、教育本来の目的を果たせなくなったというのが一般的な理解であろう[8]。通史的に動向をみれば、その指摘は正しいかもしれないが、宋元代に限れば、なお官学は書院を数量的に圧倒していたと考えざるを得ない。書院研究では、書院設立数を時期・地域ごとに統計化することが早くからおこなわれており、宋代は理宗朝以降で約半数を占めること、元代ではさらにその数が伸びることが知られている[9]。これら統計は現存史料、とくに後世の地方志によっており、現実にはもっと多かった可能性もある一方、設立当初は極めて小規模だったものも含んでいる可能性があるため、実数自体にはあまり大きな意味を見出すことはできない。まして官学に対する相対的な位置を知ることはできない。

そこで書院と官学の相対的な位置をみるため、南宋理宗朝以降について参考となる数字をあげておきたい。『全宋文』

に収録される学記と書院記の類から、理宗朝以降（一二二五年以降）に書かれたものを抜き出して数え上げてみた。「学記」として数えたのは「修学記」、「興学記」と題するものや、「某県学記」などが対象であり、ここでは官学付属の施設を題にもつ記文は除いてある。例えば「学田記」や「先賢祠記」「大成殿記」などは実際に州県学の改修をともなうものもあるが、実数よりも比率が確認できればよいので、ここでは除外した。「書院記」も同様の基準で数え上げた結果、官学については、確実に理宗朝以降とみなせる記文が七五件、寧宗朝末から理宗朝初期のいずれかと思われるものが六件あり、計七五〜八一件が確認できた。同時期の書院の方は三九件が確認できたため、官学が書院のほぼ二倍とみなすことができる。

なおこの調査について補足しておくと、当該時期に孔子廟記が一件もなかったことは特筆しておきたい[10]。すなわち学をともなわない孔子廟を改修することは、この頃にはほぼあり得なかったことがわかる。一方、書院には含めなかったが、家塾記・義塾記・義学記が計三件確認できた。これらも私設の教育機関であるから、当時の書院との区別は厳密ではないが、規模などの面で当時の人々にも区別して認識されていたのであろう。

次に同様の調査を元代についてもおこなった。対象は『全元文』全体であるが、『全宋文』と条件を揃えるために、『全元文』では「碑」（碑記などを含む）や「疏」と題するものも含めた。ここでの「疏」とは石や壁に刻んだ文章の意味であり、耶律楚材《やりつそざい》や王惲《おううん》の文章にみることができる。ただし碑陰（石碑の裏面に記された文章）と題する文は、同一の事業を記した碑文と重複する場合[11]があるため除外しているほか、記に付されたと考えられる「序」や「銘」のみのものも除いてある。その結果、学記は五〇八件、書院記は一四五件確認することができ、また孔子廟記（夫子廟記や宣聖廟記を含む）が一七五件、家塾・義塾・義学および社学の記が計三〇件確認できた。学記と書院記の比率は単純計算で三・五倍、家塾ほかを加えても二・九倍の開きがある。『全元文』の収録範囲は元代を中心に活躍した人物すべてとなるため、金末・南宋末や明初に書かれた文章も含まれている。南宋が滅亡する一二七九年から明朝が成立する一三六八年までで九〇年間におよぶから、『全元文』の範囲はおおよそ一〇〇年程度であり、『全宋文』における理宗朝以降のほぼ二倍の期間となり、また領域も二倍近くなっていることは考慮に入れる必要がある。

南宋理宗朝以降の件数を単純に四倍すれば、書院記はおおむね同じ水準となり、逆に学記はなお『全元文』の方が上回ることとなる。この数字が、実際の事業数をどの程度反映しているかは判断が難しいが、少なくとも官学と書院の比率については一定の目安ととらえることができるであろう。ここからは書院が隆盛する南宋後半以降においても官学は決して衰退せず、多くつくられ続けたことがわかる。官学は一貫して地域で必要とされ続けていたのであり、ますます地域社会に欠かせない普遍的な存在となっていったことがうかがえる。

(2) 明道書院——元代書院の雛型

寧宗朝の後半期である嘉定年間(一二〇八〜二四)から、理宗朝の前半期にあたる嘉熙年間頃まで(一二二五〜四〇)の間に、先賢祭祀はその子孫によって執りおこなわれるべきという観念が実際に官学で具体化していくが、理宗朝の後半以降、すなわち淳祐年間以降(一二四一〜)には、この傾向は書院においてより先鋭化してあらわれてくる。しかもそれは元代の書院に引き継がれ、その特徴を決定づけたから、官学と書院の相対的な関係性は、この時期に変化し形づくられたといってよい。

この転機において重要な位置を占めるのが、建康府につくられた明道書院である。明道書院は、『景定建康志』に学規や学職の俸給にいたるまで詳細な記載があり、その運用をかなりの程度知ることができる珍しい例である。そのため、宋代書院の中でもさまざまな面から最も完備されたものと位置づけられ、多くの研究で言及がなされてきた[12]。ここでは、明道書院の主要な祭祀にかかわる程顥(明道)の立継を中心にまとめていくが、まずはその沿革を整理しておきたい。

淳熙二(一一七五)年に知建康府(留守)として赴任した劉珙《りゅうきょう》[13]は、着任当初は飢饉の対策に力を入れ、それが落ち着いた

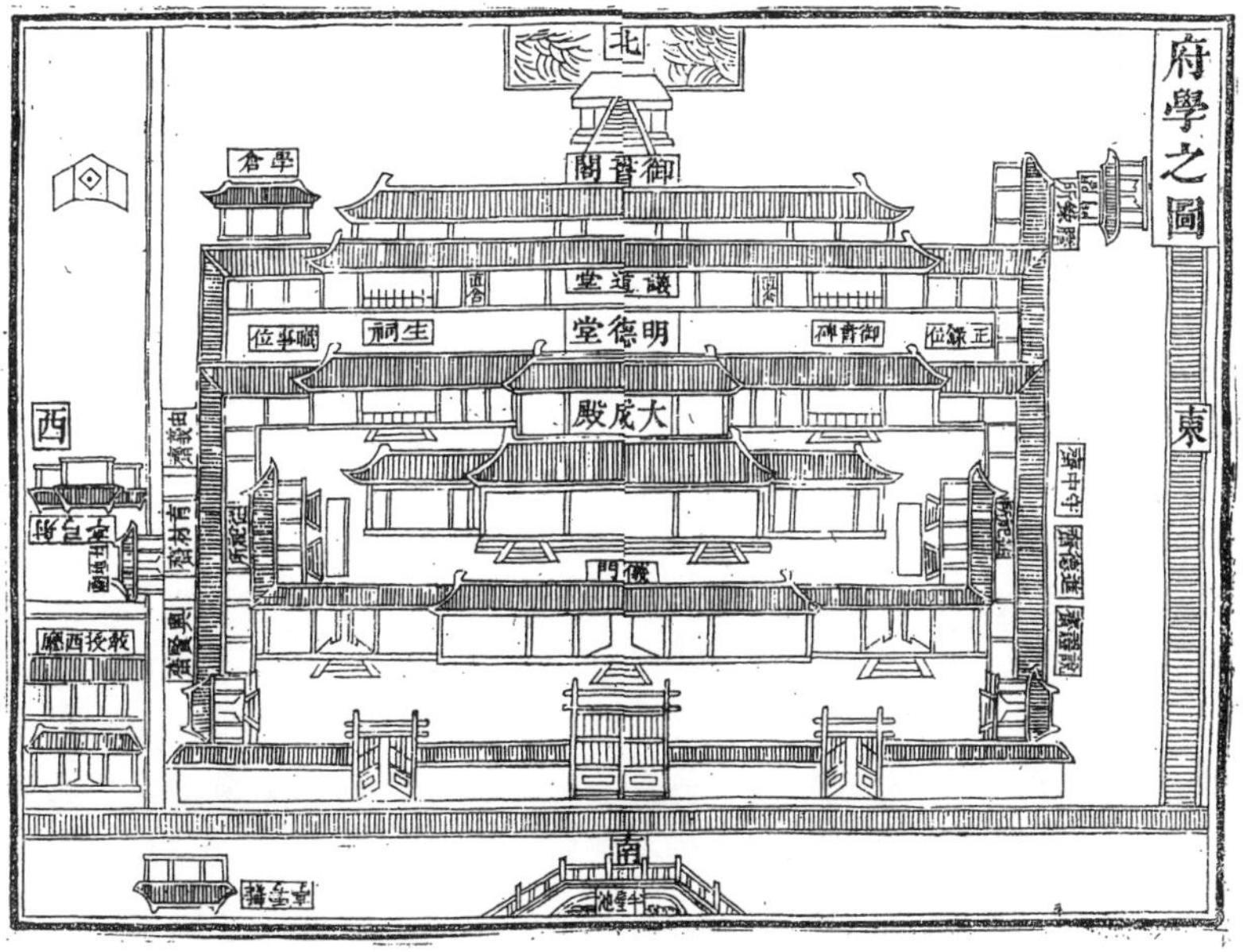

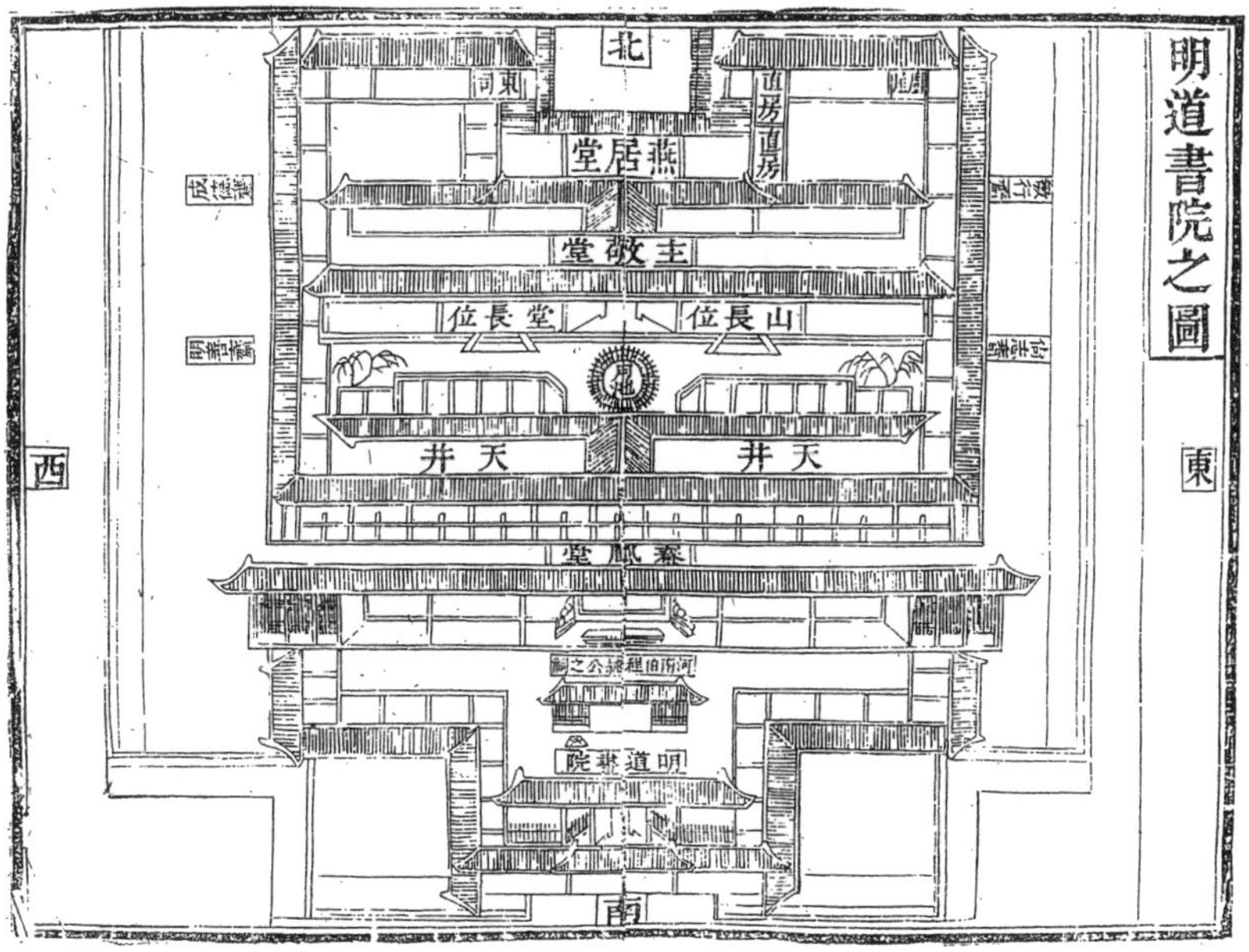

南宋末の建康府学と明道書院の図(『景定建康志』より)

上：建康府学　「大成殿」に孔子ほかを祀っている。

下：明道書院　入口附近に「河南伯程純公之祠」とあり，ここに程顥(明道)を祀る。

頃、程顥を建康府学に祀ることとした。[14] その理由としてあげられているのは、明道先生が孔孟の学統を継いでいることもさることながら、かつて上元県の主簿を務めた際に、民を愛する政治によって顕著な功績があった、という点である。[15] 当時、程顥はまだ賜諡されておらず、孔子廟にも従祀されていないので、学に祀られた根拠は、かつてこの地に地方官として赴任したことに求められたのである。道学発展の功労者として祭祀の対象に加えたくとも、学に祀る根拠として不十分なため、地元の先賢として祀るという建前が必要であったことがわかる。

一方で、明道書院の前身となったのはまた別の明道祠であり、これをつくったのは上元県主簿となった趙師秀であった。慶元二（一一九六）年に書かれた游九言の記（『景定建康志』巻二九）によれば、今、建康にはすでに祀られているが、政治をおこなった旧地には祀られておらず、なお礼として不足があるため、あえて庁舎の西に立派な肖像画を描いて俎豆《そとう》（お供えを盛る礼器）を捧げた、とある。これが紹熙年間のことで、趙師秀は自らと同じ職に任ぜられた先賢として、庁舎にも改めて祠をつくったのである。

その後、嘉定八（一二一五）年に上元県主簿となった危和は、現庁舎の東、かつての庁舎の地に祠を移してこれを改修するよう、知建康府兼安撫使の劉榘《りゅうく》に要請した。当時、江東転運副使を務めていた真徳秀が経済的にこれを支援し、嘉定一〇（一二一七）年に知府となった李珏《りかく》が事業を興し、新たな祠堂をつくって中に程顥の像を安置した。祠堂が完成すると、建康府学の博士と諸生によって釈菜の礼がおこなわれ、以後春秋の仲丁の日には同様の礼をおこなうことを定め、堂長（このときは書院の長に相当する。のちに山長がおかれ堂長は教頭のような役割となった）と職事員がおかれることとなった。春秋の仲丁は府学における釈奠の一〇日後にあたり、またこの礼の参加者には知府や知県といった地方長官が含まれていないので、公的な規定ではなく、慣習として定着させようとしたのであろうが、ほどなくしてそれらは廃れ、祠堂は倉庫および客人をもてなす場所（軍儲賓寓の所）に変わってしまったという。

この祠堂について真徳秀が記を書いており、記文の題を「明道先生書堂記」（『西山文集』巻二四）とするので、当時はまだ「書院」ではなく「書堂」と呼ばれていたことがうかがえる。[16] 記文では、程顥が上元の主簿を務め、民政に尽くし人心を正したことを強調しているほか、「中更変故」以降には、郷の士人も程顥の事績について口に出すことができなくなってしまったと述べている。この「中更変故」は、一般に北宋期の新法党による旧法党人弾圧を指し、記文でも乾道以降に程顥が学に祀られるようになったと続くため、文脈上北宋期の事情を指していると考えられる。しかし北宋期には、かつての地方官を地元の先賢として祀ることは、南宋中期以降ほど一般化しておらず、また地方士人層から、すなわち下からその祭祀を要求するというのも想定しづらいため、真徳秀のこの理解は実際に照らしてみると正確性を欠く。真徳秀は慶元の党禁を北宋の元祐党禁に重ねてイメージしていた可能性が高く、党禁の時代には地元においても程顥の顕彰は提案できない状況だったのであろう。この記が書かれた嘉定一〇(一二一七)年頃は、道学者たちへの賜諡があいついだほか、周敦頤祠が各所におかれ始めた時期にあたり、程顥に関してもかつての地方官を祀るという理由のもと、学内だけでなく学外にも並行して専祠をおこうとしたものだといえる。

しばらく廃れていた書堂が「明道書院」として確立したのは、理宗朝の後半期に入った淳祐九(一二四九)年のことである。程顥に対する賜諡がおこなわれたのは、周敦頤と同じく嘉定一三(一二二〇)年のことで、魏了翁の働きかけが功を奏したことによる。また淳祐元(一二四一)年正月には、改元にともなって理宗が太学に行幸をおこなうこととなり、それに合わせて周敦頤・張載・程顥・程頤の四人に伯爵号が賜与され、朱熹を合わせた五人は太学孔廟の廟庭に従祀されることが決まり、同時にそれまで従祀されていた王安石がその列から外されることとなった。これによって、地域によらず従祀の一部として学内に上記五人を祀ることが公的に認められたことになるが、学外にも専祠をおく場合には、やはりなんらかの根拠が求められたのは変わりがない、というのは重要な点である。

淳祐九(一二四九)年の「明道書院」の確立は、雷によって書堂の書閣が焼けてしまったことがきっかけとなった。知建康府の呉淵が大幅な改修をおこない、名儒を招いて学生を集め、白鹿洞書院《はくろくどう》(朱熹がつくった書院で模範とされた)に倣って学規を定めたところ、理宗がこれを聞いて喜び「明道書院」の額を賜ったのである。これに関しては宝祐元(一二五三)年に王埜《おうや》が記を書いており、ここでもやはり程顥が官として仕えた地の中で、建康のみがその痕跡を残している、と述べられている。

さらに明道書院が大きな特色を備えることになるのが、宝祐六(一二五八)年に馬光祖が知府となって以降のことである。馬光祖は着任時に明道書院を訪れ、属僚を率いて書院の講堂である春風堂で会講をおこなった。通常、地方官は着任時に官学に赴いて礼をおこない、そこで講義に参加する場合も多かった。このとき、馬光祖が建康府学での礼をどのようにおこなったかはわからないが、当時、明道書院には孔子を祀っておらず、着任儀礼をここでおこなうことは不可能であるから、これを省いたというのは考えにくく、府学で礼をおこなうとともに明道書院での会講もおこなったと考えられる。属僚を率いておこなったというから、おそらくは程顥に対するしかるべき礼も同時におこなったのであろう。さらに馬光祖は山長(書院の長官)に二程の書の編纂と刊刻を命じ、また府より約五〇頃の学田を確保して学生および職員への経済的支援を確立した。『景定建康志』巻二九には明道書院に揃えられた諸施設、おかれた職事員、彼らに対する俸給、新たな堂長が赴任した際の講義の内容まで記載されており、書院の理想的な雛型となったことが想定される。とくに先賢の名を直接冠する書院はいまだ珍しく、その点でも元代以降の書院に大きな影響を与えることになる。

なお明道書院の整備は、建康府学の整備と並行しておこなわれていたことも重要である。これに先駆けて知府の呉淵は約七三頃の田を買い付け、「義荘」という名で府学の学田に組み入れており、馬光祖はそれに倣った可能性が高い。また馬光祖の重要な事績として先賢堂の建設があり、これは府学の東、明道書院の西にある景勝地、青渓におかれ、周代の呉太伯から真徳秀にいたる四一人を祀った大規模なものであった。これが府学と明道書院に共通する景勝地になっていたことなど、詳細はすでに山口智哉の研究[17]があるが、祭祀対象の人選をおこなったのは馬光祖着任前の宝祐五(一二五七)年のことで、実質的には学諭(教授もおこなうが身分としては学生の長)の馮去非《ふうきょひ》がおこない、その人選の中には本来馬光祖の祖父も含まれていた。馬光祖は先賢堂の完成時には釈菜（舎菜）礼をおこない、祭祀対象すべてに賛を書いているが、「祖父はすでに転運司庁に祠堂があるため追加する必要はない」と述べ、これを除外したという。『景定建康志』の注では、馬光祖が祖父を除外したことについて、公私混同を避けたのであろうから、のちの人がこれを追加するべきだとしているが、のちにこれが追加された形跡は確認できない。[18] 転運司庁の祠というのは、太子少師野亭馬公祠のことを指し、開慶元（一二五九）年に転運判官の倪《げい》垕《こう》が記を書いている。[19] こちらは時期的に馬光祖の転運使赴任に合わせてつくられているため、孫が祖父と同じ役職に就くことを紀念する意味合いが強かったと考えられる。

そして開慶元（一二五九）年、周応合が明道書院山長となると、程顥の子孫を探すよう馬光祖に申請し、明道の立継をおこなったのである。当時、程顥の子孫は途絶えており、その後の祭祀をおこなうものがいない状態であった。しかし程顥の弟、程頤（伊川）の子孫は池州に寓居しており、その血脈を継ぐものの中から後継を立てることが模索された。[20] 実は嘉定一七（一二二四）年、二程への賜諡が決まった数年後には、程頤の子孫に官位が与えられている。その際に朝廷は程頤の子孫が池州に寓居していることを知り、程頤の嫡孫の中で最年長の程源と、嫡流ではないが一族の最年長の程観之に、それぞれ迪功郎と登仕郎の選人身分（正式な官僚となる前の低ランクの官位をもつ身分）を与えている。さらに程源は県丞からのちには寺監丞（中央部局の次官）にまでなり、程観之は池州州学の学賓となってその祭祀を担当したという。[21] 学賓というのは、学の賓客の意味で正式な官ではないが、職事はなく俸給を支給される存在である。[22] つまりこの頃に、程頤についてはその祭祀をおこなう子孫が朝廷によって公認されたのであるが、程顥についてはこの時期に関連する記事がなく、子孫による祭祀はこのときまで放置されていたと考えられる。

山長の周応合が馬光祖に申請した文章は、明道の子孫はいずれにもいなくなってしまったので、池州に尋ねて、伊川先生の子孫のうち、一五歳から三〇歳までで学ぶ資質のあるもの五人を建康の明道書院に送り、これを教育しようというものであった。馬光祖はこれを受けて文書をそのまま池州に送り、知州の定斎陳公を訪ね、程氏一族と相談したところ、程偃孫を建康に送るということになった。当時、興国軍永興県主管勧農公事（県の農政担当者）を務めていた伊川四世の嫡長孫程淮[23]からの報告は以下の通りである。

明道先生には子が二人、孫が四人、曽孫が六人いたが、その後はすでにわからなくなっている。一方の伊川の子孫は、子が二人、孫が四人、曽孫が八人、玄孫が一二人、仍孫《じょう》が一〇人、来孫が四人いるが、明道の後を継げるものを選ぶのは非常に難しく、程節之（伊川三代孫）の孫である程偃孫（五代孫）ならば伊川の嫡流であり可能である。しかし程偃孫一人だけを養士として程氏の嫡流へ移してしまえば、[24]まだ存命である程節之が「無後」となり（程節之の子の程濤はこの時点ですでに死亡、ほかに子はいなかったのであろう）、その祭祀が途絶えてしまうため、程節之を明道の孫である程昂の養子とすることで、程節之以下三代をまとめて明道の系譜に移すこととしたい。

この要望は戸部へと申請され、戸部も礼と法に適うので妥当と判断し、最終的に聖旨により決済され、程偃孫が建康へと送られることになった。つまり昭穆の世代を維持したまま、伊川の子孫を明道の子孫へと移すことで、明道の立継をおこなったのである。

しかし当時一七歳だった程偃孫は、幼い頃より父を亡くして孤児となり、貧しい中、母と暮らし、学問のできるような環境ではなかった。知池州の定斎陳公はこれを憐れみ、衣冠を調えて建康に送り出したというから、明道書院が望んだような学問的素養があるとはとてもいえない人物であった。それでも程偃孫が建康に着くや、周応合は自ら堂長以下を率いて明道祠に告礼をおこない、程偃孫を五世孫とすることを報告して、以後の祠事を掌らせることとした。また建康府に申請して月々の俸給を与え、その母は官舎に住まわせ、綿・絹を支給して衣服を調えさせた。さらに堂長の胡淳、講書の程立本には自分の子のように勉学を教えるよう命じ、定期的にその進捗を確認するとともに、休日に母に会いに帰る以外は書院から出ることを一切禁じて、書院の気風を身につけさせるという徹底ぶりであった。山長が張顕に交代しても同様のことが続けられたが、景定二（一二六一）年三月、程偃孫は建康に来てから二年とたたず夭折してしまう。

周応合は程偃孫を建康の清涼寺に葬るとともに、その母には程偃孫に与えていた俸給をそのまま支給し続けるよう、山長の胡立本に申し出て認められている。

程偃孫の死を受けて、書院では再び立継に動き出す。景定三（一二六二）年、知建康府となった姚希得により、再び池州にふさわしいものがいないか尋ねる文書が送られた。しかし程偃孫ですらこのようなありさまだったため、池州から推薦された人物はおらず、結局建康府学と明道書院に通達を送り、「同族」の中から誰か選ぶよう命じた結果、当時一〇歳の程慶老が選ばれることとなった。程慶老はこの時、明道書院で掌儀（儀礼を司る）を務めていた程必貴の甥にあたり、幼学と名を改めて明道の後継として掌祠に任ぜられた。その指導は程必貴が担当し、書院で学ぶのが日課となったが、程幼学本人のみならず、その父程子材・祖母曽氏・叔父程必貴にも生活費等が支給されることとなった。

ところで、そもそも建康に住んでいた程幼学やその他の関係者は、何者なのであろうか。明道の血を引くものが身近に存在したのであれば、わざわざ池州にそれを求める必要はなかったはずだからである。それについては程氏の族譜と、それに関する詳細な検討を加えている明代の程敏政『篁墩《こうとん》文集』巻一二が参考となる。[25] 程敏政は徽州休寧の人で、明正徳一〇（一四四五）年の生まれ、兵部尚書程信の子であり、本人も成化二（一四六六）年に傍眼（第二位の成績）で進士登第し、官は礼部右侍郎（礼部次官）にいたった。『篁墩文集』九三巻をはじめ多くの著作があり、明中期の重要人物である。『篁墩文集』巻一二は、成化二〇（一四八四）年に書かれたもので、程氏の族譜について諸史料を調べてその考証をおこない、当時多く通行していた程氏族譜の誤りをただす目的で書かれたものである。その中でとくに重要な史料と位置づけられ、また同時に主要な検討対象となっているのが『祁《き》譜』と呼ばれるもので、これは北宋末の紹聖年間に序が書かれた程祁《ていき》の『程氏世譜』三〇巻を指し、五代時期の程行褒以降の世代は正確だと程敏政も高く評価している。

さまざまな族譜を収集検討した程敏政によれば、南朝陳に仕えた忠壮公程霊洗以降、程氏は大別して南北の二宗に分かれたが、北宗程氏の中心となった中山房には、北宋期に程琳《ていりん》と程珦《ていきょう》（二程の父）から出た二派が存在した。そして北宋が滅び、南宋へと移行する際に、程琳と程珦には子姪《てっ》(子やおい)が一八人いたが、そのうち高宗南渡にともなって南方に移住したのは、程琳の曽孫である程礼問・程孚問の二人、程頤の子(程珦の孫)である程端中・程端彦の二人のみで、その他の子孫は洛陽にとどまったという。[26] このうち程珦の子孫は池州に、程琳の子孫が建康に移住したようで、問題の程幼学は程孚問の四代孫であるから、程琳からみれば七代孫ということになる。

程琳と程珦の関係はどうなっていたのだろうか。程敏政によれば、『祁譜』の程珦にいたるまでの中山房の系譜には混乱がみられるようであるが、[27] 程珦・程琳ともに程秀から出た一派であるという。[28] 程珦が熙寧八(一〇七五)年に自ら記した墓誌[29]によれば、程珦からみて曽祖父が程羽・祖父が程希振・父が程遹《ていいつ》とあり、欧陽脩の書いた程琳の神道碑銘[30]には、曽祖父程新・祖父程賛明・父程元白の名が記されている。また程元白の墓誌には、従祖は程羽とあるから、[31] これが程珦の祖父にあたり、程琳と程珦は曽祖父を同じくする関係となる。すなわち同排行に属すると考えられ、程珦と程琳がともに諱《いみな》に玉篇を含んでいることもその推測を補強してくれる。なお程幼学はもと慶老といい、名を幼学と改めたことは先に述べた。程幼学は程偃孫の後を継ぐ形で明道六世孫となったが、伊川の系譜の同じ排行には程正学と程志学の二人が確認でき、排行の字を合わせるため改名したと推測できる。程幼学は程琳の七世孫にあたるから、程琳と程珦が同排行とすれば、明道五世孫(程珦六世孫)である程偃孫の後を継ぐことで、ここでも昭穆の世代数を一致させていたことになる。

実際には、『祁譜』および程敏政の描く族譜がどこまで正しいのか不明瞭な点もあるが、南宋末期において『祁譜』等が参照されたことはほぼ間違いなく、程幼学は程頤の孫たちとともに北方から移住した一族から選ばれていることがわかる。その目的が程顥の再立継にある以上、法と礼の示す後継を立てる順序を可能なかぎり遵守しようとする意識がみられるが、それでも一〇代以上さかのぼることでようやく、その血脈を移すことができたといえる。同じく建康に住んでいた一族とはいえ、一〇世代ほどさかのぼらなければ程顥と同じ祖に行き着かないことから、この立継がかなり無理のあるものだったと想像されるが、だからこそ当初は伊川の系譜を引く池州から後継を求めようとしたのである。

ここで重要になるのは、南宋末の時点で程顥の血筋が途絶しており、池州でも程顥を祀る家廟を維持できていなかった状況である。一方で程頤の子孫は続いており、程頤が封爵されて以降はその爵号も継承していた。[32] そうであればその

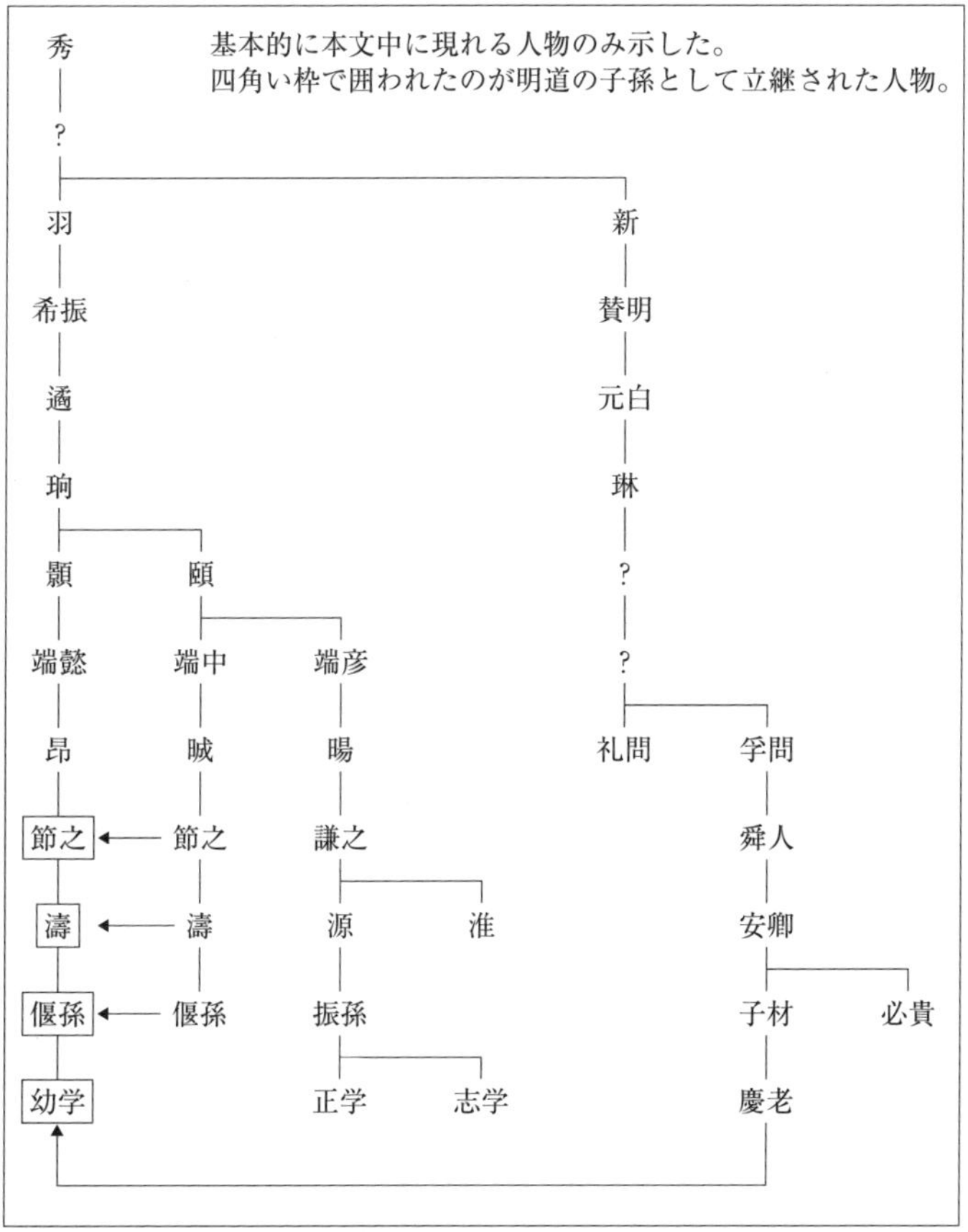

程氏系図

父程珦も程頤の子孫によって祀られていたはずである。程顥の場合、河南にとどまった子孫がどれほどいたかは不明であるが、本来祖先の祀りをおこなうべき場所が支配領域から失われてしまったという事実は、新たな祭祀の場を用意しなければならないという意識を生んだ可能性がある。曲阜から南渡した孔子の子孫のために衢州学にその家廟をつくったように、賜諡され孔廟へ従祀された先賢であれば、当然家廟を維持すべきであり、それを代替する場として書院を位置づけたのだと考えられる。周敦頤が湖南道州の生まれ、朱熹は父が安徽新安の生まれであり（本人は福建の生まれ）、ともに南宋領域内に祀るべき家廟が存在しうるのに対して、二程はその地を失い、程顥にいたっては子孫も絶たれてしまっていた。これが明道書院で子孫による祭祀を本格的におこなおうとした重要な動機と想定できるのである。

(3) 濂渓書院の場合

南宋末期の書院として明道書院と比較するため、周敦頤の名を冠する道州の濂渓書院について龔《きょう》維《い》蕃《ばん》「重建先生祠記」（『周元公集』巻六）をもとに概略を復元しておこう。

その発端は周敦頤が永州通判を務めた嘉祐八（一〇六三）年までさかのぼる。周敦頤の曽祖父である周虞賓は道州営道県に移住し、周敦頤の父周輔成も賀州桂嶺で客死したが、故居に戻って葬られていた。永州に赴任した周敦頤は営道県に「田若干があるが、これは先祖の墓を守るものに資するよう用意したものであって、一族の子弟も勝手にしてはならない」と文書を送り、営道県もその意思を証明する文書を発行していた。その後、周敦頤は帰郷して先祖の墓をつくり、含輝洞と名づけて治平四年二月十六日の紀年とともに銘を刻石した。周敦頤自身は晩年、九江に移住して余生を過ごしたため、営道の墓は兄の子である周仲章およびその従弟の周意に託したが、周敦頤の死後に周仲章は窮乏し、田を分割して周意の子である周伯順に売り、周伯順には後継がいなかったので、娘の子である何儕《かさい》がこれを引き継いだ。このとき、道州学内には紹興五（一一三五）年以降周敦頤祠が存在しており、淳熙五（一一七八）年に知道州となった趙汝誼がこれを拡充していた。その翌淳熙六(一一七九)年、周氏と何氏は田をすべて売却しようとし、道州に申し出たところ、趙汝誼はかつての周敦頤の意思を示した文書および含輝洞の銘を確認して、これを本物と認定し、田は墓を守る者のために用いるため、「其の籍を学宮に蔵す」(学が管理をする)こととしている。同じ頃[33]に、郷人らの手によって周氏の墓地に舎がつくられ、州学に学ぶ者は春秋に学内の祠に礼をおこなうとともに、墓地にも参詣することとなったから、田からの収入は墓の管理費用に充てられたのであろう。

さらに淳熙一一(一一八四)年、何氏の孫、何揖《かゆう》がまだ私有していた周敦頤故宅の跡地を周意の曽孫である周興嗣に売り渡すこととし、契約書に「その故宅の地は周意の家と隣接しており、……これを興嗣に売り与え、将来祠堂をつくり……、春秋の祭祀を絶やさないようにしてもらいたい」[34]と書いたという。しかしそれはしばらく実現をみず、嘉定六(一二一三)年になって知州となった方信孺《ほうしんじゅ》が周氏の子孫を訪ねあて、周興嗣の子の周鑰《しゅうやく》を見出して学賓として遇したというから、おそらくこれが周氏の子孫が学校を介して周敦頤祭祀にかかわった初めであろう。さらに嘉定一〇(一二一七)年、方信孺は周鑰にかつての土地契約の文書をすべてみせ、故宅の土地を実際に取得させ、墓にあったかつての舎をここに移したのである。

この周敦頤祠は景定四(一二六三)年、理宗から「道州濂渓書院」とする御書の額を賜り[35]、公的に認められた書院となった。さらに南宋末の咸淳年間(一二六五~七四)には、この周囲数百家はみな周氏の子孫となっており[36]、知州の楊允恭[37]は周敦頤祠に隣接して存在した仏寺の功徳院を撤去してこれを小学とし、周氏の子孫をそこで学ばせたという。

この例にみられるのは、ほぼ途絶した周氏の子孫が、さまざまな立継を経てその祖先祭祀を復興させ、書院を通して南宋末には何百という子弟を集住させた姿である。それはやはり周敦頤の曽祖父の代から道州に定住していたからこそ可能だったのであり、戦乱を逃れて南渡した一族には難しかったに違いない。その意味でも明道書院の例は特殊だったといえるだろう。

この南宋末の書院の姿から強調しておきたいのは、朱子学の官学化とともに進行した南宋後半期以降の流れである。先賢をその子孫によって祀り、先賢の子孫を絶やさないようにすべきとの観念は、寧宗朝から理宗朝の前半にかけて各地で実践され始めるが、それは当初は官学を主要な場として展開された。理宗朝の後半以降、すなわち景定年間頃より、この観念は書院においてより明確な形で表現されることとなり、元代書院の性格を形づくったのである。

2　元代書院の先賢

(1)　元代前半期における祀典の整備

元朝は一二三四年に金を滅ぼし、南宋との並立状態を経て至元一六(一二七九)年に南宋を併呑して中国地域の統一を完了した。元朝の学校政策は、初めは金および南宋を踏襲しており、とくに南宋支配下で発展した官学・書院については、兵乱での破壊を除けば多くがそのまま継承されることとなった。元朝の官学・書院に関する政策上の重要な転換点は二つあり、一つは成宗(位一二九四〜一三〇七)の元貞元(一二九五)年、もう一つは仁宗の延祐三(一三一六)年である。元貞元(一二九五)年、各地の廟学(官学)と書院には学田を設けて孔子を祀り、所属の学官や学生には釈奠を義務づけたほか、戸籍を設けて儒の身分を明確にし、免役等の特権を認めた。同時に官学に学官を派遣するだけでなく、書院にも山長以下の官がおかれて中央からの派遣を基本とし、政府による統制管理を確立したのである。これによって元朝後半期、およそ七〇年間におよぶ学校の基本的な位置づけが定められた。

もう一つの転換点である延祐三(一三一六)年は、学校における祭祀体制が確立し、それによって書院の新設が加速した点が重要であるが、そこにいたるまでの公的な元代学校の祭祀体制を概観すれば以下のようになる。時代をさかのぼって金朝では、大定一四（一一七四）年、唐の開元礼を参照して儀注を制定し、国子監の孔子廟には顔子と孟子を配享して、七十二賢と二十一先儒を従祀することとした。[38]しかし例えば憲宗五（一二五五）年に書かれた元好問「東平府新学記」（『遺山集』巻三二）には、礼殿には夫子を祀り、鄒・兗両公（孟子、顔子）および十哲をこれに配し、賢廊には七十子[39]と二十四大儒の像を描いたとある。これは配享に孟子を含むほか、二十一先儒ではなく二十四大儒となっているから、荀子・揚雄・韓愈を含んだ北宋元豊年間以来の制度に従っていることになる。

元朝は当初からこの金の制度を踏襲し、中央の国学と曲阜の孔子廟において上記の体制を採用したため、個々に状況はさまざまであったが、北方では徐々に中央を模倣するものが増えていった。例えば、胡祗遹《こしいつ》「増修廟学記」（道光『章邱県志』）は山東済南の章邱《しょうきゅう》県学について述べたものだが、兵乱によって破壊された後、中統四（一二六三）年に孔子廟がつくられ、至元八（一二七一）年に顔子と孟子の配享像が追加され、至元一二（一二七五）年に賢廊と講堂がつくられたというから、このときに七十二賢が新たに祀られ、学校設備がほぼ整ったと考えられる。さらに至元二〇（一二八三）年には、祀典を参照して「十哲、七十二賢、漢唐諸大儒」を祀るよう改修がおこなわれ、国学および曲阜孔子廟と同様の体制となった。[40]一方、南宋は淳祐元（一二四一）年以降、咸淳三（一二六七）年までに、配享に曽子・子思を加え四配とし、周敦頤から呂祖謙まで九人を従祀に追加することを決めており、南方の学校ではすでにこの体制に移行していたところが多く、[41]おそらく元朝の支配下でもあえてそれを改めたケースは少なかったと想像される。[42]

その後、仁宗皇慶二（一三一三）年、周敦頤・程顥・程頤・張載・邵雍・司馬光・朱熹・張栻・呂祖謙・許衡の一〇人を二十四大儒に次ぐ序列で従祀することが決められた。これは周敦頤以下、呂祖謙まで南宋で従祀されていた九人に許衡を加えたものであり、さらに延祐三（一三一六）年には曽子と子思の配享への昇格も決められた。この二つの措置はともに趙世延の上言がきっかけとなっており、「南北の祭礼が異なるのはよろしくない」[43]とのことだから、南方では南宋の制度が通行しており、それに北方も合わせる形で決められたことがうかがえる。これによって四配・十哲・二十四大儒・十先儒が揃い、これに七十一人の孔子の弟子を加え、孔子を祀る堂上に四配と十哲、廟庭にはその他一〇五の従祀というのが元代で標準的体制となり、実際多くの学記の中に一〇五の神位を揃えたという記述を確認することができる。[44]

(2) 元代前半期の書院建設からみる先賢の地位

以上のような祀典の内容は、主に官学で適用され広範に普及することになるが、書院では個々の事情に合わせた祭祀がおこなわれるのが一般的であった。官学と同様に儒籍が与えられる関係上、釈奠をおこなうことは必須であり、孔子像を欠くことは基本的にないが、[45]その他の祭祀には個性が認められていた。宋元交代直後の例としては、至元一六(一二七九)年に再建された徽州の紫陽書院[46]や、至元一八(一二八一)年に再建された杭州の釣台《ちょうだい》書院[47]があり、いずれももとは南宋後半期につくられたが、戦乱に遭って失われたり、自然に途絶していたのを復興したもので、両者はそれぞれ朱熹と厳子陵を祭祀の中心に据えている。

瑞州西澗《せいかん》書院の前身は、南宋紹興年間につくられた劉渙・劉恕・劉羲仲の三世代を祀る劉氏の祠であり、至元二二(一二八五)年に王義山によって再興を紀念した碑文が書かれている(『稼村類稿』巻八「瑞州重建西澗書院碑」)。劉渙は筠《いん》州の人だが左遷されて廬山に隠棲し、瑞州に移り住んだ人物で、子の劉恕と孫の劉羲仲はそれぞれ王安石・蔡京にさからったために、やはり左遷されることとなった。碑文は端平三(一二三六)年に書院となったとするが、姚勉「西澗書院換新梁文」(『雪坡集』巻四三)によれば、初めは書堂と称していたようで、淳祐一二(一二五二)年までに書院と称したことがわかる。その後、孔子を祀り、先師を配したが、その後戦乱で廃れてしまい、倶瑞州路達嚕噶斉《ダルガチ》(広域区画の行政長官)の高節[48]によれば、「名は存するが実はない」状態となっていたので、これを復興したという。碑文にみえる「書院の祠《まつ》る所、先賢なり」は、元初期の書院の姿を端的に示しており、それ以降にも通じる表現であるが、時代とともに書院新設と公的認可をめぐって少しずつ変化が生じてくる。

その一つの転換点は、制度上、書院が官学と同等の地位を与えられるようになる元貞元（一二九五）年前後にあり、各地で書院新設の例が増えてくる傾向を、現存の碑記文からうかがうことができる。

饒州の錦江書院は元来、南宋の倪玠《げいかい》が講学をおこなっていた家塾であったが、至元二五（一二八八）年、南康府学の教授となった倪玠の子、倪鏜《げいとう》の請により、賜額を受けて錦江書院となった。その後、至元二九（一二九二）年には移築と改修をおこない、孔子を祀る大成殿のほか、祠室をつくって朱熹を祀り、真徳秀を配し、また熊彦詩《ゆうげんし》以下を郷賢として祀ったという。[49]熊彦詩は北宋末から南宋初期の人物であり、朱熹らよりも時代をさかのぼる上、学統上のつながりも確認できないから、これはむしろ官学を模倣した結果、郷賢祠もおいたと理解することができる。

湖南湘潭《しょうたん》の主一書院は、やはり鍾氏の家塾であった。[50]張栻に学んだ鍾如愚は、若くして進士登第したが仕官せずに学問を続け、晩年になってはじめて嶺海に赴任し、その後は南岳書院山長や監南岳廟などを務めたという。南宋末、鍾如愚が没すると、その子が田五頃を用意し、張栻を祀り鍾如愚を配する祠堂をつくり、「主一書院」の名で書院の創設を官に申請した。賜額された事実などは確認できないため、その申請は認められなかった可能性が高いが、元代に入り、書院は廃れ、田は他の豪族の手に渡ったという。至元三一（一二九四）年になって、鍾如愚の三世孫の鍾夢鯉《しょうぼうり》が私費で田を買い戻し、孔子廟・講堂・斎廬などを増設して、再び官に書院として認められるよう申請をおこなった。この際、のちに山長となる予章の掲君に、どのように改修したらよいのか相談しており、その結果、礼殿・両廡や両先生祠など、官学と同様の学校に必要な施設を網羅したことが確認できる。このような周到な準備のためか、申請は認められ、官の定めるところにより、儒戸若干が主一書院に属することとなった。これについて記文を書いた程鉅夫《ていきょふ》は、仮に認められた数が少なくとも意味のあることだとして、儒戸を増やしたことを称賛している。

次に、江西撫州の金渓県にある青田書院の場合である。[51]陸九淵を輩出した陸氏は長らく金渓に住み、青田陸氏の名で知られていた。宋元交代の混乱で陸氏を祀る祠堂も壊されてしまい、至元二二（一二八五）年に程鉅夫が江南に向かう途中、金渓を通りかかりその遺址をみて実にいたましく思ったという。その頃、郷の耆《き》老たちは陸氏の家と三陸先生祠を復興するよう州に訴えたが、金渓県にはふさわしい人がおらず、その文書は意味をもたなかった。大徳五（一三〇一）年になって、陸九淵の子孫にあたる陸如山が中心となり、士大夫たちと相談の上、州に文書を送ってこれを要請し、皆でその費用を援助した。また県尹（県長官）の張居懌《ちょうきょえき》もこれに賛同したので、ついに申請が認められ書院がつくられることとなった。程鉅夫が「文公（朱熹）を知るものは多いが、公（陸九淵）を知るものは少ない」と述べるように、当時、陸九淵はその名声において朱熹に大きく後れをとり、朱熹の弟子たちと比べてもさほど有名ではなくなっていた。前述の「ふさわしい人（其人）」というのは、祭祀を継ぐべき子孫という意味であり、書院申請にあたっては名の知れた先賢を祀るというだけでなく、その子孫が存在することが重要な要素となっていたことがうかがえる。

このように、書院と官学がともに中央の統制管理下に入っていく中において、書院は制度上官学を模倣する傾向を強めていくが、しかし孔子を別として中心となる祭祀対象が要求されたことは重要である。認可されるか否かは施設の実態や準備状況だけでなく、その祭祀が正当であるという大義名分も考慮され、子孫による祭祀はそれを満たすための大きな根拠となり得たが、一方で先賢として広範におよぶ知名度も影響していたことがうかがえる。とくに延祐三（一三一六）年の配享・従祀の変更は、南宋の制度および当時の南方の実態に合わせることを基本とし、元朝における道学の基礎を築いた許衡を加えることで、道統の祭祀を公式に明示した改革である。南宋末は短期間に道統の先儒が次々と従祀に加えられ、元朝もその流れを継承するという方向性が、当時の人々にもはっきり認識されたことであろう。そこにみられる影響を、次の鶴山書院と西山書院の例から確認しておきたい。

鶴山書院は魏了翁を祀る書院である。魏了翁は本書にすでに何度も登場している重要人物であるが、四川臨邛《りんきょう》の出身で、故居の瀘州および左遷されて晩年を過ごした湖南靖州には、自身がつくった鶴山書院が存在し、南宋では賜額を受けている。ところが、元代史料において両書院の情報はほとんどみられず、明清期に存在していることは確認できるものの、どのような経過をたどったのかは不明である。むしろ後世まで有名になるのは蘇州につくられたものであり、そのきっかけが延祐三年の詔であった。虞集『道園学古録』に載る「鶴山書院記」（巻七）および「魏氏請建鶴山書院序」（巻六）によれば、虞集が呉に赴いた際、そこに住んでいた魏了翁の曽孫にあたる魏起と会ったところ、魏起は虞集に対して、「延祐の制書では周元公（周敦頤）以下九君子をみな宣聖孔子の廟に従祀するとあり、これを読んで感ずるところがあった」[52]と語っている。その上で、そもそも魏了翁が周敦頤への賜諡と孔廟従祀のために尽力したことや、今は周程朱張の滞在した場所、門人や彼らの教えを学んだものがいる場所など、あらゆる「遺跡」で学校が建てられているのに、魏了翁を中心に祀る学校がどこにもないのは、子孫の不肖によるものであるといい、臨邛の書院は荒れ果ててしまい、靖州のものも存在してはいるがほとんど実態がないので、実際に魏了翁が葬られている呉において学校をつくりたいがどうであろうか、と虞集に相談をもちかけている。そして泰定元（一三二四）年、魏起は京師にまで赴いてこれを請願したが、「徘徊之を久しくするも其の説を伸ぶるなし」というから、さまざまな働きかけをするも効果がなかったようである。ところが文宗（位一三二八～三二）が即位し、皇太子時代から信頼の厚かった柯九思《かきゅうし》が鑑書博士となったことによって事態が動いた。柯九思は浙江の台州仙居の人で、恩蔭で華亭尉に任ぜられたが赴任せず、書画に通じていたことから文宗の潜邸（皇帝の即位前の私邸）に出入りして寵愛を受け、文宗が即位すると奎章《けいしょう》閣学士に抜擢され、ほどなくして鑑書博士となり、内府の書や画を多く鑑定した人物である。文宗崩御後は「呉中に流寓した」とあるから、文宗の個人的な恩寵によって権力中枢に近づいたことがうかがえる。[53]また書画を通じて趙孟頫《ちょうもうふ》や虞集とも親交があり、虞集もこの頃に奎章閣学士に任ぜられているから、虞集を通じて魏起が柯九思に接近できた可能性は高い。至順元（一三三〇）年、柯九思は鑑書博士として皇帝の側近くに侍り、魏了翁の学問と曽孫魏起の志を直接文宗に語ったところ、文宗はこれを喜び、鶴山書院の新設を認め、虞集に記を書くよう命じたという。虞集が自ら記で述べるところによれば、虞氏はもと四川の出で、曽祖父虞剛簡は利州路提刑使を務めた際に、魏了翁らとともに講学をおこない、また簡州で建学した際には魏了翁が記を書いた縁があり、同じ曽孫として魏起に親近感を示している。すなわち虞集や柯九思という人脈があってはじめて、書院の新設が実現したのである。

一方で真徳秀の孫の真淵子も、族人とともに福建浦城にある真徳秀の故居に祠をつくり、そこに学ぶもののために私田を用意した上で、延祐四(一三一七)年に書院の認可を江浙行中書省を経て申請し、これが認められて学官に列せられている。この年、仁宗は翰林学士の忽都魯都児迷失《フトルトルミシ》に真徳秀『大学衍義』の翻訳を上呈させており、皇帝にも真徳秀の名が知られたことが、申請が認められる大きな契機となった[54]。この西山書院についても記を書いた虞集は、「一〇〇年の後になって、皇帝陛下の知遇を得ることができようとは。そうであれば、公(真徳秀)の祀はその郷のみにとどまってよいものだろうか[55]」と述べているが、これは暗に真徳秀の孔廟従祀を希望する文言と解釈することができる。

魏了翁と真徳秀は南宋の後半期以降、朱子学の普及に大きな役割を果たしたことは疑いないが、二人に対する評価は、とくに都の燕京において必ずしも高くなかったことがうかがえる。許衡の従祀決定を受け、朱熹以降の道統確立に道が開かれ、今後も孔子廟への従祀が追加される可能性を想定しているからこそ、上記のような書院建設の動きがみられたともいえる。そして鶴山書院の申請が難航したのに対し、西山書院が順調に認められたのは、皇帝権力の偶然性という面もあるが、真徳秀の子孫がその郷里に根づいて族人と協力し得たのに対して、蘇州にいた魏了翁の子孫にそのような背景を読み取ることができない、というのも理由の一つであろう。

さらに北方の事例となる趙鼎の例についても紹介しておきたい。趙鼎は山西解州聞喜の人で、北宋の滅亡とともに南渡して南宋初期に宰相を務め、その子孫は多くが南方に根づいたが、聞喜に残った一族もいた。延祐二(一三一五)年に進士に登第した趙篔翁《ちょううんおう》は、趙鼎の六世孫にあたり、宋末に楚州山陽に移り住んだという[56]。ただし途中の経緯は不明で、これが仮に南宋末のことを指していたとしても、趙篔翁は少なくとも至正年間まで存命しているので、自身が聞喜に住んだことはなかったであろう。至順二(一三三一)年、国子博士となっていた趙篔翁は、趙鼎の郷里である聞喜の県学に趙忠簡祠をつくるよう請い、国子監と集賢院がこの議を認めたため実現することとなった。趙賁翁による申請は「王氏の邪説を排した」ことに力点がおかれたようで、王安石の孔子廟への配享をやめ（従祀とし）たこと、秦檜らに排斥されたことが評価されたと考えられる。[57] のちに聞喜県学では、明景泰年間（一四五〇～五七）に趙鼎と唐の裴度を祀る二賢祠が修復されているので、[58] この地では以後特別な先賢祠として扱われており、聞喜県学における先賢祠の先駆けとなった可能性が高い。興味深いのは、この趙忠簡公祠堂が県学につくられたのを聞いた聞喜の族人が、京師まで赴いて趙賁翁に会い、その結果、聞喜に趙鼎を祀る董沢書院をつくることが許可されたことである。[59] この例では、官学に先賢祠として祀ることをわざわざ国子監と集賢院での議論を通じて許可している点が注目され、さらにはこれが中央による先賢としての認定となり、直後に書院の新設まで許可されているのである。ここから想像されるのは、官学と書院に共通して中央が公的に認める先賢がリスト化されていた可能性である。南宋期の官学先賢祠にはこのような形跡はみられず、地方官の裁量、あるいは地域士人層の合意により決められていたと考えられ、それを継承した南方の先賢祠群は、元代に入っても、中央が把握していないものが大多数だったと思われる。北方でも地域の裁量による先賢祠が存在しなかったわけではないだろうが、南方の官学先賢祠とは性質の異なる可能性が指摘できる。なお至正二（一三四二）年、潮州路推官となって潮州に赴任した趙賁翁は、潮州がかつて趙鼎が左遷されて訪れた地でもあったため、ここでも徳全書院をつくり、これが公的に認められている。[60]

これら具体例から読み取れるのは、書院をつくり祀ってもよい先賢の選別がおこなわれ、しかもそこに中央の政治権力が強い影響力をもつように変化した、ということである。先賢としての最上位の地位は孔廟従祀であるが、公的な認可によって書院に祀られるというのは、それより一段低いながらも広く認知された存在と考えられる。実際に元末以降、孔廟従祀に誰を追加すべきか議論がしばしばおこなわれ、追加が実現した場合もあった。鶴山書院の例からは、公認の書院は孔廟従祀への足がかりとなる可能性を秘めたものとして、当時の人々に認識されていたと考えることができる。

3　天下に通祀することと一郷に専祠すること

(1)　南宋末から元初の官学先賢祠

このような実際上の大きな変化がある中で、先賢祭祀についての理論的な枠組みはそのままではいられなかった。とくに魏了翁をはじめとする南宋期の理解そのままでは、矛盾をきたしかねない地方学校の先賢祭祀について、どのような認識の変化があったのだろうか。

まず確認しておきたいのは、このような劇的な書院の変化の中でも、南方を中心として、官学における先賢祠は従来の延長線上にあり、元代史料では南宋期ほど先賢祠新設の記文等は多くないものの、先賢祠は全体として維持され、増加する傾向にあったことである。そもそも官学の新設、修復自体は元代にさらに増えており、郷賢祠への言及も珍しくない。ただしその詳しい内容がわかる史料はむしろ南宋期より少なく、その理由としてはとくに記録に残すべき特殊なものではなくなった、という可能性が考えられる。そこでまずは、南宋最末期から宋元交代期にみられる二つの例を紹介し、この時期の官学先賢祠の特徴を確認しておきたい。

景定五（一二六四）年に書かれた湯漢「先賢堂記」[61]は、知衡州の王亜夫が州学西に先賢堂をつくった際の文章だが、それによればもともと衡州には「五賓三賢」の祠があり、また別に鄒・陳・胡・趙の四公が花光・西湖・開福の僧舎にそれぞれ別祠されていたという。「五賓三賢」のうち「三賢」については、三賢祠が後世まで存在し、李迪・劉摯・劉攽の三人が忠を貫いて衡州に左遷されたことから後代の人が祀ったという。「五賓」については確実ではないものの、劉清之が建てた五賢祠が存在し、張九齢・韓愈・寇準・周敦頤・胡安国を祀っていたという。明代には、これに劉清之自身が加えられて、六賢祠となっている。仏寺に別祠されていた四人は鄒浩・陳瓘・胡銓・趙汝愚の四人で、鄒浩・陳瓘を祀る二公祠が花光寺に、胡銓祠が西湖寺にあり、趙汝愚が開福寺に祀られていたことを確認することができる。[62]

王亜夫は、このように先賢があちこちにばらばらの状態で祀られているのはふさわしくないと考え、古今の人物を調べてその評価を論じ、李昉《りほう》以下一六人を学内に合祀することを決めた。その際に李昉・張斉賢・劉清之の三人をこの邦に「守臣」した人物、鄭向・胡安国・李椿の三人をこの邦に「家」した人物、何敏中・王巌叟《おうがんそう》の二人を「その子孫が家」した人物、李迪・寇準・劉摯・劉安世（劉攽？）・鄒浩・陳瓘・胡銓・趙汝愚の八人を、左遷されてこの地にいたったか、もしくは「道中ここで没した」（「假道而遂終焉」）人物として分類し、この順で序列をつけた。朱熹が示した三原則である、その地で官として務めたか、その地に生まれたか、その地に住んだかという条件と比べると、官として務めたというのと、その地に住んだという二つは一致するが、その地で生まれた者が含まれておらず、代わりにこの地で没した者と、子孫がその地に暮らす者が新たに加わっている。左遷されてこの地にいたったのは李迪・寇準・劉摯・劉安世の四人が該当するはずだが、このうち劉安世は官歴からみて不自然で、劉攽の誤りである可能性が疑われる。[63] この地で没したのは鄒浩・陳瓘・胡銓・趙汝愚の四人で、これらはこのとき仏寺に祠が存在したから、ここに葬られていたのであろう。注目すべきは、子孫がその地に暮らすという何敏中と王巌叟で、この二人はこのとき新たに祀られたことになる。王巌叟は山東臨清の人で、官歴も北方に集中しているし、[64] 何敏中はほとんど事績が不明であるから、[65] 両名とも自身は衡州と無関係だったと考えられる。一方、五賢祠のうち、先賢堂に含まれなかった張九齢・韓愈・周敦頤の三人は、衡州との直接の関係が希薄で隣接する州との関係が深い人物である。張九齢は桂州やさらにその南の韶州に赴任した経歴があり、周敦頤も隣接する道州の出身である。韓愈も隣接する郴州に左遷されたことがあるが、ただし衡州にある合江亭について「合江亭詩」を書いたという縁がある。王亜夫が先賢堂をつくったことで「五賓三賢」の祠が廃止されたわけではないが、学への合祀の際には先の四条件に照らして直接衡州とかかわる者だけを選び、隣州にかかわる者は除外していることがうかがえる。

王亜夫から書簡を送られ、これに接した湯漢は、左遷され故郷を離れて没した名賢がこれほど多いことに感嘆し、「ただこの地に仕え、この地に暮らした者だけでなく、一度ここを通過した者や、わずかな文章を寄せた者であっても、この邦が重んずるに十分である」[66]と述べている。湯漢の書きぶりからは、王亜夫の類別が原則から外れているように感じられたと想像できるが、それでも実際には子孫が住むことや墓の存在を理由に先賢の幅が広がり、学内にまとめて祀られるようになったのである。

逆に先賢祠の数を減らした例として、尤棟の「重建五先生祠堂記」[67]がある。常州無錫の県学では宝祐六(一二五八)年に明州の人、袁従によって先賢祠がつくられ、そのときには楊時・陸九淵・張栻・楊簡・袁燮《えんしょう》・袁甫・兪樗《ゆちょ》・尤袤《ゆうぼう》・蒋重珍の九人が祀られていた。[68]そもそもこのとき、なぜこのような人選がなされたのか、記文等の史料がないため正確には不明であるが、それぞれの出身地を確認してみると、楊時が福建の南剣州、陸九淵は江西の撫州金渓、張栻は四川の簡州綿竹、楊簡は浙江の明州慈渓、袁燮・袁甫は明州鄞県、兪樗・尤袤・蒋重珍は無錫の人である。学統からみれば、楊簡と袁燮は陸九淵に師事し、[69]兪樗が楊時に師事し、尤袤が兪樗に師事したこと[70]が確認でき、また楊時は無錫県の属する常州で講学をおこなった事実がある。官歴からみれば、袁燮が進士登第後最初の差遣として江陰県尉となっているが、江陰県は常州の北に隣接する江陰軍唯一の県で、紹興三一(一一六一)年までは廃置を繰り返したため、江陰県は常州の管轄下におかれた時期もあった。[71]

ここからは、袁燮をこの地に官した、もしくは隣国に官した人物とみなして、その学統から陸九淵・楊簡・袁甫(袁燮の子)を選び、撫州出身の兪樗・尤袤に関連して兪樗の師である楊時を選び、また無錫出身で嘉定一六(一二二三)年の状元となった蒋重珍を選んだという推測が成り立つ。それでも張栻だけは選ばれた理由が不明であるが、おおまかに名宦の袁燮を中心とする人物群と、郷賢の兪樗を中心とする人物群に大別することができる。この人選をおこなったのは明州の人、袁従であり、袁燮との関係は不明であるが、同じ明州の袁氏であることは確かで、この先賢祠には明州の学統が色濃く反映されていたといえる。

それが南宋滅亡後すぐの至元一八(一二八一)年、郷人の虞薦発がこの先賢祠堂を一新することを提議し、孫桂発[72]とともに礼経を検証して人選をやり直した。その結果、楊時・兪樗・尤袤・李詳・蔣重珍の五人を祀ることとし、李詳を新たに加えるとともに陸九淵・張栻・楊簡・袁燮・袁甫を外すこととなった。李詳は無錫の人であり、直接の師事した事実はないが、楊時・兪樗の遺書から学んだ私淑の人物と記されている。すなわちこの大幅な改廃は、袁燮を中心とする学統を除外し、楊時から兪樗を通して展開した無錫の学統のみに焦点をあてたことは一見して明らかで、しかもこの記文を書いた尤棟は、自身が無錫の人で、祀られた尤袤の従子にあたる。

虞薦発・孫桂発らによる議論によれば、楊時を祀ることに対して「必ずその国の先師に釈奠し、先師がいなければ隣国と合する(という)。国にふさわしい人がいるのにどうして隣国からこれを取るのか[73]」という疑問が呈されており、楊時はわが無錫の人ではないけれども、常州に一八年間寓居し、城東の精舎は講学の地であるから、郷の先師ということができる、という説明のもと、新たな祠堂では楊時を中央に祀ることを決めている。また兪樗・尤袤・李祥・蔣重珍は皆無錫の人であるので先師と位置づけ、李祥については、今にいたるまでその故宅に蔵書を多く残していることを理由に新たにこの列に加えた。さらに張栻を外したことについては、「広漢の大儒(張栻)については、河洛(周敦頤や二程)とその源流を同じくし、そのため景定年間に従祀の位に上ったが、あえてこれを優先することはしない。河洛の源流から続く江西専門の学派は、師友父子みな諸老先生(楊時以下の五人)の学を手本としている。……(張栻の)祭祀の位をもとに戻したのであれば、どうして先見の明があるといえるだろうか[74]」と説明する。南宋では張栻は景定二(一二六一)年に孔廟への従祀が決められたが、元朝へと支配体制が変わったことを受け、張栻をこの列に加えるのは先見の明がないと断じているのである。

結局、楊時を中心におき、四人をそれに配する形式としたが、祠堂が完成すると、祭祀対象となった五先生の族子裔孫をすべて調べ上げ、その中から冠したもの（成人したもの）五、六人を集めて祭祀に参加させたという。尤棟は最後に、「郷国でないものを祭るのは僭である。僭祭（対象を遠く離れた地から祭ること）は古とは異なる。……今日、このように是正されたことにより、訪れる人々の嘲笑を解くことができるであろう」[75]と述べている。この例のように従来の先賢を排除するというのは、長期的にみても珍しい。その目的が郷における学統を明示することにあり、しかもそれがなされていなければ他国の人に笑われると述べていることからは、自らの地域伝統を相対的に把握し、他者の視線を意識している様を読み取ることができる。

ちなみに、この尤棟の記文には、魏了翁の影響がみられるのも一つの特徴である。実際に魏了翁の書いた記文を参照しており、楊時を中央においたのは、魏了翁が周敦頤を中央においた例に倣ったと書かれている。さらには、そもそも漢代には孔子廟は闕里を出なかったとか、永平二年の郷飲酒礼では全国で孔子と周公を祀ったが、廟はつくらなかったという、魏了翁がはじめて展開した説を引用するほか、「有渙乎無萃」という特徴的な語を用いて子孫が各地にばらばらになってしまった様を表現しており、魏了翁の用いた「萃」「渙」とはやや意味にずれがあるものの、魏了翁の影響を受けていることは疑いない。先賢祠群を地域の学術伝統を表現するものにつくり替え、先賢の選別をおこなう態度そのものが、魏了翁の思想の影響下に存在していたことが確認できる。

(2) 熊禾の孔子廟議

時代を下って大徳七（一三〇三）年、福建の福州路学（旧福州府学）では、新たに学内に先賢祠をつくることが議論されたが、さまざまな意見が出されてまとまらず、博士の劉叔敬（劉直内）[76]は熊禾《ゆうか》にその詳細を知らせて意見を仰ぐこととした。また同時期に福建興化でも先賢祠を新しくするため議論がおこなわれており、博士の宋蜀翁はやはり熊禾に意見を求めている。「三山郡泮五賢祀記」[77]は意見を求められた熊禾がその顚末を記しただけでなく、尋ねられた疑問に対する反論も載せており、熊禾の見解とともに、先賢祠に関して当時福建でどのような議論がおこなわれたかを示す貴重な史料である。

熊禾は福建建陽の人で、宝祐元(一二五三)年に生まれ、朱熹の門人である輔広に師事して学び、南宋最末期の咸淳一〇(一二七四)年に、二〇歳そこそこの若さで進士に登第する。初め、寧武州司戸参軍(幕職官の一つで戸籍や徴税を司る)となるが、宋滅亡後は出仕せず、隠棲して書堂をつくり、多くの者がこれに学んだという。[78]その鼇峰《ごうほう》書堂では、中央に孔子を祀り、顔子・曽子・子思・孟子の四配を配享し、続けて周敦頤・二程・張載・朱熹の五人を祀っていた。このとき、邵雍と司馬光の二人をあえて外しており、[79]これは朱熹を祀る竹林精舎に倣ってその学統を表現したもので、熊禾の思想にとって重要な意味をもつ。問題となる福州路学にかかわる議論のときには、熊禾はおよそ五〇歳、元代になって科挙がなくなったため、この時期には進士登第者は極めて少なくなっており、隠棲しながらもなお大きな発言力をもっていたことがうかがえる。

熊禾に意見を求めた劉叔敬によれば、福州路学にはこのとき、道立堂と先賢祠がそれぞれ別にあり、これらを新しくつくり替えようという議論が起こった。南宋時、道立堂には周敦頤以下、程顥・程頤・邵雍・張載・司馬光に続いて、游酢・楊時・羅従彦・李侗・朱熹・張栻・呂祖謙・蔡元定・黄榦《こうかん》の合計一五人が祀られており、元代になってから、これに北山陳氏(陳孔碩)・信斎楊氏(楊復)・毅斎鄭氏・説斎楊氏・庸斎趙氏(趙汝騰)が加えられたため、計二〇人が祀られていた。周敦頤以下司馬光までは、朱熹が賛を書いたいわゆる「六君子」[80]であり、朱熹を祀る竹林精舎で朱熹に従祀されていたため、福建でもとくに重んじられてきたという経緯がある。しかし劉叔敬が調べたところによれば、かつて真徳秀が「尊道閣」をつくった際には、朱熹を祀って黄榦のみを配したほか、過去の「道立堂」でも黄榦までを配していた事実を知り、現行の「道立堂」に疑問を抱いたという。また先賢祠堂の更新を指示した恪斎厳公が「尊道」を復興したいという意向を示したことから、路学ではこれをめぐってさまざまな意見が提出されることとなった。

熊禾は劉叔敬から意見を求められ、「道立」の名前を変えないのであれば二〇人の祭祀対象も変えない方がよいが、「尊道」という名前に変えるならば、五先生(周敦頤・程顥・程頤・張載・朱熹)のみを祀るべきだと答えている。そこに含まれない対象について熊禾は、まず邵雍・司馬光・張栻・呂祖謙はすでに孔廟に従祀されており、游酢・楊時・羅従彦・李侗・蔡元定はいずれも隣接する建州もしくは南剣の出身なので、隣国にすでに専祠があり、黄榦だけは福州の出身で国の先師であるから、真徳秀がとくに朱熹と黄榦だけを祀ったのだと述べる。実際には、真徳秀が黄榦のみを朱熹に配したのは、朱熹門弟の筆頭で、かつ朱熹の娘を娶っていたことが第一の理由と推測されるし、『礼記』の「隣に合す」ことを理由にあげるのならば、むしろ游酢以下隣国の先賢をすべて祀るのが南宋における通常の発想であるから、おそらく熊禾の推測は誤りである。しかしこの見解が議論に決定的な影響を与え、江西盱江《くこう》の李徳臣が、饒州でも周程張朱の五賢に黄榦のみを加えて祀っていることをあげ、これに賛同したほか、曲阜出身の孔申卿も同調して議論を主導し、厳公はこれらの案を受け入れ、結局「尊道」と名づけて、饒州と同じく六人を祀る祠堂につくり替えることとした。

孔申卿は、道統を一つの線として明確にするこの考え方に深く感じ入り、曲阜に帰ったら、荀子や揚雄を祀る古い五賢祠を、周張程朱を祀る五賢祠につくり替えたいと述べている。一方で、この改廃に反発を示した者もいた。氏名不詳ながら「三山(福州)朋友」が熊禾のもとに書簡を送って「もともとあった邵雍・司馬光以下十四人の祠がすべて撤去されてしまった。……しかも賢牧(名宦のこと)・郷賢の二つの祠についてもあなたは意見を述べたと聞いている。もしそうならば発言を慎み、それに同意しないでもらいたい[81]」と強く非難した。熊禾はこれに対して、「学校に公論がないから、このようなことになるのだ」と嘆いて逆にその朋友を批判している。

次に個々の論点について熊禾の見解をみていきたい。記文の後半部分は「或謂」もしくは「或問」から始まる八条の議論から成っており、提出された疑問に熊禾が一つずつ自説を展開する形式をとっている。八条のうち、第五条と第六条は、祭祀の位の位置に関する問題だが、残りの六条は邵雍や司馬光が除外される理由など、主に祭祀改廃の正当性について説明したものである。

要点を絞りつつその内容を紹介すれば、まず第一条と第二条は、邵雍と司馬光を除外する理由が述べられる。熊禾は、邵雍と司馬光は斯道《しどう》を伝えた功績において他の五人とは差があることを主張しており、邵雍には二程との直接の関係がなく、またその著作である『先天図』や『皇極』も高く評価できないとする。また司馬光に対しては、揚雄を評価して逆に孟子を疑う文章を書いたこと、また蜀漢ではなく曹魏を正統としたことを欠点として指摘する。

第三条は重要で、質問者は、周張程朱の五賢はあらゆる郡県で孔廟の従祀以外でも祀られているが、これは礼の「煩」(過剰な祭祀)にあたるのではないかと問う。熊禾はこれに対して、そもそも学校の祀典の方が誤っており、道統が一つであれば祀典もまた一つに統合されねばならないのに、後世これが二つに分裂したことを説く。熊禾からすれば、孔子・四配・十哲・七十二弟子・二十四大儒・道統の先儒をすべて祀るのがおかしいのであって、七十二弟子と二十二大儒を定めた唐の礼官には見識がなく、軽々しい議論をおこなった結果とみる。それゆえに学校の祀典の方が「煩」であると主張し、逆に各地の書院は多くが「煩」を恐れて、竹林精舎と同様、四配と六君子のみを祀っているという。中央で定められている現行の祀典には無駄が多く、道統を表現できていないから、不要な対象を除いた上で、中央から地方まで学校では同様の祭祀をすべきという主張につながる。ただしここでは、地域独自の祭祀を除外していない点は注意する必要があり、それは第七条の問答からうかがうことができる。

第四条では質問者は、祭祀の礼はそれぞれ古くから続く国の俗に従っているのであるから、祠をつくるのは義の心より起こるものであって、礼として問題はないはずなので、あなた(熊禾)の言に従い一律に撤去してしまえば、人情からして不安をかきたてるのではないか、と問う。熊禾はこれに対して、「これはなんという言い草か」と強い語調で批判する。熊禾の調べによれば、福州の先賢祠は陳襄ら五人から始まり、のちに一一人となり[82]、今は五〇人以上にも上り、とくに郷牧祠（名宦祠）の中にはふさわしくない者も祀られているという。明らかに「清議に容れられず」、南宋末に地方官となったが敵に攻められて死ぬこともなく、元軍の占領とともに裏切り寝返ったため、今にいたるまで人々に笑われている者がいた。のちに縁故によって諡号を贈られ、結局合祀されたが、熊禾は「これによって学校の祀典に連なっているのは、郡学の恥としないわけにはいかない」と述べ、子孫の権勢が盛んであることは気にせず、これを祀らないよう上申したと述べている。

第五条と第六条は福州ではなく、宋蜀翁からの問いとして興化の学に対して答えたものである。第五条は、竹林精舎では二程が張栻よりも先におかれているが、南宋で決められた従祀の順序では、張載が二程よりも先におかれているので、議論が紛糾しているとのことであった。張載は道統では二程を受けるとされるが、両者は縁戚関係にあり、張載が二程の表叔（祖父の姉妹の子）にあたることがその理由である。熊禾はこれを「学校の公は家庭の私例で論じてはならない」と述べ、二程を先におくべきとした。さらに四配のうち顔子・曽子・子思はその父が十哲もしくは七十二弟子の中に含まれるから、父子の序列が逆転する逆祀ではないかと問われ、熊禾はこれに対して、父を元来の場所から外し、別室にてとくに祀るのが礼に適うと答えている。第六条は、四配が皆西向きであるがそれはなぜかという問いであり、熊禾は東西に互いに向き合うよう交互におくのが古制に合致すると答えている。

第七条は、郷の先賢および良牧を祀る礼学上の根拠を問うたものである。熊禾は『礼記』にある「東序に先賢を祀る」というのが通祀に相当し、一国一郷が祀る先賢と郷先生は「郷先生を社に祭る」ことによって正当化する。かつて北宋の陳祥道は、東序に祀る先賢というのは、中央の国学のみを想定して議論を展開していたが、熊禾の理解では「東序」は地方の学校のことも等しく指し、経文にいう「先賢」は孔子廟に従祀される存在で、学で通祀することの根拠になるという。一方で「郷先生」に該当するものとしては、南陽の諸葛亮や東海の管仲、あるいは蜀の文翁・閩の常衮らをあげている。これらは人心が自然と祀りたいと思うゆえに祀られたものであるから、このような人物は郡国に詔をくだして旧志（地方志）を調べさせ、とくに顕著なものは学に祀るべきであり、またそれらの子孫を復興させ、官を与え、元来祠廟があった場合にはこれを守り修復せねばならないとしている。これは、郷賢を選定して学で祀り、その子孫を保護すべきという主張である。

第八条は、第三条で熊禾が述べた、中央と地方の学校の祭祀を統一するという主張に対して、質問者が中央の太学と地方の学は古から制度が異なるので祭祀が異なってもよいのではないか、と質問したものである。熊禾の答えは質問者の意図に沿っていないが、その主張をみれば、漢代の学は詩書礼楽の四つの学に分裂し、専門の学となってしまったが、本来は天子から庶人にいたるまで道は一つであり、学校は国学も地方の学も同じ制度であるはずだ、という点にまとめられる。これも、北宋後半期に王安石学派の到達した結論を、そのまま地方の学校にもあてはめて説明したものといえる。

これらの問答を通して熊禾の描く学校像をまとめれば、以下のようになるだろう。三代以来続く道統は一つであり、熊禾にとっては、堯・舜・禹・湯・文王・武王・周公・孔子・顔子・曽子・子思・孟子の後に周敦頤・程顥・程頤・張載・朱熹と続く、南宋から元にかけて確立された道統が存在する一方で、漢代あるいは唐代の浅薄な儒者によって歪められた祀典が存在し、本来ならば学校の祭祀は道統を表現するものへと一変されなければならないものであった。そして中央の国学と地方の学は、ともに道統を表現するまったく同一の祭祀がおこなわれるべきであるが、一方で地方固有の先賢は「郷先生を社に祭る」というまったく別個の理論により正当化され、その子孫は保護されるべきということになる。重要なのは、道統を表現する全国で通祀されるべき対象を明確にすることと、地方での郷賢・郷先生を切り離された別の次元でとらえている点にあり、これは南宋時期にはみられなかった発想で、とくに魏了翁が周敦頤の祭祀にも地縁の要素を求めたのとは対照的である。

もう一点、これらの議論を通じて指摘しておきたいのは、たびたび言及される「公」の概念である。これは質問者の問いの中にも複数みられるが、学校の祭祀にかかわる議論はまさしく「公議」であり、「私」によって妨げられてはならないものであった。熊禾は、学校における祭祀を「公」、家庭における祭祀を「私」と述べるが、これは家廟に対して先賢祠を公的なものと認識しているからである。しかしそれ以上に、道統の祭祀を個別の学校の祭祀に対して「公」と位置づけていることが注目される。福州において祀るに値しない人物を祀る状態は、福州路学の「羞」と述べており、福州のみではなく天下の士人が同様に尊重すべきものを「公」と表現し、先賢祠を多く壊したと非難を述べた人物をみて「公論」がないと嘆いたのは、自らの地域を中心に考えるあり方のみでは「公」ではないからである。道統と郷賢を截然と区別し、前者を「公」的な存在としてその混同を避ける態度であるといえよう。一方で、熊禾に質問した福州の人々にとっても、学校は公的な場であり、その議論は彼らにとっての「公論」であった。現に、一連の経過には学に仕える博士だけでなく、在野の学識者である熊禾をはじめ、多くの人物が議論を交えることによって先賢祠の選択がおこなわれた。このような傾向は宋元交代の頃からみられるし、これを「公論」とするのもやはりこの時期以降の特徴である。ここからは、官学が地域士人層にとっての公的な場として、その中心に位置したことがうかがえるであろう。

(3) 黄溍の作為

道統に位置づけられる先儒が増え、官学では一〇五にものぼる祭祀対象を祀るのが一般的になり、書院でも全国的に著名な先賢を祭祀の中心に据える例が増えてくる。そんな中、唐代以来積み上げてきた先賢祭祀の理論を巧みに解釈し、その意味を変化させたのが黄溍《こうしん》である。黄溍は浙江婺州義烏の人で、宋元交代期の一二七七年に生まれ、延祐二(一三一五)年に進士に登第、国子博士や江浙等処儒学提挙(広域行政区画の学政を管轄する)などを経て翰林直学士まで進み、至正一〇(一三五〇)年に致仕、至正一七(一三五七)年に没した。その人生は元朝の命脈とほぼ重なっており、元代の婺州を代表する儒者である。

黄溍「勅賜丞相冀寧文忠王祠堂記」（『文献集』巻七）は、特穆爾達実《タムルダシ》を祀る祠堂を景賢書院につくった際の記文である。特穆爾達実は喀喇托克托《カラトクト》の子で、国子学諸生のときに頭角をあらわし明宗の潜邸に仕え、陝西行台侍御史（陝西地域内の行政を統括する機関において監察をおこなう中級官僚）や奎章閣侍書学士を経て、のち至元六（一三四〇）年には中書右丞（宰相より下位の大臣クラス）に、至正元（一三四一）年には平章政事（宰相に次ぐ官）にまでなっただけでなく、伊洛諸儒の書を深く研究していたと評される人物である。[83] 至正七（一三四七）年、在職中に没し、翌八（一三四八）年、順寧府宣平県にある景賢書院に祠堂がつくられた。景賢書院は特穆爾達実の父喀喇托克托が、武勲により下賜された地に別宅を築き、ここに師を招いて特穆爾達実ら兄弟に教えを施したものを前身とし、のちに郷里の父老の請により精舎をつくったところ、これが中書に認められ賜額されて書院となったものである。喀喇托克托はすでに書院中の祠堂に祀られており、特穆爾達実が没した際、さらに別に祠堂をつくって特穆爾達実を祀ったのである。

勅命により黄溍はこの記文を書き、その中で『礼記』文王世子の経文および注について言及しているが、この引用は若干正確性を欠き、そのためか意味をやや曲解している可能性がある。黄溍がいうのは以下のような内容である。古の時代には大きな功績があれば大烝に祭られたが、これは後世の皇帝への配享に相当し、国をもった諸侯などは廟をつくって祀り、これは後世の群臣家廟に相当する。釈奠には合があるといい、ある説では国故の例として伯夷・夔・周公があげられ、学校がそれぞれ郷の先賢を祀る根拠とされているが、「そもそも唐虞・成周では、隣国が伯夷・夔・周公を合祭するのでなければいったい誰を合するというのか。[84]」という。この文章は難解だが、伯夷や夔は国故としてその土地だけで祀られるような対象ではなく、むしろ隣国が合祭したほどの人物である、ということを述べていると考えられる。そうであればここにみえる唐虞・成周とは特定の地域を指すというよりは、古の時代を漠然と指しているのかもしれない。黄溍がこのように述べた目的は、特穆爾達実は父子揃って名相となったのだから、功臣として皇帝に配享し、また家廟をつくってそこで祀るべきであり、郷国で学校の士が専ら祀るのはふさわしくないことをいうためである。すなわち、喀喇托克托父子を先賢としてこの地域の学校だけで釈奠するのではなく、もっと広範に、あるいは中央で廟祀すべきことを述べているのである。

かつて魏了翁は、夷・夔・周公は大烝に祭られるべき人物であるから、『礼記』の経文と鄭玄注は、当時おこなわれていた祭祀を反映したものではなく、秦漢以後の後世からみた祭祀の内容であると結論した。[85] 黄溍の説は表面上これに近く、魏了翁の所説を知っていた可能性もあるが、しかし、これを引用した目的およびその結果は、より広範に廟祀することにつながるもので、魏了翁の意図とは真逆になる。この記文は、南宋以来の『礼記』解釈を念頭におくと、どこに問題点があるのか明確ではないものの、読む者に違和感を覚えさせるものなのである。この不自然さは、黄溍が同じ経文に言及した次の二つの文章によりはっきりとあらわれている。

黄溍「送東川書院陳山長序」の冒頭には次のようにある。

> 古の先師に釋奠するは必ず其の學の自《よ》りて出づる所に本づき、各自之を祭る。其の師に非ずんば學ばざるなり。其の學に非ずんば祭らざるなり。[86]

この表現は、一見すると釈奠に関する従来の解釈を踏襲しているようにみえるが、実はその意味が微妙に変化しているのである。とくに「各自之を祭る」というのは、「釈奠者必有合」に付された孔穎達疏によれば、己の国に先聖先師がいれば隣国と合する必要はなく「當《まさ》に各自祭るべし」とあり、孔穎達説を採用する魏了翁ら南宋の儒者は、皆これを地方における固有の先賢を祀る根拠として理解してきた。しかし黄溍は、定型句となった孔穎達の表現に、新たに「必ず其の學の自りて出づる所に本づき」を挿入することによって、新たな解釈を生んだといってよい。なぜなら、南宋末から元代にかけての道学派にとって、「學の自りて出づる所」とは、一般に周敦頤や二程らのことを指すからである。例えば黄榦「台州州学四先生祠堂記」(『勉斎集』巻二〇)では、朱熹が社倉を建てて飢饉から民を救ったことを紀念して祠をつくったが、同時に周敦頤・程顥・程頤をあわせ祀っており、それが「其の學の自りて出づる所」を示した結果だという。また欧陽守道の「韶州相江書院記」(『巽斎文集』巻一四)でも「學の自りて出づる所」とは周敦頤のことを指し、二程がそれを受けたと解している。

また「其の師に非ずんば學ばざるなり。其の學に非ずんば祭らざるなり」というのは、朱熹『儀礼経伝通解』巻六、士相見に「古は其の君に非ずんば仕えず、其の師に非ずんば學ばず、其の人に非ずんば友とならず、其の大夫に非ずんば見《まみ》えず[87]」とあるのを踏まえたもので、その師にふさわしくないものからは学ばないという意味で述べている。すなわち黄溍のこの表現は、周敦頤以来の道学を学ぶ者は、皆道統の先儒を祀るべきという意味を帯び、宋代以来積み重ねてきた釈奠の解釈を、大きく変えてしまう可能性をはらむものであった。

ただしややこしいのは、この「送東川書院陳山長序」における文脈では、漢の厳子陵・諸葛孔明・晋の王逸少(王羲之)・陶元亮(陶淵明)・唐の陸敬輿(陸贄)・白楽天について言及しており、実際に東川書院は陶元亮を祀る書院であるから、地域固有の先賢を祀るという従来の含意と大きく異なるわけではない。とはいえ、黄溍の主張は、東川書院で学ぶ者は陶元亮の学を学ぶことを自覚すべきだとしており、これが「其の師に非ずんば學ばざるなり。其の學に非ずんば祭らざるなり」に相当するのである。つまりここからは、自分の直接の師とその淵源、すなわち学統を祀るという主旨が浮かび上がってくる。

さらに黄溍の「送高節書院劉山長序」(『文献集』巻六)ではその点がより明確になる。先師に釈奠することを解釈して黄溍は、古の先師というのは、『詩』に毛公、『書』に伏生、『礼』に高堂生があり、「初めはその賢によって祀ったわけではない。その学をおこなうからその人を祭るのであって、祭祀には本とするところがなければならない[88]」と述べる。毛公・伏生・高堂生をあげているのは、『礼記』の釈奠に関する経文の鄭玄注・孔穎達疏を念頭におくからで(詳しくは第四章参照)、『詩』を学ぶ者は毛公を、『書』を学ぶ者は伏生を、『礼』を学ぶ者は高堂生を祀る、という理解にとどまるならば唐代までの経学と変わらない。しかし、「その学をおこなうからその人を祭るのであって、祭祀には本とするところがなければならない」と表現しているのは、詩書礼楽すべてを包摂した道学を学ぶ者は道統に功ある者を祀るべきだ、という意味を新たに付け加えているのである。より具体的には、「今の道学は、ひとえに濂洛の大儒(周敦頤・程顥・程頤・張載・邵雍・司馬光)と、乾淳の三人の大儒(朱熹・張栻・呂祖謙)から出ており、これは学者にとっての先師である」[89]から、官学で孔廟に従祀するのだという。一方で、書院は前代の史書に記載された高人逸士を先師とするから、高節書院が祀る厳子陵はそれに該当し、高節書院では厳子陵に学ばなければならないとし、構造としては「送東川書院陳山長序」と同様の結論が導かれている。

これは、唐宋時代より積み重ねられてきた『礼記』解釈を、巧みにすり替えた結果といえる。実際にはどちらの例も、書院が地域固有の先賢を祀ることに結びつけているため、その含意の変化はみえにくいが、従来解釈の余地を残しつつも、新たな解釈を加えて力点をそちらに移しているのである。その含意とは、すべての学者が道統にもとづく祭祀をおこなうことの正当化にあったから、南宋期に地域ごとに異なる祭祀を正当化する理論が、逆に通祀を正当化する理論へと転化したといえる。これは南宋末以降、道統の標準化が確定し、あらゆる学校で周敦頤以下の従祀が重視されていくようになった状況に、的確に対応したものであった。そしてこの理論は、地方における郷賢祭祀を阻害しなかったという点が重要であった。

(4) 明初、宋濂の「孔子廟堂議」

熊禾や黄溍の議論は、のちに明初を代表する儒者である宋濂の議論へと受け継がれる。洪武四(一三七一)年に宋濂が国子司業(国子監次官)の立場から述べた「孔子廟堂議」は、国学の孔廟における儀礼について、古の礼と比べて異なっている点を列挙したものである。先聖先師の位の向きや、塑像ではなく木主(位牌)にすべきという主張など新たな論点もあるが、熊禾の議論を参照していることは間違いなく、伏羲《ふっき》以下の道統にかかわる人選については「建安熊氏」すなわち熊禾に賛同することを明確にしている。

その「孔子廟堂議」の中で重要なのは、学校で祀るべき先師について述べた箇所である。「釈奠は必ず合有るなり、国故有らば則ち否なり」という『礼記』の引用に続いて、国の先師として周の周公や魯の孔子をあげ、それらの国では隣国と合せず各自が釈奠をおこない、「是の時に当たりては、学者各自其の先師を祭り、其の師に非ずんば学ばざるなり。其の学に非ずんば祭らざるなり」[90]と述べているのである。そもそも宋濂は黄溍の門に学んでおり[91]、この表現は黄溍のものを踏襲していると理解すべきで、自らが範とする学統以外の師は祀るべきではない、という意味で用いていることが明らかである。さらにこの後に続く宋濂の主張を読めば、孔子および顔孟曽子の四配は通祀されるべきであるが、各地の学校ではそれぞれがその邦の先賢を祀ればよく、逆に七十二賢は地方で祀るべきではなく、ただ国学のみで祀ればよいという結論が導かれている。これに先立つ洪武二(一三六九)年の詔では、孔子は通祀する必要がないとされており[92]、洪武一五(一三八二)年に太学が新たに完成するまで、地方において孔子を祀ることは義務づけられていなかった[93]。しかし実際には、元代の比較的制度の整った学では、孔子・四配・七十二賢(実際は七十二)・二十四大儒・十先儒が祀られており、明初もほぼ踏襲している状態であったし、明初に新たにつくられた学もおおむね同様であったと考えられる[94]。宋濂にとっては、地方の学で孔子と四配を除き一〇五もの先賢を祀ることは正しくないものとみなされ、とくに荀子や揚雄・王弼らを省くべきだとしているが、ここで列挙される祀るべきでない人物群は、熊禾の議論を踏襲したものである。

以後孔子廟の制度が定められていく過程において、この宋濂の議論はさまざまな論点でその基礎となり、大きな影響を与えることとなった。ただし七十二賢などは、地方の学で省略される方向には向かわず、従祀も基本的に増え続けていき、嘉靖年間にいたっては郷賢・名宦もすべての学で正式に祭祀が義務づけられることになる。結局、地方の学は国学と同様の祭祀を自主的に模倣しつつ、かつ地方独自の郷賢・名宦祠も抱え込んでその祭祀対象は増え続けるという状態に帰着したのである。

子孫の存在を背景として、先賢祭祀を祖先祭祀と結びつけてとらえる流れは、南宋期にはまず官学で現象としてあらわれ、その後書院により明確な表現としてあらわれるようになった。それが家塾を祖形とする公的に認可された書院の代表的な形態であったが、元代の大きな特徴として道統の確立と広範囲への普及があり、官学を中心として画一的な祭祀が広がっていった。書院はそれに比べれば独自性が維持されたが、それでも官学や中央の統制する祭祀の影響を強く受けざるを得なかったのである。そのような中で、周敦頤以下の道統の先儒は通祀されるのが当然となり、それに対応する理論が必要とされたが、その一方で、地域固有の先賢は継続的に維持されただけでなく、より地域との強い関連性が要求されるようになっていった。地元の先賢の多様化と増加の結果、南宋末以降には「隣に合する」ことは実質的に不要となり、隣州あるいは隣県の先賢はむしろ除外されていく傾向が生じることとなった。それは経書を通して解釈される内実にも変化をもたらしたのである。

元代地方学校における祭祀の特徴を一言で述べるならば、通祀される先賢と地域固有の先賢の二系統を截然と区別し、理論上も分離していく過程だったとまとめることができる。しかも通祀の示す地理的範囲が「中国」全体に固定化される一方、地域の先賢が表す地理的範囲は単一の行政区画へと絞られていったから、これを士人層の意識という観点からみれば、中華によって統合された自意識と、行政区画化された地域意識との、両立・併存が進んだといえるだろう。

明代以降には、いずれの官学においても郷賢祠と名宦祠がおかれ、その数はおびただしいものに上った。中央の孔子廟における従祀も基本的に増え続け、地方学校はそれらの祭祀も包含し、学校は大量の先賢を祀る場になっていく。ここに、「学校の重んずる所は祀事に在り」[95]とされる、祭祀空間としての学校が完成するのである。

終章　変容する学校と地域意識

1　変容する儀礼祭祀空間としての学校

本書は宋代を中心として明初にいたるまで、教育史の視点からではなく儀礼祭祀の空間として、地方学校がどのような変容を遂げたのか、地域社会との接点を意識しながら描いてきた。北宋前半期には、中央の国学孔子廟と同様のものを広く地方にまで普及させることがめざされ、その後、徐々に孔子廟は学校へと切り替えられていったのである。「廟」から「学」へ、「廟祀」から「釈奠」へという理念上の転換をともなったこの変化は、自らの学問が拠って立つ源流を意識し、師として崇拝するという行為が、過去の偉大な王を尊崇し祀るという概念から分離独立し、同等以上の意味をもつようになることでもあった。

儒教の祭祀を貫く原則の一つとして、「類」を同じくするものが祀る、というものがある。極めて原理的な考え方をすれば、過去の偉大な王を祀るのは、同じ立場にある皇帝など為政者がおこなうことを前提にしており、これは一個人としての皇帝というよりは、皇帝という立場にある者がおこなう祭祀と位置づけられる。そこには統治をおこなう立場からの理論が貫かれており、唐代には広く地方にまで孔子廟が普及したが、それも皇帝の代理として為政者たる地方官に祀らせていた、という構造が浮かび上がってくる。それに対して、自らが師と仰ぐ者を崇拝する行為は、その主体が儒教の教えを守る人々の側にあり、皇帝や地方官などの為政者から、「学者」すなわち儒教を学ぶ人すべてが包摂される。釈奠を祭祀ではなく、自らの師に対する礼とみなせば、それは本来個人と個人の間に成立する行為であり、為政者という立場・身分がおこなわせる儀礼とは性質が大きく異なるのである。実際には、釈奠はほぼ孔子に対する礼として固定化されたため、そのような色彩が薄れていたのも事実であるが、それでも士個人が信仰を表明する礼として、その原点に立ち返ろうとしたのが、北宋中期における欧陽脩や王安石の目的だったと理解すべきであろう。このように、儒教の教えを学ぶすべての人々が一個人として礼をおこなうというあり方は、のちの朱子学を特徴づける重要な要素となっていく。釈奠は、士としての自意識を確立させ、それを表明するという、実に宋代らしい礼へと転換されたのである。

宋代以降の学校は、一つには孔子を師とするアイデンティティを涵養する空間だったといえる。しかし一方で、学校が普及をするにともない、中央の国学が祀らない対象である、地域固有の先賢も学校内で多く祀られるようになっていく。北宋から南宋中期頃までの傾向としては、先賢祠の選択が主に外来の地方官によってなされていたことが重要である。地方官は為政者としてその地の教化をおこなう必要があり、また儒教を学ぶ一士人として、孔子をはじめとする偉大な先人に礼を尽くす必要があった。建学や修学事業はその具体的なあらわれであったが、それにとどまらず、その地の先賢を見出して学校に祀るのは、基本的には為政者が過去に教化をおこなった人物を祀ることで、自らの立場をそれになぞらえることに主眼があった。しかしこれを学生や地域士人の側からみれば、地域における教化の歴史が学校の中に視覚的に表現されたことになる。彼らにとっては、孔子という遠い存在よりも、より身近な存在に自らのアイデンティティを託すことができるようになり、また連続した歴史上の存在として先賢を意識することにより、地域発展の歴史と伝統の上に自らを位置づけることができるようになったのである。

先賢祠が一般化していく過程の中で、飛躍的な進展があったのは南宋中期のことである。朱熹自身が積極的に過去の先賢を指定し、祭祀を実践しただけでなく、それに共鳴する人々、すなわち朱子学の興隆を通して、各地の学校で先賢祠が普遍的にみられるようになっていく。それまでは、祀るべきだと思う対象を祀るという、人間に普遍的にみられる自然な感情が優先されていたが、南宋中期以降から祭祀の正当性を示すことが求められるようになっていった。このような祭祀における礼学上の根拠を問い直す真剣な思索は、「郷賢」や「名宦」といった概念区分の確立を促し、これらはのちに公的に定義が明確化され、制度としても定着していくのである。このような流れの背景として、政治・学術上のヘゲモニー闘争の末、排斥された道学派が地域社会を基盤として名誉回復をめざしたことがあげられる。中央に処罰されたり、異端の烙印を押された人物を祀るためには、その正当性を明確に主張する必要があり、そのための理論構築にも多くのエネルギーが向けられたのであろう。史料の端々にみられる、時として強引にも思える強い主張は、彼ら自身の存立にかかわる理論武装としての面もあった。

道学派の巻き返しが功を奏する南宋後期から末期にかけては、地域伝統が発掘される一方で、周敦頤や二程・朱熹をはじめとする道統に直接かかわる儒者たちが広く祀られるようになっていく。これは祀る側が、地域にかかわらず道学を信奉するものと自らを位置づけ、それを表明する意味を含んでいた。地域の伝統を媒介として孔子から自らにつながる線を描くのとは異なり、道統という線を通じて孔子から自らへのつながりを見出す方法である。この二つの異なるラインをどのように整理すべきか、というのがこの時期以降の大きな課題となった。南宋の中でもひときわ緻密な理論を展開した魏了翁は、学校でおこなわれる祭祀は少なくとも地域伝統に立脚した存在でなければならないと考えたのである。

南宋末以降には地方官だけでなく、地域士人層も先賢祠の選定に関与する傾向を強め、地域固有の先賢祠は、より狭い範囲内で、より現実の地域社会に密着した存在が選ばれるようになっていく。その一方で、周敦頤以下の道統の先儒は王朝国家に正式に認められ、孔子廟への従祀が決まったことを契機として、各地に通祀することが正当化された。いわば道統によるアイデンティティの公認と拡大であるが、元代にはこの道学アイデンティティと地域アイデンティティを区別し、別個のものとしてともに尊重することで、結果的に二つの系統の祭祀を両立させたのである。これは、儒教による「中華」的統合と地域意識の両立、と言い換えることができ、この両者が表裏一体となって発達していったことを示唆してくれる。

2 士人社会における地域コミュニティとしての場

次に士人同士の交流という観点からみた場合、学校はどのように位置づけられるであろうか。まず科挙との関係について述べれば、宋代以降の長期的な歴史において、学校は科挙の発展とともに普及したことは確かである。しかしごく一般的に理解される、科挙合格が人々を学校に惹きつけたという理解にとどまっては、いくつかの重要な点を見落としてしまいかねない。人々が学校に集まった直接の理由は、学校で勉学に励み学力を身につけることが主目的だったとはいえないからである。

それよりも地方官・学生・地域の有力者といった人々の集う場が提供されたことが重要な意味をもつ。とくに学生には、まだ官界に出たことのない若者が多く含まれ、彼らは基本的に科挙受験やその他の手段を通じて、将来の仕官、栄達をめざす者たちである。彼らにとって、地方官や地元の名士が出入りする場が広く開かれた意義は大きく、幸運にも科挙合格を手に入れる者は、その過程において著名な人物から高く評価されることが普通であり、科挙合格のための必要な条件であったとさえいえる。第二章では成都府学の様子を描いたが、学校内で評価されることの重要性をみてとることができるだろう。さらに科挙受験にとどまらず、合格後の官歴においても学校で得た人脈は少なからぬ意味をもち、蜀党など地域を冠する朋党があらわれる基盤を形成した。現代社会にいたるまで学校にはこのような性質が含まれているが、当時の文脈上重要だったのは、拡大する士人層に対応して生まれた新たなコミュニティだったという点である。それ以前、例えば唐代や北宋初期において、私的な教育機関が史料に散見され、それぞれ学問を同じくするものが集ったと考えられるが、宋代の地方官学は比較的規模が大きく、地方官も積極的に関与し、また学校にかかわる条件としては、儒教を学ぶという一点のみが要求されたから、まさに士人の集う最大の地域コミュニティになり得たのである。とくに文化資本や、人脈という資本をもたない新興層にとっては、そこにアクセス可能なほとんど唯一の手段であったろう。

このような視点でみたとき、北宋期の科挙改革議論の意味がより明確になる。宋代を通じておこなわれた科挙制度改革は、単に経書を暗記し詩賦をつくるのが巧みである人材を退け、人物本位の人材登用をめざすものであった。理念的には周代や漢代におこなわれたとされる「郷里の選」(=「郷挙里選」)を理想としたが、これは郷里における士人社会の中で高い評価を得た者こそ中央へ推薦すべきとする考え方で、新法党・旧法党、そしてのちの道学派を問わず、宋代士大夫に通底する基本理念であった。それぞれの政策の違いは、この理念を実現するための、実際上の手段における対立に過ぎない。

学校政策は多分に理念的で、古の理想的な社会を実現するために欠かせないものと位置づけられていたが、これを科挙の理念と照らし合わせて考えれば、推薦の基盤となるような地域社会に士人コミュニティを形成する場が必要であり、そこで人格的陶冶をおこない、コミュニティ内で相互に評価をすることで、中央政府たる王朝国家に有用な人材を育成・推薦すること、それが本来学校に期待された役割だったといえる。王安石、そして蔡京によって全国的に学校制度が整備され、科挙制度との融合が図られるが、これはこのような学校を通じて、各地域社会をその理念のもとに秩序化し、画一的な士人層の養成をめざしたととらえられる。そうであれば学校は、個々が最終的に科挙に合格する学問的知識を身につけるための場ではなく、地域の中で相互に評価をおこない、士人による地域秩序が示される場、いってみれば理念上の「郷里」を体現するものでなければならなかった。科挙単体では単なるペーパーテストに過ぎないため、当時の人々にとって科挙のみを重視するやり方にはそもそも正当性がなく、急激に膨張する科挙制度を支えるために、新たに学校のような場をつくることは、制度を正当なものとし、有効に機能させるために欠かせないことだったと考えられる。

さらにここに祭祀空間としての役割が関係してくる。釈奠は孔子を祀ることで、自らが儒教を信奉するものであることを示す、学校における最も重要な儀礼である。唐代の後半期には地方官のみが孔子廟でおこなう儀礼になっており、事実上学校とは切り離されていた。単に理念上の問題だけでなく、宋代には実際に地方官のみならず学校に住まう士人らがともに参加するようになったから、釈奠は名実ともに儒教的価値観を広く共有するための儀礼へと変化したのである。さらには年二回の釈奠だけでなく、地方官による着任儀礼や学校視察、あるいは朔望(月の一日と十五日)ごと、朝夕ごとにおこなわれた謁礼などは、時代が下るとともに史料上に多くあらわれるようになる。これら儀礼に参加する人々は、自らが何を信じ、どのような教えを守る存在であるのか、すなわち自分の属性と帰属意識を確認することを通して、ともに参加した人々の間に連帯感を生じさせたであろう。さらに釈奠に付随して先賢祭祀がおこなわれるようになるから、孔子の教えを受ける者という属性のほかに、各地域独自のアイデンティティが共有され育まれていった。

南宋になって相対的に科挙へのアプローチが難しくなった後も、学校はこのような儀礼を通じて地域コミュニティの場としての意義を維持し、むしろ強めたと考えられる。南宋中期に興った朱子学は、自己修養を説いて科挙受験とは距離をとる姿勢を示したが、それは「郷里」を体現する理想的な学校のあり方と親和性が高かったため、朱子学もまたこのような学校像を強く追い求めた。朱熹自身、官学に対しても積極的に働きかけ、学校における礼制の整備に取り組み、釈奠や郷飲酒礼の正しいやり方について提言をおこなっている。一方で、政治的・学術的に道学派は必ずしも優勢ではなかったため、自らの学問についての新たな伝統である道統をつくり上げ、これを官学だけでなく書院にも祀り、釈奠などの儀礼を導入して、そこに理想とする学校を見出そうとしたのである。もともと書院は官学とは異なり、必ずおこなわなければならない儀礼等は存在しないし、孔子を祀る必然性もない。しかし南宋末から元にかけて、書院も公的に認可されるようになっていくと、書院に所属する士人も釈奠など一定の儀礼に参加することが義務づけられていく。この儀礼、とくに孔子を祀ることを通して、官学と書院の共通性が担保されることとなったから、書院は一部の特殊な学派のコミュニティではなく、より公的なコミュニティとして認められていくこととなった。

逆にいえば、学校が地域の士人コミュニティを代表する場である限り、学校儀礼に参加することは、士人社会の成員として認められることに直結する。宋代の学校は、急増する士人層を抱え込む場、士人にとっては地域の核となる場としてつくられ、王朝も一貫してそれを理想的なこととして支持したと考えられる。すなわち学校が地域社会に受容されて定着していく過程、地域コミュニティの場として成熟していく過程こそが宋元時代の学校の歴史であり、学校内でおこなわれた儀礼祭祀はその中で重要な位置を占めていた、というのが本書の結論である。

これを当時の表現を借りれば、「学校、公論の自《よ》りて出づる所なり」ということであろう。[1] これは宋代からあらわれる表現だが、もとは地方学校ではなく、中央の太学に関して述べたものであった。[2] ところが南宋末になると、地方官学を指して「蓋《けだ》し学校、公議の自りて出づる所なり」[3]と述べる例があらわれてくる。この発想はどのような基盤の上にあるのだろうか。南宋末の類書である林駉《りんけい》『古今源流至論』の郷評の説明では、冒頭に「郷党、公論の自りて出づる所なり」とあるが、この文章は全体として范仲淹らによる慶暦の科挙・学校改革について述べており、郷から学へ、学から司馬（中央の人事を掌る官）へと推薦する古の制度を典拠を連ねながら説き、宋代に確立された学校と科挙の制度はこれを模したものであることを説明している。ここには、学校のような地域社会があってはじめて科挙の正当性が担保されるという考え方がみられ、これを「公論の自りて出づる所」と称しているのである。第六章でみた熊禾や福州の人々の議論からは、学校での議論が「公議」であったことがうかがえる。学校は地域社会で士人が集い、それを統合する場であり、彼らにとっての「公」空間であるという観念は、南宋末頃に一般化していったと考えられるのである。

3　地域伝統の創造と地域意識の先鋭化

学内先賢祠がつくられる過程を具体的にみてみれば、地方志や祀典などの資料からそれにふさわしい人物を選んだり、あるいはすでに地域で祀られている対象を学内に集合させたりする例がみられる。一度学内につくられた先賢祠がその列から外されることはまれなため、その祭祀対象は相当な期間継承されていくのが一般的である。しかも先賢祠として確立すれば、地方志や祀典に記載されるから、戦乱を経て王朝が代わっても継続して祀られることが多い。これはいわば地域伝統の創造であり、その伝統は必然的に再生産され、地域に定着していった。学校は、その地域の歴史・伝統を集合して蓄積・継承する場となっていったのである。さらにその歴史と伝統は、日常的な儀礼を通じて学生たちに浸透し、彼らの地域的アイデンティティとなり、それは同時に他地域との比較を通じて「地域」、という観念を自覚させることにつながった。

そもそも地域意識というものは、自らの属する地域を他の地域と比較し相対化することで、はじめて意識されるものである。このような比較がなければ、地域が存在し、その統合として王朝が存在する、という世界観も成立し得ない。儒教的価値観という、王朝国家が背負う統一された価値基準があり、その基準に沿う形で、学校の中に地域の伝統が構築されていったのである。統一された価値基準のもとでは相互に比較することが可能であり、そのため地域的帰属意識とそれにもとづく対抗意識が生じやすい環境が生まれたが、このような意識は科挙制度と親和性が高く、この傾向に拍車がかかった。当時の科挙制度では、中央でおこなわれる省試を受験するためには、原則としてまず予備試験である郷試(解試)に合格する必要があったが、宋代の制度では郷試の合格枠が地域ごとに定められている解額制度を根本に据えており、この解額を通して各地域の文化水準が可視化されたという側面がある。これが都鄙をはかる有力な指標となり、全体として都鄙の感覚が発達しやすい環境が整えられ、士人にとっては自らの属する地域をこの基準の上にどのように位置づけ、認識するかというのが、重要な問題として意識されるようになっていった。科挙制度の理念そのものに古の「郷里の選」と同様、科挙合格者は地域を代表し、地域から推薦されて中央政府に奉仕するという考え方が通底しているから、出身地域に対するイメージや評価は、各個人と切り離して考えることの難しい属性であった。地域伝統の創造は、これらの地域意識を先鋭化させ、地域間の競争意識をかきたてるのに一定の役割を果したとみるべきであろう。

本書では第二章で四川と福建を対比させたが、それだけでなく全体として四川地域と福建地域への言及が目立つ。これは意図してそうなったわけではなく、史料全体をみたときに特徴的な史料がそこに多く存在したことによる。宋元代の史料分布は地域的な偏差が激しく、時期によって史料の豊富な地域とそうでない地域がはっきり分かれている。しかし史料が豊富であるはずの例えば浙江地域と比べれば、やはり四川と福建には特徴的な傾向があるというべきだろう。両地域はともに中央からみれば辺境に位置したが、宋代を通じて他の有力な地域に見劣りしないほど多くの科挙合格者を輩出している。四川あるいは福建の士人からみれば、自らの地域は高い文化水準にあると感じられたはずだが、中央からの視線は依然として、辺境地域に向けられるそれから完全には脱却できなかった。そのことは四川・福建の士人にも理解されているからこそ、[4]それが簡単には克服できぬ負い目としてあらわれてくるのであろう。歴史的にみれば、四川と福建は儒教による支配の浸透という面で、他の主要地域よりも歴史が浅く、[5]文化的伝統をより強く称揚する必然性があったと考えられる。かつてハートウェルは、宋代に開発が進んだフロンティア地域の代表として江西をあげたが、その江西が強い地域意識をもっていたことは、本書でも先行研究でもふれられるところである。[6]このような文化的辺境地域の方が都鄙の感覚に敏感になり、地域アイデンティティの自覚をより強く促す結果となったのである。

4　宋元代士大夫と朱子学——士大夫論とのかかわりにおいて

本書で描いた官学における先賢祠と祖先祭祀の交わり、そしてそれが書院に受け継がれたことは、多くのことを示唆してくれる。科挙が高い社会流動性をもつか否かは、これまでも長らく科挙研究の大きなテーマとなってきたが、実力主義による高い社会流動性こそ進歩的であるという認識に立ちながら、文化資本の理論によって科挙の社会流動性を限定的とみなし、さほど高い評価を与えないのが、現在の主流の見方であろう。もちろん限られた階層しか科挙の競争に参加できなかったのは間違いないが、一方でその競争に参加できる層は宋代以降拡大し続けたのも事実である。必然的に競争は厳しくなる傾向にあったし、そもそもそれ以前の門閥を重視する貴族制と比べれば、その競争圧力はとても大きなものであった。どれだけ恵まれた条件を与えられようとも、最後には本人の努力や運なくして勝者となることができないのが科挙制度の基本である。科挙制度のもとでは、階層の再生産が仮に可能であったとしても、資金や本人の努力といった多くの資本の投入を余儀なくされる。さらには、そうしてさえ失敗することが珍しくないとなれば、士人層の間に不安と不満が蓄積するのは当然の成り行きであろう。北宋から南宋に移行し、支配領域が大幅に減少しても、科挙合格者の数は減るどころかむしろ増える傾向にあった。支配領域の減少は地方官ポストの減少に直結するから、科挙官僚の間で有資格者の滞留も激しくなる。恩蔭がしばしば批判されるのも、自らの力で試験を突破した科挙合格者の昇進を阻むからであり、不公正なものと認識されていた。また北宋の後半から激しくなった党争により、運悪く左遷されて復帰できぬまま死ねば、本来期待できたはずの種々の恩典を子孫に残すこともできなくなってしまう。

つまり南宋士大夫は社会的な不安定さを常に自覚させられており、外敵の脅威を意識せざるを得ない環境とも相まって、主観的には強い圧力にさらされ、将来世代に対する強い不安を感じていたと想像できる。そういった士大夫たちの不安や不満へのアプローチこそが道学派の強みであり、朱子学が学問的に勝利を収める原動力となったのである。従来から、朱子学のテーゼである「修身、斉家、治国、平天下」は、科挙合格がかなわなかった士人層に自尊心を与えたと考えられているが、付け加えるならば科挙合格以外に、地域社会で尊崇され祀られる道を開いたのも、朱子学の一つの特徴だったと考えられる。実際に、先賢祠を熱心につくったのは道学派の士人であり、政権から追放された「忠臣」を祀る例が多かったこともあるが、それに限らず各地で過去の名賢を発掘し、のちには地域に関係して功がある者や、学問に優れた人など、多くの人が祀られるようになっていった。学校は、さまざまな理由で祀られたそれらの人物を一堂に集めて、後世までとどめる役割が与えられたのである。

当時の士大夫の書いたものに接すると、個人の栄達よりも、むしろ後世にわたって一族が安定した地位を得ることに強い関心を抱いていた、という感想をもつ。もしかしたら、このような観念こそ道学の生み出した特徴だったのかもしれないが、先賢を祀り、なおかつそれを祖先祭祀と結びつけ、子孫を保護するというアイデアは、多くの士人の胸に響いた可能性がある。もちろんこれによって子孫が復興されたという例は、全体からすればごくわずかだったに違いない。しかし科挙以外の生き方を肯定し、そこに希望を与えるというのは、不安と不満を抱いていた人々にとって少なからぬ意味をもったであろう。「賢」をその血筋によって継承する「象賢」という考え方は、実力主義を強いられ、地位が不安定化した時代に見出した、世襲貴族への憧れだったのかもしれない。

最後に、近年の士大夫研究における「地方化」の論点について私見を述べることで、本書を締め括ることとしたい。序章でも述べた通り、ハートウェルとハイムズが両宋画期論を唱え、士大夫の「地方化」を主張して以来、欧米を中心としてこれが大きな論点として取り上げられてきた。ハイムズの理論の核心は士大夫の婚姻戦略の変化にあり、北宋期の超域的な婚姻関係から南宋期には地域内での婚姻関係へと、その重心が移動したことを示し、これをもとに士大夫の生存戦略が地域社会での地位確立を重視するようになったと推測し、地域において公共事業に力を入れる南宋士大夫像を描いてみせたのである。この核心部分の婚姻戦略については、現在、実証レベルではぼ否定されており、ハイムズが取り上げた江西撫州以外で同様の結果が示されないことや、撫州の調査自体にも史料上の問題があることが指摘されている。[7]この問題を指摘し、最も鋭くハイムズを批判したイ＝ソキは、ハイムズが国家（＝政府）と地域社会の間に「ゼロサム」なパワーバランスを規定し、二項対立の図式を描いたことも批判しており、国家とりわけ地方政府は地域社会と多くの場合に協力的であり、決して「ゼロサム」な権力抗争、あるいは対立ではなく、中央権力と地域権力すなわち地域士人層の「交渉」する場として地域社会をとらえるべきだと論じた。イ＝ソキの批判は論理的であり、より現実に近い社会の姿を描けていると評価できる一方、ハートウェルらの当初の問題意識からすれば、やや的が外れていると感じる面もある。というのは、そもそもの問題意識が、地域社会において官府をもしのぐ権力を行使できた明末清初期の「郷紳」が、いつどのように形成されたのかという点にあり、「郷紳」的存在の発生起源を両宋の画期に求めたのがハートウェルらの研究だったからである。このような問いの立て方であれば、地域社会において、地方官府と在地有力者層のどちらが強い権力を有していたか、いつ在地有力者層が地方官府の権力を上回ったのかという二項対立、まさに「ゼロサム」な図式にならざるを得ない。ハイムズは基本的にスキナーと同様、[8]七世紀から二十世紀にいたるまで一貫して中央権力は地方から後退したという立場に立つから、[9]その長期的展開の中で南宋を重要な転換点と位置づけたのである。

ハイムズは、権力バランスの変化を読み解く鍵として、婚姻の傾向を分析した。今日から改めて考えれば、この時期の婚姻には偶然の要素が大きく、また史料上婚姻関係を確定できるのは全体の一部に過ぎないから、ここから士大夫の変化を見出すことは少々無理があったということになろう。とはいえ、かつて小山正明や重田徳らは、郷紳的な地域支配を可能にした原因を、科挙という政治的側面と、大土地所有という経済的側面に求め、その淵源を宋代までさかのぼって解明しようとしたが、[10]それとは異なるアプローチを試みた点は今なお評価されなければならない。とくに南宋期の史料は北宋期のそれと比べ、士大夫が地域の公共事業により強い関心を示しているのは、まぎれもない事実である。

北宋期の史料と南宋期の史料には、質的・量的の両面においてかなりの差があり、単純な比較ができないという問題もあるが、南宋以降、士大夫が地域という観念をより強く意識するようになったというのは、本書における結論の一つでもある。一方で、本書で最も多く用いた史料である学記からは、学校の建設、修復にあたり、元代以降になって明らかに地域士人層の関与が増えたという印象を受ける。元代の学記には、事業に関与した郷人の姓名が記される例が増えるのが印象的で、南宋期よりも地域社会の像がより具体化するのは確かであり、この点は宋元交代に画期を見出すイ＝ソキの結論と同様である。

これらのことからいえるのは、士大夫の「地方化」という概念の指標をどこにおくかによって、議論の次元が異なってくるという現状である。本書では、学校という士大夫にとっての地域コミュニティの場が、普遍的に成立してくる様を描いたが、それは膨張する士人層の受け皿として機能したのである。宋元代を通じて、そしておそらくは明代も同様に、知識階級たる士大夫層は、基本的に増加する傾向にあったというシンプルな事実があり、それに比べて科挙合格者も官僚の数も十分には増加しなかった。そのため個々人の科挙による成功は困難さを増す一方であり、地域士人層は単純に数が増していき、その内部での秩序化・序列化も進行していかざるを得なかった。それが官府の権力を超えたか否かは、本書の扱う範囲からは明言できないが、免役特権などの実利的な面以外でも、学校という空間が秩序・序列を可視化することで、その頂点に立つ「郷紳」的存在が成長していく、その役割の一端を担ったことは確かであろう。

最後に振り返ってみれば、学校という祭祀空間の変容過程は、南宋時代を通じて多くの枠組みが形成され、南宋末頃にそれが固定化されたことがわかる。その間、領域の北半を失っていたことが彼らの意識に大きな影響を与え、その中からある種の理屈っぽい思考様式が生み出されたようにも感じられる。南宋期に形成された伝統が、のちの時代まで続く南方の文化を彩ったのであれば、金と南宋による長く安定した並立状況が、のちの中国社会を決定づけた大きな分岐点になったのかもしれない。

あとがき

私にとって本書はこれまでの集大成というべきものである。ここに収載できなかった未刊稿などもあるが、基本的には十五年もの時間をかけて考えてきたことを、この一書にまとめることができた。その到達した地点はいささか心もとない気もする一方、十五年前、漢文史料がまったく読めず、泣く泣くゼミをサボったことを思い返せば、ずいぶん遠くまで来たという感慨もある。

その長い研究生活の中で、最も記憶に残っているのは二〇一二年のことである。それまで比較的順調にすすめてきたつもりの人生が、この頃を境に暗転することとなった。いや、事実はそんなおおげさなものではなく、単に、誰にでもよくある、ちょっとしたことが起こったに過ぎない。とある女性に告白して振られたのと、研究上の大きな瑕疵に気づいたのがほぼ同時に起こっただけのことである。しかしその時、私はたしかにパニックに陥っていた。先行研究を再び集めなおす中で、存在しない本を騙して売る海外の悪質サイトに引っかかり、二万六千円を騙し取られたりもした。あんなタイトルの本を買おうとする人間が、世界広しといえど私のほかにいるはずもなく、まさかそんなニッチな詐欺が存在しようとは思ってもみなかったから、いともたやすく騙されるはめに陥ったのである。結局、研究上の難題は時間をかけて乗り越えることができたが、問題はそれ以降、まったくツキに見放されたかのごとく、あらゆることがうまく回らなくなったことにある。そのいずれもが、あっても別におかしくはない程度の些細なことなのであるが、どうにも全体でみれば、思わず「そんなはずはない」といいたくなる状況に陥っていった。冷静に考えれば、単に心理的影響からくる認知バイアスに過ぎないのだろうが、当時は研究面のほか、老いゆく祖母と向きあうなど、生活の面でも精神的負担が大きく、世界のすべてが陰鬱に映ってみえたのである。

こんなごくプライベートなことが本書の研究に影響を与えたというのは、奇妙なことのように思うかもしれない。しかしこのことが、眼前の現実社会に強い関心を抱くきっかけとなったのである。二〇一二年といえば、日本社会もまた、大きな変化をみせはじめた時期だった。実際には、一九九〇年代から続く様々な矛盾が、臨界点を超えて現れ始めたのであろうが、それまでさほど社会の矛盾を意識していなかった私にとっては、突如として異様な世界が現れたように感じられたのである。この頃から、少しでも陰鬱な気分を紛らわせようと、そしてこの陰鬱さの原因を知りたいとの気持ちから、政治学・政治思想・社会学・近現代史といった分野の著作を少しずつ手に取って読むようになっていった。それはまさに、自らがなぜここにこうしているのかという、やむにやまれぬ自己確認のような作業でもあり、自分はなぜ中国古典学という迂遠なことをやっているのだろうかと思い悩んだこともあった。

そして、このような体験を通して、それまで向きあってきた史料や研究から、別の面がみえてくるようにもなっていった。中でも、冷戦構造崩壊以降、現在の社会を覆う根底の原理が新自由主義にあるという認識を持ってからは、とくにアメリカの研究の機微が徐々にみえてきたのである。私のみるところ、新自由主義とは、「カネ」を普遍的な価値基準に据え、あらゆるものの価値を比較可能とした点にその本質があり、これは価値基準の一元化と言い換えることもできる。その世界観のもとでは、近代の産物である国民国家をも後景に退け、生病老死や自然環境のみならず、人間の道徳や感情さえもが換算可能、交換可能な価値とみなされる。「道徳」や「感情」は、かつて古典派経済学が資本主義の外に置き、その歯止めとして期待したものだが、技術の進歩を通してそれすらも内部に取り込み、回転を加速させるための燃料としたのである。

その新自由主義による浸食が迫る中、例えばアメリカの科挙研究は、一元化された公平性の追求が、かえって大きな不平等を招くというパラドックスの世界を描いてみせた。また大きな政府と小さな政府の理念的対立は、合衆国アメリカにとって常に問われ続けてきた課題であったし、冷戦崩壊後、国民国家の概念が危機に陥る中では、国家が社会といかなる関係性を持つべきかはやはり深刻な問いだった。

このような理解が研究内容に直接関係しているわけではないが、それでも史料を通して社会をみる目が少しずつ変わったという自覚があり、おそらくその痕跡は本書のところどころに見出せることと思う。最近では、まるで挫折者の群れともいえるような南宋の史料群が、以前にもまして直観的に理解できるようになってきたし、新興宗教たる朱子学の、自己暗示をかけるかのような理屈の展開に、妙に共感できるようにもなってきた。しかし一方で、そこにみられるような挫折と苦難を描いた史料群は、彼ら自身と後の時代の人々が好んで保存してきたものでもある。このような厄介な生との向きあい方こそ、おそらく中国社会のみならず、歴史を貫く普遍のテーマであり、人文学が取り組むべき対象なのだろうと思うようにもなった。

さて、研究書のあとがきといえば、謝辞であふれるのが通例である。本書も例に漏れず、刊行までには実に多くの方の助力があったのはいうまでもない。ただ学恩を賜った先生方には直接お礼を申し上げる機会もあるだろうから、ここであえて述べておきたいのは、東京大学や早稲田大学でともに史料を読んだ諸先輩・同輩・後輩の方々である。東京大学の諸先輩は、史料を読むこと、研究をすることについて、常に目標でありその模範を示してくれた存在であったし、また優秀な同輩・後輩の存在は常に刺激となった。早稲田大学の近藤一成先生のもとに集った研究者・院生・学生の方々は、部外者にもかかわらず温かく迎え入れてくれ、それまで宋代史の専門的な教育を受けたことがなかった私に、多くの機会を提供してくれた。いずれも今に至るまで貴重な財産となっており、ここにとくに記して感謝の意を捧げたい。

また最後に、本書のもととなった論文の初出を示しておく必要があるため以下に記すこととする。ただ実際には様々な理由から、大幅に書き改めた箇所や加筆も多く、初出原稿の通りではないことをお断りしておきたい。

・「宋代地方官学の興起とその象徴――文翁・常袞の顕彰を手がかりに」(『史学雑誌』一一八編六号、二〇〇九年)(第二章)
・「宋代地方官の着任儀礼――官学との関わりを中心に」(『東洋学報』九三巻三号、二〇一一年)(第三章)
・「宋代先賢祭祀の理論」(『史学雑誌』一二二編七号、二〇一三年)(第一章の一部および第四章)
・「先賢祭祀と祖先祭祀――南宋後期における学校と先賢祠」(『歴史学研究』九四八号、二〇一六年)(第五章)

二〇一八年八月十五日

梅村尚樹

山川歴史モノグラフ 既刊

1 **江戸の民衆世界と近代化**
小林信也 著

2 **オスマン帝国の海運と海軍**
小松香織 著

3 **中世公家社会の空間と芸能**
秋山喜代子 著

4 **パンと民衆**
19世紀プロイセンにおけるモラル・エコノミー　山根徹也 著

5 **近世和泉の地域社会構造**
町田 哲 著

6 **都市と緑**
近代ドイツの緑化文化　穂鷹知美 著

7 **中世東国の「都市的な場」と武士**
落合義明 著

8 **明治維新と近世身分制の解体**
横山百合子 著

9 **軍事奴隷・官僚・民衆**
アッバース朝解体期のイラク社会　清水和裕 著

10 **朝鮮女性の知の回遊**
植民地文化支配と日本留学　朴宣美 著

11 **言説空間としての大和政権**
日本古代の伝承と権力　松本俊曉 著

12 **中世対馬宗氏領国と朝鮮**
荒木和憲 著

13 **近世信州の穀物流通と地域構造**
多和田雅保 著

14 **革命ロシアの共和国とネイション**
池田嘉郎 著

15 **帝国とプロパガンダ**
ヴィシー政権期フランスと植民地　松沼美穂 著

16 **アラブ系譜体系の誕生と発展**
高野太輔 著

17 **民主政アテナイの賄賂言説**
佐藤 昇 著

18 **中世禅律仏教論**
大塚紀弘 著

19 **ソロモン朝エチオピア王国の興亡**
オロモ進出後の王国史の再検討　石川博樹 著

20 **真夜中の立法者キャプテン・ロック**
19世紀アイルランド農村の反乱と支配　勝田俊輔 著

21 **チンギス・カンの法**
チョクト(朝克図)著

22 **礼拝の自由とナポレオン**
公認宗教体制の成立　松嶌明男 著

23 **古代アジア世界の対外交渉と仏教**
河上麻由子 著

24 **日本中世初期の文書と訴訟**
佐藤雄基 著

25 **ディオクレティアヌス時代のローマ帝国**
ラテン碑文に見る帝国統治の継続と変容　大清水 裕 著

26 **野戦郵便から読み解く「ふつうのドイツ兵」**
第二次世界大戦末期におけるイデオロギーと「主体性」　小野寺拓也 著

27 **維新変革と儒教的理想主義**
池田勇太 著

28 **清代中国における演劇と社会**
村上正和 著

29 **植民地支配と開発**
モザンビークと南アフリカ金鉱業　網中昭世 著

30 **オスマン朝の食糧危機と穀物供給**
16世紀後半の東地中海世界　澤井一彰 著

31 **胎動する国境**
英領ビルマの移民問題と都市統治　長田紀之 著

32 **コプト聖人伝にみる十四世紀エジプト社会**
辻 明日香 著

33 **カトリシズムと戦後西ドイツの社会政策**
1950年代におけるキリスト教民主同盟の住宅政策　芦部 彰 著

34 **公職選挙にみるローマ帝政の成立**
丸亀裕司 著

35 **町村「自治」と明治国家**
地方行財政の歴史的意義　中西啓太 著

36 **宋代の学校**
祭祀空間の変容と地域意識　梅村尚樹 著

梅村　尚樹　うめむら　なおき
1982年生まれ
2015年，東京大学大学院人文社会系研究科博士課程修了
現在，東京大学文学部教務補佐員
主要業績
「宋代地方官学の興起とその象徴――文翁・常袞の顕彰を手がかりに」『史学雑誌』118編6号，2009年
「宋代地方官の着任儀礼――官学との関わりを中心に」『東洋学報』93巻3号，2011年
「宋代先賢祭祀の理論」『史学雑誌』122編7号，2013年
「先賢祭祀と祖先祭祀――南宋後期における学校と先賢祠」『歴史学研究』948号，2016年

山川歴史モノグラフ36　宋代《そうだい》の学校《がっこう》
祭祀空間《さいしくうかん》の変容《へんよう》と地域意識《ちいきいしき》

2018年11月10日　第1版第1刷印刷　　2018年11月20日　第1版第1刷発行

著　者　梅村尚樹《うめむらなおき》
発行者　野澤伸平
発行所　株式会社 山川出版社
〒101-0047 東京都千代田区内神田1-13-13
電話　03(3293)8131(営業)　03(3293)8134(編集)
https://www.yamakawa.co.jp/　　振替　00120-9-43993
印刷所　株式会社 太平印刷社
製本所　株式会社 ブロケード
装　幀　菊地信義

ISBN978-4-634-67393-9

索　　引

人名索引

● ア

夷──►伯夷
韋弘機(韋機)　56
韋驤　102
イ＝ソキ　28, 232, 233
尹洙　160
尹焞　136, 138, 165
禹　213
ウォルトン(リンダ)　24, 30
衛湜　134
英宗〔宋〕　66
エルマン(ベンジャミン)　26
袁従　206, 207
袁燮　206, 207
袁征　22
袁甫　163, 206, 207
王亜夫　204-206
王安石　8, 15, 17, 29, 30, 52, 53, 67, 71, 101, 125, 127-130, 156, 161, 187, 198, 203, 213, 222, 225
翁緯　91, 101
王惲　183
汪応辰　86, 174-177
王応麟　152
王漢　50
王巌叟　205
王義山　198
王羲之　217
王居安　168
王拱辰　45
汪玉山──►汪応辰
王欽若　37-39
王遇　107
王嗣宗　92, 93
王洙　45
王十朋　85
王昭禹　128, 129
王祖道　84
汪達　175
王旦　35, 40
王庭珪　110
汪澈　73
汪統　136
王伯大　168
汪伯彦　175
王弼　219
王褒　60, 62, 65
王邁　151
王埜　188
王綸　163, 164
王鎔　172
欧陽脩　8, 16, 30, 45, 51, 52, 56, 61, 80, 125, 133, 149-151, 192, 222
欧陽守道　149-151, 217
欧陽珣　150
欧陽詹　80-82, 84, 85
王陽明　29
岡元司　28
小山正明　232

● カ

柯九思　201, 202
岳飛　10
賈公彦　55, 127, 128, 130
何儕　194
柯述　84
夏竦　61, 62
何敏中　205
何武　55, 65
何炳棣　26
何揖　195
喀喇托克托　215, 216
韓永　172
韓延寿　55
顔回(顔子)　34, 35, 53, 127, 130, 132, 197, 209, 212, 213
完顔貞　138
韓琦　8, 44, 53, 99
韓絳　66
顔子──►顔回
顔師古　55
顔真卿　149, 150
管仲　212
韓愈　29, 47, 49, 52, 80, 82, 83, 125, 130, 149, 151, 197, 204, 205
夔　132, 144, 215, 216
魏起　201, 202

季札　76-78, 147
徽宗〔宋〕　10, 16, 31, 84, 105, 128, 161
堯　48, 51, 57, 124, 125, 132, 213
丘文播　64
龔維蕃　194
姜嫄　93
姜公輔　149, 150
喬沢　94
許衡　197, 200, 202
魚梟　76, 77
魏了翁　11, 131, 138-149, 155-164, 171, 178, 187, 200-202, 204, 208, 213, 216, 223
危和　185
欽宗〔宋〕　10
虞剛簡　201
虞集　201, 202
虞薦発　207
孔穎達　124, 131, 132, 134-137, 139, 144-146, 216, 217
倪玠　199
倪垕　189
景帝〔漢〕　59
倪鏜　199
倪普　150
言偃(子游)　78, 108, 163, 164
元好問　197
厳遵　60, 65
厳助　78
厳子陵　198, 217, 218
憲宗〔唐〕　47
玄宗〔唐〕　40, 47, 79, 81, 89
胡安国　175, 204, 205
胡寅　104
黄畚　162
孔延世　37, 39
黄壞　74, 75
孔玠　174
黄榦　109, 209, 210, 216
孔宜　39
孔昜　39
高閌　103
黄灝　166, 168
黄公度　85
後主〔蜀漢〕(劉禅)　64
寇準　204, 205
黄庶　98, 99, 101
后稷　92
黄震　96, 109
黄溍　214-219
孔申卿　210
高崇　141
高節　198
黄筌　64
黄潜善　175
高祖〔唐〕　47
黄琮　74, 75
光宗〔宋〕　10
孝宗〔宋〕　10, 156, 165
高宗〔宋〕　10, 103, 104, 173-175, 192
黄宗羲　22
庚桑子　157
黄大明　142
孔端友　174
高睽　64, 65, 73
黄庭堅　98
高登　107
高堂生　126, 127, 130, 217
黄登孫　173
江万里　173
孔文仲　67
孔冕　39
公劉　92, 93
呉泳　139, 147, 148
呉悦之　165
胡瑗　78, 145
呉淵　187, 188
胡宏　142
古公亶父　92
胡祗遹　197
呉師道　177
小島毅　29, 90, 91
胡宿　69
胡淳　190
胡銓　150, 151, 205
胡宗愈　66, 69, 70, 75
呉訥　164
胡夢昱　150
胡立本　191
呉猟　140, 141
近藤一成　27

● サ

蔡戡　86
蔡観　141
蔡京　16, 198, 225
蔡元定　209, 210
崔頌　36
蔡襄　107, 166
崔亮　107
左丘明　35, 127

重田徳　232
子思　197, 209, 212, 213
時少章　173
司馬延　106
司馬光　8, 56, 61, 67, 137, 175, 176, 197, 209-211, 218
司馬嵩　106
司馬康　176
司馬錯　73
司馬相如　60, 62, 65, 77, 85
司馬遷　59
司馬池　137
史弥鞏　177
謝良佐　161, 162
子游 ──► 言偃
周意　194, 195
周応合　189-191
周希孟　83
周虞賓　194
周愚文　23
周公　64, 66, 67, 69, 73, 126, 127, 130, 132, 144, 146, 147, 208, 213, 215, 216, 219
周興嗣　195
周仲章　194
周敦頤　11, 22, 29, 113, 139-143, 147, 148, 154, 155, 162, 163, 174, 187, 194, 195, 197, 201, 204, 205, 207-210, 213, 216-218, 220, 223
周伯順　194
周必大　86, 150, 151
周輔成　194
周鑰　195
朱熹　10, 11, 22, 29, 106-108, 113, 134, 136, 141-143, 145, 146, 148, 152, 154, 155, 163, 166, 187, 194, 197-200, 202, 205, 209, 210, 213, 216, 217, 218, 222, 223, 226
朱希真 ──► 朱敦儒
朱震　145
朱全忠 ──► 太祖〔後梁〕
朱長文　78
朱敦儒(朱希真)　177
舜　48, 51, 57, 124, 125, 132, 213
荀子　130, 197, 210, 219
鍾会　73
常珙　68
鄭玄　51, 55, 92, 124, 126-129, 132, 134, 139, 144, 164, 216, 217
召虎　158
召康公　158
常袞　56, 78-86, 88, 212
譙周　71
蔣重珍　206, 207
鍾如愚　199
蔣堂　62, 64-66, 68-70, 72, 74, 75, 87
章徳一　50
召父　149
鍾夢鯉　199
邵雍　141, 197, 209-211, 218
諸葛亮(諸葛孔明)　124, 212, 217
徐鉉　49
徐積　141
徐存　173-175, 178
徐有貞　164
沈延嗣　111
真淵子　202
秦檜　10, 151, 156, 203
秦観(秦少游)　101, 102
任時先　22
真宗〔宋〕　6, 31, 34-37, 39, 40, 50, 57
神宗〔宋〕　8, 15, 31, 67, 100, 101
仁宗〔宋〕　6, 8, 15, 31, 34, 36, 38, 40, 41, 44, 50, 52, 57, 61-63, 99, 110, 133, 174
仁宗〔元〕　181, 196, 197, 202
真徳秀　11, 90, 91, 96, 105, 109, 139, 186-188, 199, 202, 209, 210
神農　124
鄒浩　205
スキナー　25, 232
周藤吉之　24
制氏　126, 127
成宗〔元〕　109, 196
世宗〔後周〕　6
盛朗西　23
石介　44
宣王　158
銭若水　38
先主〔蜀漢〕(劉備)　64
銭綸　54
宋祁　45, 64, 65, 75, 85, 87, 98, 99
曽鞏　99-101
曹公亮　45
曽三復　112
曽子　197, 209, 212, 213
宋庠　64
宋蜀翁　208, 212
曽参　35
曹操　158
曹棗荘　34
宋宙　104
宋濂　218, 219

蘇葵　74
蘇頌　99
蘇軾　8, 70, 71, 73, 79, 100-102
蘇轍　71, 102
祖無択　99
蘇茂　74
孫応時　106-108, 163
孫何　36
孫桂発　207
孫子秀　174
孫奭　40, 43
孫復　124
孫甫　45

●　タ

太祖〔契丹〕(耶律阿保機)　6
太祖〔後梁〕(朱全忠)　5
太祖〔宋〕(趙匡胤)　5, 6, 34-36
太宗〔宋〕　6, 34, 36-38, 49, 61
太宗〔唐〕　47, 158
代宗〔唐〕　81
泰伯(太伯)　76-78, 188
戴表元　135, 138
高橋芳郎　179
度宗〔宋〕　11
特穆爾達実　215
チェイフィー　26, 29
紂王　158, 159
趙篔翁　202, 203
張寛　65
張咸　84
趙岐　13
趙逵　73
張儀　73
張九成　174
張九齢　84, 204, 205
趙匡胤 → 太祖〔宋〕
張居懌　200
張顕　190
趙彦励　168
趙国権　22
張載　141, 142, 145, 147, 163, 187, 197, 209, 210, 212, 213, 218
趙師秀　186
張士遜　43
張浚　84, 85
趙汝誼　194, 195
張栻　142, 162, 163, 197, 199, 206, 207, 209, 210, 212, 218
趙汝愚　166, 167, 169, 205
趙汝騰　209
趙世延　197
張斉賢　39, 205
長孫無忌　127
趙鼎　156, 174, 175, 202, 203
張燾　74
趙抃　61, 174, 176
張方平　45, 61, 62
晁補之　79
趙孟頫　201
張兪　66, 75
張耒　78, 79
褚埕　91, 92
陳瓘　106, 205
陳孔碩　209
陳俊卿　165, 166
陳松　28
陳襄　83, 97, 98, 102, 211
陳祥道　84, 128, 130, 131, 133, 134, 212
陳仁玉　172
陳藻　170, 171
陳東原　21
陳雯怡　24
陳曄　112
陳暘　128, 129, 134
陳良祐　155
陳烈　83
土田健次郎　29
程頤　10, 11, 29, 136, 137, 139, 141, 145, 147, 162, 163, 187, 189, 192-194, 197, 209, 210, 213, 216, 218
鄭育　172
程適　192
程羽　192
程偃孫　190-192
程観之　189
程祁　191
程希振　192
鄭俠　84
程珦　141, 191, 192, 194
鄭僑　166
鄭向　205
程鉅夫　199, 200
程慶老 → 程幼学
程源　189
程元白　192
程顥　10, 11, 29, 137, 139, 147, 161, 162, 163, 184, 186-189, 192-194, 197, 209, 210, 213, 216, 218
程昂　190

程行褒　191
程賛明　192
程志学　192
程子材　191
鄭司農　126
程秀　192
程信　191
程新　192
程正学　192
程節之　190
程端彦　192
程端中　192
程濤　190
程必貴　191
程敏政　191, 192
程孚問　192
鄭穆　83
程幼学（程慶老）　191, 192
程立本　190
程琳　191, 192
程霊洗　191
程礼問　192
程淮　190
哲宗〔宋〕　8
寺田剛　22
田錫　49
田澹　107
湯　213
陶淵明──►陶潜
唐介　67
陶侃　106
湯漢　204, 206
陶元亮──►陶潜
鄧洪波　23
唐叔虞（唐叔）　94, 155
陶潜（陶淵明, 陶元亮）　106, 217
董仲舒　60, 62, 78
唐仲友　136
徳宗〔唐〕　82
杜大圭　155
独孤及　81
友枝龍太郎　29

● ナ

内藤湖南　24, 27
南仲　158
寧宗〔宋〕　10, 11, 161, 183, 184, 196
ネスカー（エレン）　30, 131, 154

● ハ

梅摯　45
裴度　203
ハイムズ（ロバート）　25-29, 231, 232
馬希言　175
伯夷　132, 144, 215, 216
白楽天　217
馬光祖　188, 189
馬伸　174, 175
馬端臨　130
ハートウェル（ロバート）　25-27, 229, 231, 232
范元長──►范沖
范純礼　78
范成大　110, 176
范祖禹　175, 176
范沖（范元長）　174-177
范仲淹　8, 30, 44, 45, 64, 76-78, 124, 227
范鎮　67
范寧　62, 63, 157
比干　158-160
苗春徳　22
馮去非　188
馮景　67
武王〔周〕　92, 124, 155, 158, 213
伏勝（伏生）　126, 127, 217
伏羲　218
武帝〔漢〕　59, 60
忽都魯都児迷失　202
富弼　45
ブルデュー　27
文翁　54-56, 58-67, 69-79, 81, 85-88, 141, 149, 157, 212
文翥　72
文王〔周〕　92, 124, 158, 213
文欽　72
文彦博　8, 70, 72, 93, 94, 98, 101
文宗〔元〕　201
文天祥　11, 150
文同（文与可）　70-72
文務光　71
文与可──►文同
ヘリスン（アンネ）　28
方岳　109
牟巘　109
方之泰　167, 168
方壬　168
方信孺　195
方大琮　167-169
穆宗〔唐〕　47

輔広　209
ボル(ピーター)　28-30

● マ

宮崎市定　3, 15, 18, 25
明宗〔元〕　215
孟子　12, 124, 130, 197, 209, 211, 213
毛萇(毛公)　126, 127, 217
森正夫　25

● ヤ

山口智哉　188
耶律阿保機──►太祖〔契丹〕
耶律楚材　183
熊禾　208-214, 218, 219, 227
游九言　186
熊彦詩　199
游酢　209, 210
熊仁瞻　106
尤棟　206-208
尤袤　206, 207
庾乗　56
兪槫　206, 207
楊允恭　195
楊炎　79
楊億　92, 93
楊恢　158-160
楊簡　206, 207
楊徽之　38, 61
姚希得　191
楊業　155
楊瑾　155-158
楊甲　110
楊鴻震　155
楊光旦　156
楊時　161, 162, 174, 206-210
楊子器　164
楊日厳　64
楊子復　161
楊震　155
楊大雅　54, 61
楊椿　155, 156, 158
葉適　161, 164
楊棟　167-169
楊万里　150, 151
楊復　209
楊秉　155
姚勉　198
楊邦乂　150, 151
葉輔之　163
揚雄　60, 65, 77, 85, 130, 197, 210, 211, 219
楊亮　156
余景瞻　161
余謙一　171
余靖　53, 54, 62, 63, 149, 150

● ラ

雷聞　89, 91
羅願　112
羅従彦　209, 210
羅長源　89, 104
李椅　81-83
李維　133
李珏　186
李堪　46
陸九淵　29, 199, 200, 206, 207
陸贄(陸敬輿)　136, 217
陸子正　165
陸如山　200
陸佃　128
陸祐　84
陸游　86, 108
李弘祺　24, 26, 59
李飼　209, 210
李修生　109
李詳　207
李常　106
李石　72-75
理宗〔宋〕　11, 154, 155, 161, 162, 171, 178, 179, 181-184, 187, 188, 195, 196
李仲元　65
李椿　205
李迪　204, 205
李徳臣　210
李白　158
李繁　48
李弥遜　107
李冰　65
李昉　205
李防　54
竜　132
劉安上　105
劉安世　205
劉彝　83
劉禹錫　47-49
劉顓　175
柳開　54
劉渙　106, 198
劉義仲　198
劉珙　184

劉渠　186
劉康夫　84
劉克荘　96, 109, 167-169, 171-173
劉宰　135-137
劉才卲　151
劉摯　204, 205
劉子健　29
劉叔敬──►劉直内
劉恕　106, 198
劉庠　68
劉敞　76-78, 99, 133, 134
劉章　175, 177
劉湜　45
劉清之　204, 205
劉禅──►後主〔蜀漢〕
劉直内(劉叔敬)　208-210
劉瑱　64
劉攽　56, 204, 205
劉備──►先主〔蜀漢〕
劉牧　173-175, 178
呂正己　136
呂祖謙　135, 136, 162, 176, 197, 209, 210, 218
呂陶　66-69, 75, 87
林亦之　165, 166, 170, 171
林簡　170
林希逸　168-171
林鈞　167-169
林駉　227
林元仲　107, 165
林公遇　171
林光朝　165-171
林槓　166
林成季　167
林文郁　167
林栗　146
楼鑰　86
魯丕　55

事項索引

● ア

『易』　140, 148
謁廟　94-105, 107-110, 112, 113
王制〔礼記〕　13, 17, 157

● カ

開元札──►大唐開元札
科挙　3, 4, 6, 8, 14-19, 21-24, 26-28, 30, 31, 58, 64, 72, 80, 82-85, 164, 165, 182, 209, 224-233
学記〔礼記〕　12
学宮(学官)　54-57, 61, 64, 65, 83, 89, 90, 135, 181, 195
鶴山書院　200-203
楽祖　127-129, 138, 143, 152
学賓　189, 195
渙　140, 143, 145-148, 208
鬼神論　148
郷賢　20, 30, 85, 106, 108, 109, 131, 135, 138, 153, 154, 166, 178, 199, 204, 206, 210, 213, 214, 218-220, 223
郷先生　131, 138, 139, 142, 145, 149-152, 165, 173, 212, 213
曲礼〔礼記〕　134
『儀礼』　138, 149, 164
錦紅書院　199
景賢書院　215
合　131-136, 138, 144, 160, 207, 210, 215, 216, 219, 220
合楽　133-135
公議──►公論
孔子廟　12, 14, 19, 31, 34, 35, 37-41, 43, 45-50, 52-58, 61, 64, 65, 83, 88-92, 94, 99-112, 125, 130, 139, 140, 143, 144, 147, 161, 163, 166, 174, 183, 186, 197, 199, 202, 203, 208, 212, 219-221, 223, 226
高節書院　217, 218
鰲峰書堂　209
公論(公議)　210, 214, 227
瞽宗　13, 126-131, 143, 147-149, 151, 152, 177
国故　131-134, 138, 147, 160, 215, 219

● サ

祭法〔礼記〕　124, 125, 129, 130, 145
士冠礼〔儀礼〕　164
『詩経』　92, 158

士大夫　4, 5, 8, 24-28, 30, 47, 49, 57, 80, 89, 90, 93, 112, 125, 135, 148, 154, 155, 200, 225, 230-233
七十二弟子（七十弟子，七十二賢，七十子）　34, 35, 39, 40, 50, 64, 82, 125, 197, 211, 212, 219
十哲　34, 35, 48, 50, 53, 108, 163, 197, 198, 211, 212
祀典　93, 94, 105, 143, 198, 211-213, 229
四配　197, 198, 209, 211, 212, 219
辞廟　102, 103
社稷　48, 89, 90, 96, 105-109, 111, 112, 148, 173
社倉　136, 216
主一書院　199
『周官新義』　127, 129
集賢書院　180
従祀　34, 125, 130, 139, 161, 186, 187, 194, 197, 200-203, 207, 209-212, 218-220, 223
祝文　91, 94-101, 103, 105-111, 165, 166
儒行〔礼記〕　54
朱子学　8, 10, 12, 21-24, 29, 30, 88, 113, 125, 139, 154, 180, 196, 202, 222, 223, 226, 230, 231
『周礼』　17, 55, 68, 126, 127, 129-131, 134, 138, 147, 149, 152, 177
舜典〔尚書〕　132
書院　21-24, 30, 138, 179-184, 186-188, 190, 191, 194-196, 198-204, 211, 214, 215, 217, 218, 220, 226, 227, 230
象賢　164, 231
城隍　109
『尚書』　132, 164
庠序　13
紫陽書院　198
上庠　127, 128
城南書院　142
昭穆　146, 190, 192
萃　140, 143, 145-148, 208
嵩山書院　36
西澗書院　198
政教　19
成均　128-130
西山書院　200
生祠　107, 166, 168
青田書院　199
成都府学　59, 63, 64, 66-69, 72-75, 110, 140, 224
『政和五礼新儀』　105, 111
釈菜　37, 38, 50-52, 82, 133, 157, 185, 189
石室　64, 66-73, 75, 141
釈奠　14, 19, 38-40, 46-53, 57, 82, 83, 99, 108, 109, 111, 125, 126, 131-135, 137, 144, 157, 163, 164, 166, 186, 196, 198, 207, 215-217, 219, 221, 222, 226, 227
先賢祠　20, 30, 106, 113, 123, 124, 145, 152, 154, 155, 161, 166, 169, 171, 172, 175, 177, 178, 182, 183, 203, 204, 206-209, 211, 214, 222, 223, 228, 230, 231
先師　48, 51, 52, 54, 82, 126, 127, 130-133, 135-140, 143, 144, 147-149, 152, 167, 198, 207, 210, 216-219
相江書院　217
蘇州学　76
祖先祭祀　4, 131, 145, 146, 148, 154, 155, 160, 161, 178, 182, 195, 220, 230, 231

●　タ

大雅〔詩経〕　92, 158
大合楽　134
大司楽〔周礼〕　126, 127, 129, 130, 138, 147, 149, 177
大胥〔周礼〕　55, 134
大烝　143-145, 215, 216
『大唐開元礼』（開元礼）　35, 90, 111, 133, 197
檀弓〔礼記〕　147
竹林精舎　209, 211, 212
釣台書院　198
道学　8, 24, 29, 30, 136, 137, 139, 154, 165, 178, 186, 187, 200, 217, 218, 223-226, 231
党禁（慶元党禁）　139, 187
東膠　13, 128
東序　55, 127, 128, 212
東川書院　216-218
董沢書院　203
道統　29, 113, 130, 139, 142, 148, 154, 162, 179, 200, 202, 210-214, 217, 218, 220, 223, 224
道徳　17, 22, 65, 76-78, 128-130, 138, 149, 151, 152, 175
徳全書院　203

●　ナ

内則〔礼記〕　17
南岳書院　199
二十一賢（二十一先儒，二十二賢，二十一大儒，二十二大儒）　34, 35, 127, 130, 197, 211
二十四大儒　197, 211, 219

二程　29, 113, 136, 137, 140-143, 154, 161, 162, 188, 189, 191, 194, 207, 209, 211, 212, 216, 217, 223

● ハ
配享　34, 56, 84, 125, 130, 161, 197, 200, 203, 209, 215
白鹿洞書院　187
泮宮（頖宮）　48, 82, 126, 160
微子之命〔尚書〕　164
廟学　14, 31, 38, 47, 53-55, 57, 81-83, 144, 181, 196, 197
福州府学（福州路学）　45, 81, 83, 84, 209
文王世子〔礼記〕　48, 51, 55, 126, 127, 129, 132, 134, 139, 144, 147, 215
辟雍　48, 128, 129

● マ
名宦　20, 30, 150, 153, 154, 168, 178, 206, 210, 212, 219, 220, 223
明堂位〔礼記〕　13, 126
明道書院　184, 186-191, 194, 195
『孟子』　12, 13

● ラ・ワ
『礼記』　12-14, 17, 48, 51, 54, 68, 124-127, 129, 130, 134, 137-139, 144, 145, 147, 148, 152, 157, 210, 212, 215, 216, 218, 219
濂渓書院　194, 195
和靖書院　135, 138

参考文献

〔和文〕
青木敦『宋代民事法の世界』(慶應義塾大学出版会，2014年)
吾妻重二『朱子学の新研究』(創文社，2004年)
荒木敏一『宋代科挙制度研究』(東洋史研究会，1969年)
飯山知保『金元時代の華北社会と科挙制度——もう一つの「士人層」』(早稲田大学出版部，2011年)
市來津由彦『朱熹門人集団形成の研究』(創文社，2002年)
伊藤正彦「中国史研究の『地域社会論』——方法的特質と意義」(『歴史評論』582，1998年)
伊原弘「南宋四川における定居士人——成都府路・梓州路を中心として」(『東方学』54，1977年)
伊原弘「中国宋代の都市とエリート——常州の発展とその限界」(『史潮』新28，1990年)
伊原弘・梅村坦『世界の歴史 7　宋と中央ユーラシア』(中央公論社，1997年)
梅原郁『宋代官僚制度研究』(同朋舎出版，1985年)
王瑞来『宋代の皇帝権力と士大夫政治』(汲古書院，2001年)
王美華著，梅村尚樹訳「唐宋時期郷飲酒礼変遷の分析」(『史滴』33，2011年)
大島立子「元代戸計と傜役」(『歴史学研究』484，1980年)
岡元司『宋代沿海地域社会史研究——ネットワークと地域文化』(汲古書院，2012年)
小山正明「宋代以後の国家の農民支配」(歴史学研究会編『歴史における民族の形成』，青木書店，1975年)
小山正明『明清社会経済史研究』(東京大学出版会，1992年)
片山共夫「元代の郷先生について」(『モンゴル研究』15，1984年)
金井徳幸「南宋における社稷壇と社廟について」(酒井忠夫編『台湾の宗教と中国文化』，風響社，1992年)
何炳棣著，寺田隆信・千種真一訳『科挙と近世中国社会——立身出世の階梯』(平凡社，1993年)
川本芳昭『中華の崩壊と拡大』(講談社，2005年)
川本芳昭『東アジア古代における諸民族と国家』(汲古書院，2015年)
岸本美緒「モラル・エコノミー論と中国社会研究」(『思想』792，1990年)
熊本崇「『帰田録』通判逸話攷」(『集刊東洋学』92，2004年)
桑原隲蔵「歴史上より観たる南北支那」(『桑原隲蔵全集』第 2 巻，岩波書店，1968年)
小島毅『中国近世における礼の言説』(東京大学出版会，1996年)

小島毅『宋学の形成と展開』(創文社，1999年)
小島毅『中国の歴史07　中国思想と宗教の奔流：宋朝』(講談社，2005年)
小島毅『宗教の世界史５　儒教の歴史』(山川出版社，2017年)
小林義廣「宋代福建莆田の方氏一族について」(中国中世史研究会編『中国中世史研究』続，京都大学学術出版会，1995年)
小林義廣『欧陽脩——その生涯と宗族』(創文社，2000年)
小林義廣「南宋晩期吉州の士人における地域社会と宗族——欧陽守道を例にして」(『名古屋大学東洋史研究報告』36，2012年)
近藤一成『宋代中國科擧社會の研究』(汲古書院，2009年)
酒井忠夫『中国善書の研究』(弘文堂，1960年)
重田徳『清代社会経済史研究』(岩波書店，1975年)
島田虔次『中国における近代思惟の挫折』(筑摩書房，1949年)
島田虔次『朱子学と陽明学』(岩波書店，1967年)
須江隆「徐偃王廟考——宋代の祠廟に関する一考察」(『集刊東洋学』69，1993年)
須江隆「唐宋期における祠廟の廟額・封号の下賜について」(『中国——社会と文化』９，1994年)
須江隆「福建莆田の方氏と祥応廟」(宋代史研究会編『宋代社会のネットワーク』，汲古書院，1998年)
須江隆「宋代における祠廟の記録——「方臘の乱」に関する言説を中心に」(東北史学会『歴史』95，2000年)
須江隆「熙寧七年の詔——北宋神宗朝期の賜額・賜号」(『東北大学東洋史論集』８，2001年)
須江隆「祠廟の記録が語る「地域」観」(宋代史研究会編『宋代人の認識——相互性と日常空間』，汲古書院，2001年)
須江隆「唐宋期における社会構造の変質過程——祠廟制の推移を中心として」(『東北大学東洋史論集』９，2003年)
須江隆「徽宗時代の再検討——祠廟の記録が語る社会構造」(『人間科学研究』１，2004年)
G.W.スキナー著，今井清一訳『中国王朝末期の都市』(晃洋書房，1989年)
ハリエット・ズンドファー著，吉田真弓訳「宋代地域社会の概念—— 一九五〇年以降の欧米における研究と文献分析」(伊原弘・市來津由彦・須江隆編『中国宋代の地域像——比較史からみた専制国家と地域』，岩田書院，2013年)
周藤吉之『宋代官僚制と大土地所有』(日本評論社，1950年)
周藤吉之・中嶋敏『中国の歴史５　五代・宋』(講談社，1974年)
宋代史研究会編『宋代人の認識——相互性と日常空間』(汲古書院，2001年)
多賀秋五郎『唐代教育史の研究——日本学校教育の源流』(不昧堂書店，1953年)
高津孝「東坡の芸術論と場の性格」(宋代史研究会編『宋代社会のネットワーク』，汲

古書院，1998年）
高橋芳郎『宋－清身分法の研究』（北海道大学図書刊行会，2001年）
塚本麿充『北宋絵画史の成立』（中央公論美術出版，2016年）
土田健次郎『道学の形成』（創文社，2002年）
寺地遵『南宋初期政治史研究』（渓水社，1988年）
寺田剛『宋代教育史概説』（博文社，1965年）
友枝龍太郎『朱子の思想形成』（春秋社，1969年）
内藤湖南「概括的唐宋時代観」（『歴史と地理』 9 巻 5 号，1922年）
中島楽章「宋元明移行期論をめぐって」（『中国――社会と文化』20，2005年）
中砂明徳『江南――中国文雅の源流』（講談社，2002年）
中砂明徳『中国近世の福建人――士大夫と出版人』（名古屋大学出版会，2012年）
濱島敦俊『総管信仰』（研文出版，2001年）
東一夫『王安石新法の研究』（風間書房，1970年）
平田茂樹『宋代政治構造研究』（汲古書院，2012年）
平田茂樹「近藤一成著『宋代中國科擧社會の研究』（汲古叢書83）」（『史学雑誌』122編 4 号，2013年）
福井重雅『漢代儒教の史的研究――儒教の官学化をめぐる定説の再検討』（汲古書院，2005年）
藤野彪・牧野修二編『元朝史論集』（汲古書院，2012年）
藤本猛『風流天子と「君主独裁制」――北宋徽宗朝政治史の研究』（京都大学出版会，2014年）
古松崇志「契丹・宋間の澶淵体制における国境」（『史林』90-1，2007年）
松本浩一『宋代の道教と民間信仰』（汲古書院，2006年）
宮崎市定『科挙』（秋田屋，1946年）
宮崎市定『東洋的近世』（教育タイムス社，1950年）
宮崎市定『科挙――中国の試験地獄』（中央公論社，1963年）
宮崎市定『中国史』下（岩波書店，1978年）
森田憲司「『廟学典礼』成立考」（『奈良史学』10，1992年）
森田憲司『元代知識人と地域社会』（汲古書院，2004年）
森正夫「日本の明清時代史研究における郷紳論について」 1 ・ 2 ・ 3（『歴史評論』308・312・314，1975・1976年）
森正夫「明代の郷紳――士大夫と地域社会との関連についての覚書」（『名古屋大学文学部研究論集』77，史学26，1980年）
森正夫『森正夫明清史論集第 3 巻　地域社会・研究方法』（汲古書院，2006年）
諸橋轍次『儒学の目的と宋儒慶暦至慶元百六十年間の活動』（大修館書店，1929年）
山口智哉「宋代「同年小録」考――「書かれたもの」による共同意識の形成」（『中国――社会と文化』17，2002年）

山口智哉「宋代郷飲酒礼考——儀礼空間としてみた人的結合の〈場〉」(広島史学研究会『史学研究』241，2003年)
山口智哉「宋代先賢祠考」(『大阪市立大学東洋史論叢』15，2006年)

〔中文〕

白新良『中国古代書院発展史』(天津大学出版社，1995年)
包偉民「精英們‘地方化’了嗎？——試論韓明士“政治家与紳士”与‘地方史’研究方法」(『唐研究』11，2005年)
常建華「程敏政『新安程氏統宗世譜』譜学問題初探」(『河北学刊』25-6，2005年)
陳東原『中国古代教育』(商務印書館，1934年)
陳高華「元代的地方官学」(『元史論叢』5，1993年)
陳谷嘉・鄧洪波『中国書院制度研究』(浙江教育出版社，1997年)
陳雯怡『由官学到書院——従制度与理念的互動看宋代教育的演変』(聯経出版，2004年)
陳元暉・王炳照等『中国古代的書院制度』(上海教育出版社，1981年)
鄧洪波『中国書院史』(東方出版中心，2006年)
方誠峰「統会之地——県学与宋末元初嘉定地方社会的秩序」(『新史学』16巻3号，2005年)
高令印・陳其芳『福建朱子学』(福建人民出版社，1986年)
高明士『唐代東亜教育圏的形成』(国立編訳館，1984年)
高明士『中国中古的教育与学礼』(国立台湾大学出版中心，2005年)
龔延明『宋代官制辞典』(中華書局，1997年)
郭斉家『中国教育思想史』(教育科学出版社，1987年)
郭斉家・苗春徳・呉玉琦主編『中国教育思想通史』第3巻(宋元)(湖南教育出版社，1994年)
何俊『南宋儒学建構』(上海人民出版社，2004年)
胡昭曦『四川書院史』(巴蜀書社，2000年)
胡昭曦「詩書持家，理学名門——宋代蒲江魏氏家族研究」(鄒重華・粟品孝主編『宋代四川家族与学術論集』，四川大学出版社，2005年)
黄進興『優入聖域——権力・信仰与正統性(修訂版)』(中華書局，2010年)
黄寛重『宋代的家族与社会』(国家図書館出版社，2009年)
姜錫東・魏彦紅「近十年来宋代官学研究述評」(『河北師範大学学報　教育科学版』第16巻第2期，2014年)
盛朗西『中国書院制度』(中華書局，1934年)
雷聞『郊廟之外——隋唐国家祭祀与宗教』(生活・読書・新知三聯書店，2009年)
李才棟『江西古代書院研究』(江西教育出版社，1993年)
李国鈞等『中国書院史』(湖南教育出版社，1994年)

李弘祺『学以為己——伝統中国的教育』(香港中文大学出版社，2012年)
李之亮『宋代路分長官通考』(巴蜀書社，2003年)
劉海峰『唐代教育与選挙制度綜論』(文津出版社，1991年)
毛礼鋭等編『中国古代教育史』(教育出版社，1981年)
毛礼鋭・沈灌群主編『中国教育通史』(山東教育出版社，1985-89年)
苗春徳主編『宋代教育』(河南大学出版社，1992年)
苗春徳・趙国権『南宋教育史』(上海古籍出版社，2008年)
彭東煥編『魏了翁年譜』(四川人民出版社，2003年)
任時先『中国教育思想史』(商務印書館，1937年)
宋大川『唐代教育体制研究』(山西教育出版社，1998年)
孫培青『中国教育史』(華東師範大学出版社，1991年)
孫培青・李国鈞主編『中国教育思想史』(華東師範大学出版社，1995年)
田甜・聶有超「20世紀以来宋代地方官学研究綜述」(『和田師範専科学校学報』第29巻第2期，2010年)
魏峰『宋代遷徙家族研究』(上海古籍出版社，2009年)
徐梓『元代書院研究』(社会科学文献出版社，2000年)
袁征『宋代教育』(広東高等教育出版社，1991年)
章柳泉『中国書院史話』(教育科学出版社，1981年)
鄭丞良『南宋明州先賢祠研究』(上海古籍出版社，2013年)
鄒重華「“郷先生”—— 一個被忽略的宋代私学教育角色」(鄒重華・粟品孝主編『宋代四川家族与学術論集』，四川大学出版社，2005年)
鄒重華「士人学術交遊圏：一個学術史研究的另類視角(以宋代四川為例)」(鄒重華・粟品孝主編『宋代四川家族与学術論集』，四川大学出版社，2005年)
周愚文『宋代的州県学』(国立編訳館，1996年)
周愚文「宋代的学礼」(高明士編『東亜伝統教育与学礼学規』，国立台湾大学出版中心，2005年)
朱漢民『中国的書院』(商務印書館，1993年)
朱鴻林『孔廟従祀与郷約』(生活・読書・新知三聯書店，2015年)

〔英文〕

Bol, Peter K., *This Culture of Ours: Intellectual Transitions in T'ang and Sung China*, Stanford, 1992.
Bol, Peter K., *Neo-Confucianism in History*, Cambridge, Mass. and London, 2008.
Chaffee, John W., *The Thorny Gates of Learning in Sung China*, Cambridge, New York, 1985.
Chen, Song, "Managing the Territories from Afar: The Imperial State and Elites in Sichuan, 755-1279," Ph.D. dissertation, Harvard University, 2011.

Elman, Benjamin A., *A Cultural History of Civil Examinations in Late Imperial China*, Berkeley, 2000.

Gerritsen, Anne, *Ji'an Literati and the Local in Song-Yuan-Ming China*, Leiden, 2007.

Hansen, Valerie, *Changing Gods in Medieval China, 1127-1276*, Princeton, 1990.

Hartwell, Robert, "Demographic, Political, and Social Transformations of China, 750–1550", *Harvard Journal of Asiatic Studies* 42(1982).

Ho, Ping-ti, *The Ladder of Success in Imperial China: Aspects of Social Mobility, 1368-1911*, New York, 1962.

Hymes, Robert P., *Statesmen and Gentlemen: The Elite of Fu-chou, Chiang-hsi, in Northern and Southern Sung*, Cambridge, New York, 1986.

Hymes, Robert P. and Conrad Schirokauer eds., *Ordering the World: Approaches to State and Society in Sung Dynasty China*, Berkley, 1993.

Liu, James T. C., *China Turning Inward: Intellectual-Political Changes in the Early Twelfth Century*, Cambridge, Mass., 1988.

Lee, Sukhee, *Negotiated Power: The State, Elites, and Local Governance in Twelfth-to Fourteenth-Century China*, Cambridge, Mass., 2014.

Lee, Thomas H. C., *Government Education and Examinations in Sung China*, Hong Kong, 1985.

Neskar, Ellen, "The Cult of Worthies: A Study of Shrines Honoring Local Confucian Worthies in the Sung Dynasty (960–1279)," Ph.D. dissertation, Columbia University, 1993.

Skinner, G. William, "Regional urbanization in nineteenth-century China", G. William Skinner ed., *The City in Late Imperial China*, Stanford, 1977.

Skinner, G. William, "The Structure of Chinese History," *Journal of Asian Studies*, vol. 44, no. 2 (1985).

Smith, Paul Jakov, and Richard von Glahn eds., *Song-Yuan-Ming Transition in Chinese History*, Cambridge, Mass., 2003.

Walton, Linda, *Academies and Society in Southern Sung China*, Honolulu, 1999.

註

序章　祭祀空間としての学校と宋代地域社会

1　小島毅『宗教の世界史５　儒教の歴史』（山川出版社，2017年）序章などを参照。小島は儒教を「宗教」とする立場をとる。

2　本節の記述は概説書をはじめとする多くの先行研究を参照している。参照した代表的な概説書と，とくに参照した個別研究を列挙すれば以下のようになる。周藤吉之・中嶋敏『中国の歴史５　五代・宋』（講談社，1974年），伊原弘・梅村坦『世界の歴史７　宋と中央ユーラシア』（中央公論社，1997年），小島毅『中国の歴史07　中国思想と宗教の奔流：宋朝』（講談社，2005年），小島毅『宗教の世界史５　儒教の歴史』（山川出版社，2017年），青木敦『宋代民事法の世界』（慶應義塾大学出版会，2014年），梅原郁『宋代官僚制度研究』（同朋舎出版，1985年），寺地遵『南宋初期政治史研究』（渓水社，1988年），中砂明徳『江南――中国文雅の源流』（講談社，2002年），熊本崇「『帰田録』通判逸話攷」（『集刊東洋学』92，2004年），古松崇志「契丹・宋間の澶淵体制における国境」（『史林』90-1，2007年），近藤一成『宋代中國科擧社會の研究』（汲古書院，2009年），藤本猛『風流天子と「君主独裁制」――北宋徽宗朝政治史の研究』（京都大学出版会，2014年）。

3　「設爲庠序學校，以敎之。庠者養也，校者敎也，序者射也。夏曰校，殷曰序，周曰庠，學則三代共之，皆所以明人倫也。」

4　「古之敎者，家有塾，黨有庠，術有序，國有學。」

5　高明士『唐代東亜教育圏的形成』（国立編訳館，1984年）および同『中国中古的教育与学礼』（国立台湾大学出版中心，2005年）。

6　郷飲酒や郷飲酒礼ともいい，郷の士人が序列に従って酒を飲む儀礼である。

7　「古者，家有塾，黨有庠，遂有序，國有學。自天子諸侯之子，下至國之俊選，莫不入學。自成童而學，至年四十而仕。其習乎禮樂之容，講乎仁義之訓，敦乎孝悌之行，以養父兄，事長上，信朋友，而臨財廉，處衆讓，其修於身，行於家，達於隣里，聞於郷黨，然後詢於衆庶，又定於長老之可信者而薦之。始謂之秀士，久之又取其甚秀者爲選士，久之又取其甚秀者爲俊士，久之又取其甚秀者爲進士，然後辨其論，隨其材而官之。夫生七八十歲而死者，人之常壽也。古乃以四十而仕，蓋用其半生爲學，考行又廣察以隣里郷黨，而後其人可知。…」

8　王安石新法にかかわる研究は多いが，包括的なものとして東一夫『王安石新法の研究』（風間書房，1970年）をあげておく。

9　「伏以，古之取士皆本於學校，故道德一於上而習俗成於下，其人材皆足以有爲於世。自先王之澤竭，敎養之法無所本，士雖有美材而無學校師友以成就之，議者之所患也。」

10　弘治『八閩通志』巻60，乾隆『莆田県志』巻９および民国『莆田県志』巻11。

11　ほかに毛礼鋭等編『中国古代教育史』(教育出版社，1981年)，毛礼鋭・沈灌群主編『中国教育通史』(山東教育出版社，1985〜89年)，孫培青『中国教育史』(華東師範大学出版社，1991年)がある。

12　ほかには例えば郭斉家『中国教育思想史』(教育科学出版社，1987年)や郭斉家・苗春徳・呉玉琦主編『中国教育思想通史』第3巻(宋元)(湖南教育出版社，1994年)，孫培青・李国鈞主編『中国教育思想史』(華東師範大学出版社，1995年)などがあり，いずれも列伝体形式をとる。

13　寺田著書の跋文によれば脱稿したのは1944年のことであるが，1965年にあえて当初の形のまま出版したとある。

14　中国大陸における宋代地方官学研究を整理したものとして田甜・聶有超「20世紀以来宋代地方官学研究綜述」(『和田師範専科学校学報』第29巻第2期，2010年)，姜錫東・魏彦紅「近十年来宋代官学研究述評」(『河北師範大学学報　教育科学版』第16巻第2期，2014年)があるが，両者に共通する見解として，袁征著書以降まとまった専著がみられないとしている。

15　しかしこの分析は問題もある。後代の地方志を主要な史料源として宋代における官学の有無を県単位で確認し，その結果を地域ごとに百分率で示しているため，宋代といっても特定された時点での状況を示せているわけではない。そのためこのデータは参考程度に扱うべきである。しかし官学の分布状況に関しては，都鄙の差は確かに認められるものの，地域による顕著な差異はさほど認められないことは確認できる。

16　代表的なものとして白新良『中国古代書院発展史』(天津大学出版社，1995年)がある。ほかに書院通史としては，陳元暉・王炳照等『中国古代的書院制度』(上海教育出版社，1981年)，章柳泉『中国書院史話』(教育科学出版社，1981年)，朱漢民『中国的書院』(商務印書館，1993年)，李国鈞等『中国書院史』(湖南教育出版社，1994年)，陳谷嘉・鄧洪波『中国書院制度研究』(浙江教育出版社，1997年)などがある。

17　地域をしぼって書院の通史を論ずる研究も多く，李才棟『江西古代書院研究』(江西教育出版社，1993年)，胡昭曦『四川書院史』(巴蜀書社，2000年)はその代表である。

18　Linda Walton, *Academies and Society in Southern Sung China*, Honolulu, 1999.

19　陳雯怡『由官学到書院——従制度与理念的互動看宋代教育的演変』(聯経出版，2004年)。

20　内藤湖南「概括的唐宋時代観」(『歴史と地理』9巻5号，1922年)。

21　宮崎市定『科挙』(秋田屋，1946年)や同『中国史』下(岩波書店，1978年)など。

22　周藤吉之『宋代官僚制と大土地所有』(日本評論社，1950年)など。

23　これら議論の概要については森正夫「日本の明清時代史研究における郷紳論について」1・2・3(『歴史評論』308・312・314，1975・1976年)および同「明代の郷

紳——士大夫と地域社会との関連についての覚書」(『名古屋大学文学部研究論集』77, 史学26, 1980年)を参照。これらは森正夫『森正夫明清史論集第3巻　地域社会・研究方法』(汲古書院, 2006年)に収録されている。

24　宮崎市定『東洋的近世』(教育タイムス社, 1950年), 75頁。

25　当初からこのように呼ばれたわけではなく, 岸本美緒「モラル・エコノミー論と中国社会研究」(『思想』792, 1990年)によって名づけられた。なお, 宋代史の視点を含めた整理として伊藤正彦「中国史研究の『地域社会論』——方法的特質と意義」(『歴史評論』582, 1998年)をあげておく。

26　宋代史研究会編『宋代人の認識——相互性と日常空間』(汲古書院, 2001年)の序論, 岡元司・勝山稔・小島毅・須江隆・早坂俊廣「相互性と日常空間——「地域」という起点から」にはその影響と問題点が述べられている。

27　Robert Hartwell, "Demographic, Political, and Social Transformations of China, 750-1550", *Harvard Journal of Asiatic Studies* 42(1982).

28　Robert P. Hymes, *Statesmen and Gentlemen: The Elite of Fu-chou, Chiang-hsi, in Northern and Southern Sung*, Cambridge, New York, 1986.

29　欧米における宋代士大夫研究の整理として有用なものに, 中島楽章「宋元明移行期論をめぐって」(『中国——社会と文化』20, 2005年)とハリエット・ズンドファー著, 吉田真弓訳「宋代地域社会の概念—— 一九五〇年以降の欧米における研究と文献分析」(伊原弘・市來津由彦・須江隆編『中国宋代の地域像——比較史からみた専制国家と地域』, 岩田書院, 2013年)がある。

30　G. William Skinner ed., *The City in Late Imperial China*, Stanford, 1977に収められるスキナーの論文 "Regional urbanization in nineteenth-century China"。邦訳が今井清一訳『中国王朝末期の都市』(晃洋書房, 1989年)に収められている。

31　Ho Ping-ti, *The Ladder of success in Imperial China: Aspects of Social Mobility, 1368-1911*, New York, 1962. 邦訳として何炳棣著, 寺田隆信・千種真一訳『科挙と近世中国社会——立身出世の階梯』(平凡社, 1993年)がある。

32　Thomas H. C. Lee, *Government Education and Examinations in Sung China*, Hong Kong, 1985.

33　John W. Chaffee, *The Thorny Gates of Learning in Sung China*, Cambridge, New York, 1985.

34　南宋では科挙受験層の増加, 教育の普及などで個々人の成功の可能性が減じたことにより, 逆に恩蔭や宗室試といった通常の科挙によらない手段が増え, 特権階級による「多様性の独占」が起こったとし, 南宋社会では科挙による出世は決定的な手段ではあったけれども, その突出性を失ったと結論づけている。

35　平田茂樹「近藤一成著『宋代中國科擧社會の研究』(汲古叢書83)」(『史学雑誌』122編4号, 2013年)では,「科挙学」という表現によって, 科挙制度研究にとどまらずその周辺に存在する社会や文学・思想なども含んだ研究領域のことを表現し,

その近年の動向を取り上げている。

36　Benjamin A. Elman, *A Cultural History of Civil Examinations in Late Imperial China*, Berkeley, 2000.

37　例えば荒木敏一『宋代科挙制度研究』(東洋史研究会，1969年)，梅原郁『宋代官僚制度研究』(同朋舎出版，1985年)など。

38　近藤一成『宋代中國科擧社會の研究』(汲古書院，2009年)。

39　桑原隲蔵「歴史上より観たる南北支那」(『桑原隲蔵全集』第2巻，岩波書店，1968年，初出は1925年)は，この時期に経済の重心が南方に移ったことを以て中国史の転換点と位置づけており，現在再評価がされている。

40　中砂明徳『江南——中国文雅の源流』(講談社，2002年)は宋から清までの南北社会の異質性を強調しており，また飯山知保『金元時代の華北社会と科挙制度——もう一つの「士人層」』(早稲田大学出版部，2011年)は，南宋期と並立して中国北方を支配した金朝治下における士人層の動向を研究し，南宋とは異なる展開をみせたことを示した。

41　Paul Jakov Smith and Richard von Glahn eds., *Song-Yuan-Ming Transition in Chinese History*, Cambridge, Mass., 2003.

42　Anne Gerritsen, *Ji'an Literati and the Local in Song-Yuan-Ming China*, Leiden, 2007.

43　Chen, Song, "Managing the Territories from Afar: The Imperial State and Elites in Sichuan, 755-1279," Ph.D. dissertation, Harvard University, 2011.

44　包偉民「精英們'地方化'了嗎？——試論韓明士"政治家与紳士"与'地方史'研究方法」(『唐研究』11，2005年)はこの点を批判したものである。

45　例えば黄寛重『宋代的家族与社会』(国家図書館出版社，2009年)は，南宋においても科挙合格こそが士大夫のめざしたものであることを強調し，ハイムズの見解に批判的である。

46　Sukhee Lee, *Negotiated Power: the State, Elites, and Local Governance in Twelfth-to Fourteenth-Century China*, Cambridge, Mass., 2014.

47　岡元司『宋代沿海地域社会史研究——ネットワークと地域文化』(汲古書院，2012年)。

48　友枝龍太郎『朱子の思想形成』(春秋社，1969年)。

49　例えば島田虔次『中国における近代思惟の挫折』(筑摩書房，1949年)の前史として書かれた同『朱子学と陽明学』(岩波書店，1967年)は朱子学を周敦頤から始まる一つの系譜として描き，陸九淵からつながる陽明学をそれに対比させて「近代的思惟の挫折」と位置づけている。

50　Peter K. Bol, *This Culture of Ours: Intellectual Transitions in T'ang and Sung China*, Stanford, 1992.

51　James T. C. Liu, *China Turning Inward: Intellectual-Political Changes in the*

Early Twelfth Century, Cambridge, Mass., 1988.

52　南宋以降についてはBol, Peter K., *Neo-Confucianism in History,* Cambridge, Mass. and London, 2008. でより詳細に議論を展開している。

53　土田健次郎『道学の形成』(創文社，2002年)。

54　小島毅『宋学の形成と展開』(創文社，1999年)。

55　日本では戦前に諸橋轍次『儒学の目的と宋儒慶暦至慶元百六十年間の活動』(大修館書店，1929年)が刊行されている。これは北宋中期の慶暦年間から朱子学が公的に勝利する直前の慶元年間までを記述しており，まさに朱子学が主流となる前史として宋代の思想史を描いている。

56　Ellen Neskar, "The Cult of Worthies: A Study of Shrines Honoring Local Confucian Worthies in the Sung Dynasty (960-1279)", Ph.D dissertation, Columbia University, 1993.

第１章　北宋前半期における廟学

1　「国学」という語は広く中央京師における学校全般のことを指す用語で，実際に国学と称する建物なり機関が存在するわけではない。例えば唐代の国学に相当するのは時期によって出入りがあるが，基本的には六学といわれる国子監・太学・四門学・律学・書学・算学である。北宋前半期においては国子監・太学・四門学などがあり，基本的には唐制を継承する形で存在していたが，北宋中期の慶暦年間に大きな改革がおこなわれている。北宋前半期の国学に関しては近藤一成『宋代中國科擧社會の研究』(汲古書院，2009年)の19頁以下に詳しい。

2　『続資治通鑑長編』巻３，建隆三年六月辛卯条。

3　国学孔子廟の変遷については専論として，黄進興『優入聖域——権力・信仰与正統性(修訂版)』(中華書局，2010年)があるが，宋前半期の状況については詳細な検討を欠いている。

4　顔回(子淵)，閔損(子騫)・冉耕(伯牛)・冉雍(仲弓)・宰予(子我)・端木賜(子貢)・冉求(子有)・仲由(子路)・言偃(子游)・卜商(子夏)の10人。

5　『旧唐書』巻３にみられる名を列挙すれば，左丘明・卜商・穀梁赤・公羊高・伏勝・毛萇・高堂生・孔安国・戴勝・劉向・何休・鄭衆・馬融・盧植・鄭玄・服虔・杜子春・范寧・杜預・王粛・王弼の21人である。しかし『通典』巻53では本来なら十哲に含まれる卜商(子夏)が省かれ賈逵の名が追加され，『新唐書』巻15では卜商と賈逵の両方を含んで22人とするなど，史料によって異同がみられる。

6　『旧唐書』巻24など。

7　「塑先聖亞聖十哲像，畫七十二賢及先儒二十一人像于東西廡之木壁。」

8　『文献通考』巻43，学校考四，祠祭褒贈先聖先師(錄後)に詳細が記される。また『続資治通鑑長編』巻71，真宗大中祥符二年五月乙卯朔条にも「追封孔子弟子，兗公顔回爲國公，費侯閔損等九人爲郡公，成伯曾參等六十二人爲列侯。」とある。

9　『玉海』巻113「祥符封孔子弟子」。

10　『文献通考』巻44，祠祭褒贈先聖先師(錄後)。

11　この21人は卜商を含まず賈逵を含む，『通典』と同様の構成である。『文献通考』巻43，学校考四，祠祭褒贈先聖先師(錄後)を参照。

12　『続資治通鑑長編』巻２，太祖建隆二年十一月己巳条。同巻３，太祖建隆三年正月癸未条。同巻，太祖建隆三年二月丙辰条。ただし『続資治通鑑長編』巻３，建隆三年六月辛卯条には，建隆元年にも幸したという異説を載せており，李燾はこれを誤りと退けている。なお，乾徳元年にも国子監への行幸を確認することができる(同巻４，乾徳元年四月丁亥条)。

13　『続資治通鑑長編』巻３，建隆三年六月辛卯条。

14　『続資治通鑑長編』巻42，至道三年九月壬午条にみられるが全文の採録ではない。「参用儒将」は『歴代名臣奏議』巻236に，「申明太学」は『国朝諸臣奏議』巻78および『歴代名臣奏議』巻164に，「釐革遷転」は『歴代名臣奏議』巻197に，「復設制科」は『国朝諸臣奏議』巻82に，「復郷飲礼」は『国朝二百家名賢文粋』巻24にみられる。ただし史料によってはこの上言を咸平３(1000)年とするが，一連の五議であることを重視してここでは『長編』の至道３年に従う。

15　郷飲酒礼は地方学校における重要な儀礼であるが，北宋初期にはほとんどおこなわれておらず，関連する議論がわずかに存在するのみである。太宗淳化年間に田錫の上言した「請復郷飲礼書」(『咸平集』巻２)をきっかけに制度が議論・制定されたが実施にはいたらなかった(王美華著，梅村尚樹訳「唐宋時期郷飲酒礼変遷の分析」(『史滴』33，2011年)参照)。孫何の「行郷飲」は礼官に詔をくだして故事を復興しおこなうよう望んでおり，淳化年間の議論を実行に移すよう建言したものと考えられる。しかしそれをおこなう場である地方学校が途絶しているのだから，少なくともただちに統一的に実行できるような案件ではなかった。

16　ほかにも『長編』の同日条には監察御史王済が当面採用すべき施政方針を述べた「十事」を上陳している。

17　曲阜県の主簿や県令に孔子の子孫を任命するのは唐代からしばしばみられ，孔延世の父である孔宜も宋初の乾徳年間に曲阜主簿に任じられ，のちに文宣公を襲封している。ただしこの曲阜主簿は必ずしも実職をともなっておらず，実際には孔宜は知県や州通判クラスの地方官を歴任している。孔宜が雍熙３(986)年に没すると，その後すぐに孔延世は曲阜主簿を与えられているから，これは後継者として自動的に授与された職だったのであろう。孔延世は閬県令を経て至道３(997)年時点では長葛の県令を務めており，真宗は即位間もなく孔子の子孫を訪ねるよう近臣に命じ，孔延世を呼び寄せて曲阜県令に任じるとともに文宣公を襲封させたことになる。これは実は五代後晋の高祖が即位直後に孔仁玉(44代孫)におこなった例と同様であり，真宗が儒家を重んじる姿勢を示した一環ととらえることができる。孔延世はその後咸平６(1003)年に没するまで曲阜にとどまったようであり，翌景徳元(1004)年には

延世の子の聖祐が9歳にして同学究出身の資格を賜っている。大中祥符元(1008)年以降は延世の弟の孔勗が知曲阜県を務めるが，それ以前の景徳年間については空闕とされたのか，孔氏以外が任ぜられたのか不明である。なお以後は多少の曲折はあるが概ね孔氏が知県を務めたために，実質的に知仙源県(曲阜県から大中祥符5〈1012〉年に改名)は孔氏による世襲職として固定化された上，元祐年間には他職を兼任しないことが定められた。

18 『宋史』巻6，真宗本紀，至道三年七月癸酉条，同九月戊寅条および『宋史』巻431，孔宜伝。

19 『続資治通鑑長編』巻49，咸平四年六月丁卯条「詔諸路州縣，有學校聚徒講誦之所並賜九經」。

20 楊大雅(侃)「重修先聖廟并建講堂記」(正徳『袁州府志』巻13)に「去年詔天下諸郡咸修先聖之廟。又詔廟中起講堂，聚學徒，擇儒雅可爲人師者以敎焉」とある。また青陽楷「改建信州州学記」(康煕『広信府志』巻11)にも，景徳3(1006)年二月に王欽若の請によって天下の孔子廟を修復するよう詔が出されたと述べられている。

21 「今皇帝嗣位之初，嘗幸大學，召博士諸儒，設講榻，當御座之前，執經釋義，賜帛有差。自是，大學之制一變，復古籩豆干戚之容，粲然大備。大學士王公欽若上言，「王者化民，由中及外，古之立學，自國而達鄉。今釋菜之禮獨盛于上庠，函丈之敎未洽于四海。興文之代，而闕禮若斯。」上以其言下之有司」。

22 『続資治通鑑長編』巻45，咸平二年七月甲辰条および同書巻60，景徳二年五月戊申条。なお国子監では博士らに講義をおこなわせているが，これは太宗端拱元(988)年における幸国子監以降の定例である。

23 『続資治通鑑長編』巻36，淳化五年十一月丙寅条。また『玉海』巻113，視学および巻27，観書。

24 皇帝が臣下を伴って秘閣に赴き，収蔵されている書画を見学する行事。宋代には盛んにおこなわれるようになり，『玉海』巻27，帝学の中に項目が設けられ，挙行された事例が列挙されている。塚本麿充『北宋絵画史の成立』(中央公論美術出版，2016年)では，観書が文物を媒介とした皇帝と臣下の重要な交流の機会となっていたことを論じている。

25 万暦『兗州府志』巻51のほか，『山左金石志』巻15や『金石萃編』巻126など。

26 徴税などの際，一定割合で追加徴収した付加税のこと。『資治通鑑後編』巻81，神宗煕寧七年三月乙巳条の詔では，官舎の改修や什器をつくるために充てるよう規定されている。

27 王欽若は儒家を排斥し道家を重視したことでも知られ，後世における評価が非常に低い。その王欽若から出た施策であったことも影響していると思われる。

28 宰相としての王欽若と皇帝真宗の関係を扱った論考として王瑞来『宋代の皇帝権力と士大夫政治』(汲古書院，2001年)第六章「「癭相」王欽若——君臣関係のケーススタディ(四)」がある。

29　以下は『続資治通鑑長編』巻70の記載による。
30　これは孔子の母が黒帝に感じて孔子を生んだことや荘子のことを「玄聖素王」と称したことを根拠としており，五行思想や老荘思想の影響が強いことから大中祥符5(1012)年12月には早くも至聖文宣王と封号が改められる。『続資治通鑑長編』巻79，大中祥符五年十二月壬申条。
31　牛・羊・豕の三牲が揃った犠牲のことで最も重い祭祀に用いられる。前漢高祖12(前195)年に，漢高祖が魯を通りがかって孔子を祀った際に太牢を用いている(『漢書』巻1下，高祖本紀)。これはその故事に倣ったものであろう。
32　『続資治通鑑長編』巻72，大中祥符二年十月辛亥条にこれに関する記事がある。のちに仁宗朝で宰相となる王曽の従妹が孔冕に嫁いでいたが，夫婦は不和であり，真宗巡幸の際に王曽が孔冕の家に泊まったところ毒にあたるという事件があった。事は知れわたってしまったが，王曽は大礼の前ということもあり真宗に深く追及しないよう密かに申し出，また宰相の王旦も孔子廟への巡幸に伴って孔冕を昇進させようとしていたのでこれを公にしないことを望んだ。ところが権判吏部銓の王嗣宗がこれは王曽が孔冕を陥れようとしていると思い込み，たびたび孔冕の冤罪を主張して王曽・王旦への弾劾をおこなった。結局大中祥符2(1009)年10月，真宗が王曽は無実であろうからどう処理すべきかと王旦らに尋ねたところ，王旦のほか趙安仁・王欽若も孔冕が冤罪でない旨の意見を述べ，王嗣宗は失言を謝罪するにいたったという。この際に王旦は「孔冕不善の迹甚だ衆し。但宣聖の後を以て窮究を欲せざるのみ」と述べている。
33　『続資治通鑑長編』巻71，大中祥符二年正月己卯条や『宋史』巻431，孔宜伝など。ただし乾隆『曲阜県志』巻23では大中祥符2(1009)年2月に孔子廟に学舎を立てる詔を発しているのとは別に，大中祥符3(1010)年に建廟学と記され，その細注に「孔勗奏請於家學舊址重建講堂延師教授。帝曰「講學道義，貴近廟廷，當許於齋廳内説書。」廟學之名始起」とある。これが同じ曲阜孔子廟の学舎を指しているか確実ではないことと，管見の限り清代の編纂である当該史料でしか確認できなかったため，断定するのは難しいものの，『長編』の記事はこれらをまとめて記載した可能性があること，また斎庁での説書とは孔子廟に近いところでおこないたいという孔勗の希望から発したものであることが推測される。「廟学」の語自体は宋より前の時代にも当然みられるが，宋代においては仁宗朝慶暦年間以降よく用いられるようになったことは確かであり，これが一つの契機になった可能性はある。
34　南宋末に書かれた呂中『宋大事紀講義』巻7，真宗皇帝，建学は大中祥符2(1009)年2月に応天府書院(のちに府学となる)が建てられ，それに真宗が額を賜ったこととともに，曲阜孔廟での立学をあげ，これを「州郡置學始此」と評する。これは『宋会要輯稿』崇儒二之二にも引用されている。
35　『続資治通鑑長編』巻73，大中祥符三年六月丙辰条。これは大中祥符3(1010)年正月壬申における同判太常礼院の孫奭の上言を受けてのことである。

36 『宋史』巻8，真宗本紀，大中祥符四年五月癸巳には「詔州城置孔子廟」とあるが，『続資治通鑑長編』巻75の同日条は「王承美請於豐州城内置玄聖文宣王廟。從之」とあり，また『宋史』巻253の王承美伝もそれを裏づける内容となっている。周愚文『宋代的州県学』6頁は，仁宗朝にいたる以前の中央による学校政策をごく簡潔に列挙した中で，これを全国の州に孔子廟をおくよう命じたものと解釈しているが，豊州における個別事例とする方が自然である。実は前述の乾隆『曲阜県志』巻23は，大中祥符4(1011)年の項で「夏五月詔諸州置孔子廟」とするが，景徳3(1006)年の詔と内容が重複することもあり，ここでは『長編』の記述に従って解釈しておく。

37 『続資治通鑑長編』巻71，真宗大中祥符二年五月乙卯朔条。

38 『玉海』巻113「祥符封孔子弟子」。

39 『続資治通鑑長編』巻70，大中祥符元年九月庚辰条。同書巻73，大中祥符三年正月壬申条。同書巻76，大中祥符四年十二月甲寅条。

40 『続資治通鑑長編』巻80，大中祥符六年五月辛丑条には，国子監の報告を載せ，判監孫奭が上言したとする。しかし宋祁の手になる「孫僕射行状」(『景文集』巻61)と対照すると孫奭が国子監に携わっていたのは大中祥符より前と仁宗即位後であり，この時期に判国子監であったとするのは疑わしい。李燾は「初無孫奭姓名，而實錄所書獨如此」とも注記しており，『真宗実録』にのみ孫奭の名がみえ，他史料はとくに個人名を記していなかったようである。これは実録が誤って孫奭の名を入れたと考える方がよいであろう。

41 『続資治通鑑長編』巻92，天禧二年十月癸丑条には，「奭復出，其朝廷居蓋不周歲云」とあり，1年足らずで再度転出したことが記されるが，宋祁「孫僕射行状」(『景文集』巻61)によれば密州にいた期間を2年と記している。密州への転出が大中祥符6(1013)年12月，河陽県への転出が天禧2(1018)年11月であれば，その間5年弱となり計算が合わない。知密州の期間も，中央に戻っていた期間ももう少し長いのであろう。

42 『続資治通鑑長編』巻97，天禧五年二月丁未条。

43 『続資治通鑑長編』巻99，乾興元年十一月庚辰条および『宋会要輯稿』二之三を参照。

44 同上。

45 類似の表はすでに周愚文『宋代的州県学』98〜99頁に掲載されている。若干補足すれば，周著書は九経の下賜を除いている，景祐より前が欠落しており天聖8年の記事を載せていない，などの違いがある。

46 『景定建康志』巻28，儒学志一，本朝興崇府学によれば，太宗雍熙年間に文宣王廟が府の西北三里にあったが，天聖7(1029)年に丞相の張士遜が知江寧府となり廟を浮橋の東北に移して府学を建て，学田十頃と書一監(監は量詞で，具体数は不明だが一揃いの意であろう)を賜ったとある。またのちに景祐年間に陳執中が学を府

治の東南に移して，以後南宋末にいたるまでその場所に府学がおかれた。『景定建康志』は天聖 7 (1029)年としており，一応建学を天聖 7 (1029)年，学田の賜給をその翌年と解したが，天聖 8 (1030)年12月という時期は少々遅く感じられるので，どちらかに錯誤がある可能性も否定できない。

47　藩鎮州とは宋代の州の六つのランクである都督州・節度州・観察州・防御州・団練州・剌史州のうち観察州以上をいう。『宋会要輯稿』職官五八之三に「其兩京大名，京兆，眞定，江陵，河中，鳳翔及大藩鎮各四十頃，次等藩鎮三十五頃，防禦團練使州三十頃，中上剌史州二十頃，下州及軍監十五頃……」とあり，藩鎮が観察州以上の州と府を指すことが推測できる。

48　張方平「湖州新建州学記」(『楽全集』巻33)。

49　「始詔州郡皆立学，差賦以田，俾資其用」。

50　『続資治通鑑長編』巻221，熙寧四年三月庚寅条および『宋会要輯稿』崇儒二之五。

51　『続資治通鑑長編』巻143，慶暦三年九月丁卯条。

52　『続資治通鑑長編』巻147，慶暦四年三月甲戌条。

53　『宋会要輯稿』崇儒二之四および選挙三之二四。

54　曽鞏「宜黄県県学記」(『元豊類稿』巻17)。

55　王安石「繁昌県学記」(『臨川文集』巻82)。

56　ほかに長渓県は慶暦年間に建てたとあるが，規模は不明で大観 2 (1108)年の改修でようやくその規模が確認できる。また連江県は嘉祐年間に孔子廟を改修して学としたとあり，寧徳県は嘉祐 3 (1058)年，羅源県は慶暦 3 (1043)年につくられたとのみ記述されている。

57　この史料は『閩中金石志』においては「古田県廟学記」と題されているが(本文表はこれに従った)，全体としては裁判処理や社稷壇の設置を含めて李堪の治績全般を述べており，元来学校建設を紀念して書かれたものではない。

58　魏仲挙『五百家注昌黎文集』巻31。題に付された注では，元和15年のものと推測している。

59　すべての具体名は不明であるが，貞観21年に定められた21人に含まれない人物として，孟子・荀子・韓嬰・董仲舒・揚雄の名がみえる。このうち孟子・荀子・揚雄は北宋元豊年間に韓愈とともに正式に孔子廟の配享従祀に加えられる。

60　「自天子至郡邑守長通得祀，而遍天下者，唯社稷與孔子焉」。

61　『礼記』王制の鄭玄注では辟廱(雍)を天子の学，頖宮を諸侯の学とするため，これに従えば辟廱(雍)が国学，頖宮が地方学と解することができる。しかし劉禹錫の文脈では郡邑に広がる孔子廟を漢代の郡国廟になぞらえて批判しており，また武徳 2 (619)年の国学への孔子廟の設置および貞観11(637)年の兗州の孔子廟改修に対置して，貞観20(646)年の天下州県に三献官をおいた許敬宗の上言を批判していることから考えて，ここでいう頖宮とは魯の学のこと，すなわち曲阜の孔子廟のことと解するのが妥当である。

62　例えば元の馬端臨は『文献通考』巻43，学校考四，祠祭褒贈先聖先師(錄後)で，唐代以来各地に学があり学には廟がなければならないが，実際書かれた孔子廟記をみるに廟には言及していても学には言及していない，よって実態として廟のみが存在していたのであろうと所見を述べ，衰乱ののちには仕方なく廟だけを保存していたと認識している。

63　「廟不立則釋奠無所就，禮不備則釋菜無所觀」。

64　楊大雅(侃)「重修先聖廟并建講堂記」(正徳『袁州府志』巻13)。ほかに青陽楷「改建信州州学記」(康熙『広信府志』巻11)でも景徳3(1006)年の詔を確認できる。

65　「至唐開元始詔州縣置廟，并像十哲七十子，春秋釋奠，載于典章。我宋因之」。

66　「建都邑之祠宇，春秋仲月，行釋菜之禮，唐室之舊典也。都邑祠宇，咸建講堂，召通經者，展函丈之儀，聖朝之新制也」。

67　『礼記』文王世子「凡學春官釋奠于其先師，秋冬亦如之」に対する鄭玄注「釋奠者設薦饌酌奠而已，無迎尸以下之事」。

68　「隋唐之際，天下州縣皆立學，置學官生員，而釋奠之禮遂以著令。其後州縣學廢，而釋奠之禮，吏以其著令，故得不廢。學廢矣，無所從祭，則皆廟而祭之」。

69　「徒見官爲立祠而州縣莫不祭之，則以爲夫子之尊由此爲盛。甚者，乃謂生雖不得位，而没有所享，以爲夫子榮，謂有德之報，雖堯舜莫若。何其謬論者歟」。

70　この記の書かれた年月は不明であるが，記文には「至今天子始詔天下有州者皆得立學」とあること，南宋の許応竜「繁昌県学記」(『東澗集』巻13)に「繁昌邑庠肇於慶曆」とあることから，慶曆年間のことと考えられる。

71　「奠先師先聖於學，而無廟，古也。近世之法，廟事孔子而無學」。

72　「宋因近世之法，而無能改。至今天子始詔天下有州者皆得立學，奠孔子其中，如古之爲」。

73　「蓋廟之作，出於學廢，而近世之法然也」。

74　基本的には慶曆4(1044)年の詔のことを指していると思われるが，詔からは各州はすべて学を設置し，州の学士が200人以上であればその属県にも学の設置を許すこと，そして学の設置が難しい場合には孔子廟か官舎を仮に学とすることの二つの要素を読み取ることができる。王安石の論法はこれとは若干ずれがあり，これは王安石の思い違いであるか，または「中律」といっているように，詔とは別に規定された律が存在した可能性もある。

75　「儒宮」の用例としては咸平年間以前のものとして柳開「重修孔子廟垣疏」(『河東先生集』巻3)，田錫「睦州夫子廟記」(『国朝二百家名賢文粋』巻121)，李垂「解州聞喜県増修夫子廟記」(『山右石刻叢編』巻13)があげられる。

76　例外として慶曆5(1045)年の史綸「新建撫州州学記」(乾隆『臨川県志』)があり，ここでは孔子廟に学校施設の附属したものを「儒宮」と称している。

77　また余靖は慶曆4(1044)年11月，判国子監として学校政策について上奏した文章の中でも「廣學宮，頒學田」と述べている(『続資治通鑑長編』巻153，仁宗慶曆四

年十一月戊午条)。

78 『旧唐書』には「学宮」の語はみられない上,「学官」の語はすべて学に携わる官員を意味するか,あるいは国学を意味し,地方学校としては用いられない。『新唐書』は,四庫全書本において「学宮」がここであげた2例のほか巻197,羅珦伝にみられ,「学官」が巻171,曹華伝と巻197,韋丹伝附宙伝にみられる。中華書局点校本ではこれらはすべて「学官」につくる。

79 洪适『盤洲文集』巻62「跋欧書温彦博碑」に「新書有韋弘機傳,而舊書止作韋機。又可見其因孝敬而削也,新書正之」とあるように『旧唐書』の韋機は『新唐書』以降,韋弘機と改められている。

第2章 地方官学の興起と文翁伝説

1 李弘祺『学以為己——伝統中国的教育』(香港中文大学出版社,2012年),57頁。

2 例えば「漢代に儒教が官学化された」とする「定説」について,福井重雅『漢代儒教の史的研究——儒教の官学化をめぐる定説の再検討』(汲古書院,2005年)は,董仲舒によって官学化がなされたという説を否定するともに,文翁の興学と董仲舒の太学設置との関連も否定している(298頁)。

3 『後漢書』列伝第70上,文苑列伝上,劉梁伝や『三国志』蜀志巻8,秦宓伝など。

4 「昔文翁守蜀,始立學宮而教其民,于是巴蜀大化,有斉魯風」。

5 『宋史』巻283,夏竦伝にみえる官歴に照らせば,『続資治通鑑長編』巻105,仁宗天聖五年二月癸酉条で枢密副使の職にあたってから,同巻106,天聖六年三月辛亥条で給事中の官を加えられるまでの間とわかる。

6 『呉郡志』巻12の張方平の伝。『姑蘇志』巻41にもほぼ同内容の記事が載る。

7 『東都事略』巻60あるいは『姑蘇志』巻49の蔣堂伝。

8 『続資治通鑑長編』巻118,仁宗景祐三年正月己酉条。

9 「能知學校爲教民之本者,惟文翁。唱之於蜀」。

10 「文翁作守巴蜀,克變其風,比於齊魯」。

11 なお鄒重華「士人学術交遊圏:一個学術史研究的另類視角(以宋代四川為例)」(鄒重華・粟品孝主編『宋代四川家族与学術論集』,四川大学出版社,2005年)は宋代を通じて四川地域の学術交友関係を整理・概観しており,その中で文同・呂陶・蘇軾などにもふれられている。

12 『続資治通鑑長編』巻153,仁宗慶暦四年十二月甲辰条。

13 文翁の石室についてまとまった記事を提示してくれるものとして,雍正『四川通志』巻26や『大清一統志』巻292,「文翁石室」がある。

14 周公の礼殿がどのように諸聖人を配置して描いているかを示すものとして『周公礼殿図』がある。『隋書』経籍志には『蜀文翁学堂像題記二巻』がみえ,また宋代には嘉祐年間に宋祁の後任であった知益州の王素がこれを模写するよう命じ,『成都礼殿聖賢図』をつくっているほか,南宋の紹興年間にも,成都をおさめた席益が

これを模写している。『成都礼殿聖賢図』それ自体現在は確認できないが，元代に費著が書いたとされる『成都志』の記述が『蜀中広記』巻105に残っており，そこには容貌から名前の識別できるものについて列挙されている。それによれば古の帝王から始まり，孔子の弟子，そして歴代の人物は王尊・謝安・桓石虔といった晋代の人物までが確認できる。

15 『続資治通鑑長編』巻153，仁宗慶暦四年十一月甲辰条。

16 『宋史』巻284，宋祁伝。

17 宋祁『景文集』巻57に「成都府新建漢文公祠堂碑」という碑文が残る。その中で嘉祐2(1057)年に文翁祠に訪れ，翌嘉祐3(1058)年に改修に着工したと書かれる。なお『景文集』にはこの碑文の書かれた紀年を記さず，『成都文類』に載る同文には末尾に「治平四(1067)年記」とあるが，宋祁は嘉祐6(1061)年に没しており，不自然である。立碑の年代はともかく記の執筆は嘉祐6年以前でなければならない。

18 『能改斎漫録』巻12「蔣希魯建西学宋宏肖其像於文翁祠」。なおこの転運使は袁抗である可能性が高い(李之亮『宋代路分長官通考』中，巴蜀書社，2003年，1179頁参照)。

19 『成都文類』巻48に10の賛がすべて載録されている。

20 『能改斎漫録』巻12「蔣希魯建西学宋宏肖其像於文翁祠」。

21 雍正『四川通志』巻6，名宦，韓絳の項および『成都文類』巻48「講堂箴」。

22 『成都文類』巻48，張兪「成都府学講堂頌」。なお張兪自身に関しては『東都事略』の巻118，隠逸伝に伝がみられる。

23 「蜀之學遠矣，肇興於漢，歴晉唐至於五代，世世絃誦不衰。所謂周公禮殿，文翁石室，越千餘載而巋然猶存。……自闕里及三都四方之講堂，未有壮乎此也」。

24 『宋会要輯稿』選挙一一之一二，神宗煕寧三年八月。

25 呂陶・孔文仲を含めて煕寧3(1070)三年の賢良方正科については，荒木敏一『宋代科挙制度研究』(東洋史研究会，1969年)第八章第二節に「煕寧三年の制科を繞る党争」として詳しい。

26 『宋史』巻346，呂陶伝は「陶雖入等，纔通判蜀州」と記す。

27 ただし五代十国の後蜀の時代に十三経のうち，『孟子』と『春秋』三伝を除く部分は完成し，さらに『左伝』を製作中だったものの，これは前半までで中止していたようである。北宋の皇祐年間になって知益州の田況がこれに追加する事業をおこない，『春秋』三伝の完成をみた。のちに北宋最末期の宣和6(1124)年にはこれに『孟子』が加わって現在でいう十三経がすべて揃っている(曽宏父『石刻鋪叙』巻上「蜀鐫至十七巻止」)。

28 『浄徳集』巻21「枢密劉公墓誌銘」。

29 『続資治通鑑長編』巻278，神宗煕寧九年十月丙午条。

30 「自慶暦中天下興學，君爲石室生，予亦肄業，其間始與君相從」。

31 常珙が没したのが元豊7(1084)年で，元祐2(1087)年にその子が葬っている。呂

陶がこの墓誌銘を書いたが，呂陶は「始與君相從，及宦遊四方，多與君接，今四十年」と述べており，元祐２(1087)年から40年遡れば慶暦７(1047)年，元豊７(1084)年から遡れば慶暦４(1044)年となる。いずれにしろ蔣堂による興学とほぼ同じ時期となる。

32　墓誌銘の原文は「周官，戴氏禮」。「戴氏禮」はここでは『礼記』のことを指している。

33　例えば成都府路，仙井の出身である李新『跨鼇集』巻29には「任夫人墓誌銘」と「楊夫子墓碣銘」が残るがいずれも成都府学のことを「石室」と称する。さらに南宋の例になるが漢州綿竹の人，李流謙の『澹斎集』巻17「仲結章君墓銘」でも同様の表現がみられる。両者ともに呂陶ほど出世した人物ではなく，とくに成都府学とのかかわりも確認することができない。そのような人たちの間でも，成都府学＝「石室」という呼称が通用していた背景には呂陶らの影響があることは想像に難くない。

34　『宋史』巻318，胡宿伝附胡宗愈伝の記載によれば，胡宿が英宗にその後継を尋ねられたときに胡宗愈を推している。

35　常州の名族について伊原弘「中国宋代の都市とエリート――常州の発展とその限界」(『史潮』新28，1990年)がまとめており，胡氏・蔣氏ともにとりあげられている。

36　『呉郡志』巻６，坊市，霊芝坊。

37　『成都文類』巻30，席益「府学石経堂図籍記」に胡宗愈が石経の保存をしたことが記される。また『成都文類』巻26には胡宗愈の「重修東斎記」が収められている。

38　文同『丹淵集』についての『四庫全書総目提要』などは，文同が文翁の子孫だったために人々に「石室先生」と呼ばれたと記されている。

39　主に『宋史』文同伝や『四庫全書総目提要』に書かれた文同『丹淵集』の説明による。

40　李壁『王荊公詩注』巻13「送文学士倅邛州」に対する注。

41　『蘇詩補註』巻６「送文与可出守陵州」の「文与可」に対する注。

42　雍正『陝西通志』巻52の文同の項。また『丹淵集』巻34には「奏為乞置興元府府学教授状」が残る。

43　高津孝「東坡の芸術論と場の性格」(宋代史研究会編『宋代社会のネットワーク』，汲古書院，1998年)の331・332頁では，蘇軾の絵画論に影響を与えた重要な人物として文同が紹介される。

44　『蘇詩補註』巻20「陳州与文郎逸民飲別携手河隄上作此詩」にあらわれる文逸民(務光)が文同の第四子である。また蘇轍は「祭亡婿文逸民文」を記しており，ここに長女が文務光に嫁いだことが記される。

45　「與可，文翁之後也。蜀人猶以石室名其家，而與可自謂笑笑先生」。

46　王安石『臨川文集』巻９には嘉祐４年に詠まれた「送文学士倅邛州」があるが，

これは文同を送るために書かれたもので，文翁の教化に言及した内容となっている。

47　范百禄「宋尚書司封員外郎充秘閣校理新知湖州文公墓誌銘」（傅増湘編『宋代蜀文輯存』巻22，北京図書館出版社，2005年)。この史料および文氏に関しては，鄒重華「“郷先生”—— 一個被忽略的宋代私学教育角色」（鄒重華・粟品孝主編『宋代四川家族与学術論集』，四川大学出版社，2005年）にすでに紹介がある。

48　例えば李石『方舟集』の四庫提要にこのように述べられるが，現在確認できる範囲では鄧椿『画継』にみられる李石の伝記が最も古い史料となる。鄧椿は成都府の双流県の人で，おそらく進士には合格しておらず，『画継』は熙寧7（1074）年から乾道3（1167）年までの画家や画についての評論を記しており，その巻3に李石の伝記が載っている。

49　「主石室。就學者如雲，至於閩越之士，不遠萬里而來，刻石題諸生名幾千人。蜀學之盛古今鮮儷也」。この記述は採録する史料により若干の字句の異同があるが，ここでは『蜀中広記』巻108の李石伝によった。

50　『成都文類』巻45，李石「左右生図記」。

51　これについて欧陽脩『集古録』巻2には「後漢文翁学生題名」という文章があり，後漢時代に立てられた石碑とするが，趙明誠『金石録』巻20はこれに疑念をもち，晋以後の人によって立てられたと主張する。

52　「小録」は科挙合格者同士の連帯を強めた「同年小録」などが有名であるが，同じ学校の者同士でつくられた「同舎小録」なども存在する。学校による小録についての研究として山口智哉「宋代「同年小録」考——「書かれたもの」による共同意識の形成」（『中国——社会と文化』17，2002年）がある。

53　伊原弘「南宋四川における定居士人——成都府路・梓州路を中心として」（『東方学』54，1977年）は李石『方舟集』も題材として用い，四川地域は他地域よりも学問による士人同士の結びつきが強かったと述べる。

54　范仲淹の興学事業はとくに蘇州のものが有名で，范仲淹は蘇州学で教鞭を執った胡瑗とともに祀られることになる。『范文正集』補編巻4「蘇州郡学范文正公祠記」や朱長文『楽圃余稿』巻6「蘇州学記」にみられる。

55　「文翁昔時理蜀土，能令蜀人似鄒魯，范公今者鎮江東，亦云教化似文翁，文翁范公本同志，蜀人呉人有殊異，蜀人之先自魚鳬，不聞道徳能過呉，呉前泰伯後季札，禮譲繼爲天下師，迄今遺風未全滅，得逢賢侯益昭晰，本之舊俗已相百，況乃磨礱皆俊傑，當時文翁化蜀者，獨有揚雄及司馬，後生可畏不可誣，安知不在呉公下，呉人于今歌且仰，我公去矣安所倣，願公上佐天王明，姫文孔術從兹行」。

56　「呉爲東南都會。自泰伯三遜天下，延陵脱屣千乘，言偃以學稱，嚴助以文著，朱張顧陸，世多顯者。此誠禮義之區，儒雅之藪也」。

57　『范文正集』補編巻4「蘇州郡学范文正公祠記」などにみられるように，後世まで范仲淹は蘇州学に祀られた。なお南宋中期，淳熙16（1189）年につくられた五賢堂は，范仲淹のほか，唐代の陸贄，宋代の范純仁・胡瑗・朱長文を祀っている（『呉郡

志』巻四，学校)。

58 「蓋漢文翁之治蜀，唐常袞之治閩，皆用此道」。

59 「始閩人未知學。袞至爲設郷校，使作爲文章，親加講導，與爲客主，鈞禮觀游，燕饗與焉。由是俗一變，歳貢士與内州等」。

60 韓愈『昌黎文集』巻22，「欧陽生哀辞」。

61 『淳熙三山志』巻8，廟学では「李椅」を「李錡」につくっている。しかし後に述べる独孤及の碑文などほかの史料に従ってここでは「李椅」と記す。

62 「文翁蜀學不崇，閩中無儒家流，成公至而俗易」。

63 例えば『玉海』巻112，学校下，唐州県学や『記纂淵海』巻38，学校部，州県学および『古今源流至論』続集巻10，州県学といった宋代の類書には『新唐書』の記述がそのまま引かれている。

64 『淳熙三山志』巻8，廟学。

65 朱熹『晦庵集』巻95上下，「少師保信軍節度使魏国公致仕贈太保張公行状」。

66 なお，嘉定6(1213)年には黄榦が同じく舒の安慶府学に関して「安慶府新建廟学記」を記しており，そこでも文翁が舒の人であることが意識されている。(『勉斎集』巻19(四庫本)「安慶府新建廟学記」)。

67 例えば平田茂樹『宋代政治構造研究』(汲古書院，2012年)第2部，第2章「宋代の朋党形成の契機について」は「元祐旧法党モデル」を作成し，「「洛党」・「蜀(川)党」・「朔党」といった表記がみられるように，地縁関係が人的結合に一定の役割を果たしていた」と述べる。また同時に学問関係も重視しており，「太学，州学等でともに学んだ「同舎」・「同学」が行動をともにする」例を示して「地縁，学縁が二重の人的結合を形作っているケースも頻見する」と述べる。また学校儀礼を通じて学校という場が連帯意識形成に寄与していたということは，山口智哉「宋代郷飲酒礼考――儀礼空間としてみた人的結合の〈場〉」(広島史学研究会『史学研究』241，2003年)が論じている。

68 雍正『四川通志』の学校の項，乾隆『福建通志』の選挙の項には冒頭でそれぞれ文翁と常袞の説明がなされている。文翁と常袞を並列する方式については，元代まで頻繁にみられ，明代以降は頻度が下がるようだが，例えば清代の雍正『広西通志』巻115に載る王如辰「重修桂林府儒学碑記」では「文翁之化蜀，常袞之變閩」と書かれるし，ほかに呂宮らの編纂による『御定資政要覧』巻2，教化章第十五でも文翁と常袞は並列して言及されている。

第3章　地方官の着任儀礼

1 「詔，州縣文臣初至官，詣學祗謁先聖，乃許視事。亦用左奉議郎羅長源請也。長源言，士大夫皆學夫子之道以從政，而不知所自，望令先詣學宮，以彰風化之本。後遂著爲令」。

2 雷聞『郊廟之外――隋唐国家祭祀与宗教』(生活・読書・新知三聯書店，2009年)，

246～250頁。

3　小島毅『中国近世における礼の言説』(東京大学出版会，1996年)，四章「真徳秀の祈り」。

4　ほかに濱島敦俊『総管信仰』(研文出版，2001年)，第四章「明朝の祭祀政策と郷村社会」では，着任した地方官がまず城隍廟に謁するのが慣例になっていたとする元末至元年間の例を示しているほか，北宋の程頤が，地方官の着任当初には社稷や孔子・先賢などに謁する慣例があることを述べた史料(葉盛『水東日記』の引く伊川語録)を引用している。

5　Valerie Hansen, *Changing Gods in Medieval China, 1127-1276*, Princeton, 1990や，須江隆「徐偃王廟考——宋代の祠廟に関する一考察」(『集刊東洋学』69, 1993年)等の氏の一連の研究。宋代の宗教に関する論考は道教を中心に多く存在するが，とりわけ祠廟の問題を多く扱ったものとして松本浩一『宋代の道教と民間信仰』(汲古書院，2006年)がある。

6　この問題に関する論考は，松本浩一前掲書第三章第一節，須江隆「唐宋期における祠廟の廟額・封号の下賜について」(『中国—社会と文化』9，1994年)，同「「熙寧七年の詔」——北宋神宗朝期の賜額・賜号」(『東北大学東洋史論集』8，2001年)等がある。

7　孔子廟とその儀礼に関して唐代までを網羅的に研究したものとして高明士『中国中古的教育与学礼』(国立台湾大学出版中心，2005年)があり，また宋代の廟学制度に関しては周愚文「宋代的学礼」(高明士編『東亜伝統教育与学礼学規』，国立台湾大学出版中心，2005年)があるが，本章で述べる地方官着任時の儀礼については言及されない。

8　記が書かれたのは大中祥符元(1008)年のことである。

9　『宋史』巻287，王嗣宗伝。この記事は『続資治通鑑長編』巻75，真宗大中祥符四年正月庚辰の条にみられるが，『宋史』の記述と比べて，本章で重要な「前此，長吏皆先謁廟，然後視事」の部分が欠けている。

10　高郢「姜嫄公劉廟碑」(雍正『陝西通志』巻91)。

11　『宋史』巻287，王嗣宗伝。

12　雍正『陝西通志』巻29および『明会典』巻85。

13　文彦博『潞公文集』巻12，絳州翼城県新修至聖文宣王廟碑記「聖宋四葉上繼明之五年，某以進士舉中甲科，得大理評事，宰是邑。秋八月二十九日，始涖事。故事，守令始至，則郡縣之祠廟悉詣之。恭於神，訓於民，政之本也。由是詢於邑吏，質之縣圖，載祀典，享廟食者，惟宣聖之祠焉」。

14　『続資治通鑑長編』巻160，仁宗慶暦七年三月丁酉条。

15　『宋会要輯稿』礼二〇之九。

16　嘉靖『翼城県志』巻2，祠祀志。

17　実際ほかにも慶暦年間後半に地方官が着任時に孔子廟におこなっているのが，余

靖『武渓集』巻6「潯州新成州学記」，陳襄『古霊集』巻18(四庫本による，以下同じ)「県学疏」，范仲淹『范文正集』巻7「邠州建学記」にも確認できる。これらはいずれも慶暦4(1044)年の興学の詔を受けて学校を新たに建てた際に記された文章である。

18　文集史料からの収集にあたり，本章ではまず『四庫全書』集部，別集類の北宋と南宋を対象とし，さらに曽棗荘等編『全宋文』(上海辞書出版社・安徽教育出版社，2006年)を参照して『四庫全書』未収のものを収集した。そのため本章ではとくに言及のない場合，祝文の題や収められる巻数などは『四庫全書』所収のものに従い，とくに修正の必要なものや『四庫全書』未収のものに関しては『全宋文』を参照した。

19　なお「×」を付した祝文の中にも，「某受朝命，來守玆土」とか「某叨恩假守」などの定型的表現を含むものが多くある。これらの字句は直接的には自らが地方官であることを示しているに過ぎないため，これをもって確実に着任時のものであるとは判断しなかったが，実際には着任を強調した表現であり，着任時の祝文である可能性はかなり高い。

20　小島毅前掲書も「謁廟」祝文は着任時のものと判断して論を進めている。厳密には正確ではないかもしれないが，適切な理解だと考える。

21　文集の配列を根拠にした場合，判断に迷うものも存在する。例えば黄榦『勉斎集』巻24にみられる「祭竜潭文」は「臨川謁廟文」とする五つの謁廟文の後ろに載せられているもので，実際には謁廟文である可能性もあるが，祝文の長さ・題・内容などから謁廟文に含めるのは適当でないと判断した。

22　例えば杜牧『樊川集』巻11には祭文が載せられているが，「黄州准敕祭百神文」や「祭城隍神祈雨文」など地方官がおこなった祭祀の文章が存在する。

23　陳襄『古霊集』巻25に付される「古霊先生年譜」。

24　400戸以下の小さな県では県令はおかれず，主簿が長官の職務をおこなった。龔延明『宋代官制辞典』(中華書局，1997年)，555頁。

25　陳襄『古霊集』巻19「謁廟祝文」。「某伏聞縣有官屬到任，禮上訖，凡三日，始往拜諸廟之有靈德庇庥于邑人者。某職掌縣簿，而且承長官闕，以躬臨民。敢不夙戒，奔走承事，以告其至。明神降之」。

26　「華亭県学記」(『至元嘉禾志』巻19)は「元祐五年夏四月辛丑(二五日)，左宣徳郎知秀州華亭縣事劉侯初視事。越三日癸卯(二七日)，謁先聖廟……」の冒頭で始まる。

27　例えば「代祭黄丞相廟文」「代祭宋令公墓文」「代祭建成侯廟文」等，黄庶はほかにも文彦博の代筆で祭文を残しており，それらには「具位文某」が礼をおこなうと書かれている。

28　例えば「北岳謝雨文」「里社龍神祈雨文」「北岳祈晴文」「南岳祈雨文」などは属僚を派遣する形でおこなわれている。

29　『安陽集』巻21「定州重修北岳廟記」。

30　皇祐5(1053)年より少し前，蘇頌が南京(応天府)留守推官のときのもの。ちなみに長官に相当する留守は欧陽脩であり，蘇頌はその副官であった。

31　ただし斉州のみは孔子廟と諸廟のほかに「舜廟」に対するものが残っている。

32　『淮海集』巻31「矧惟宣聖，實我儒師，薦見之禮，敢後群祠。……」。

33　『欒城集』巻26。述古は陳襄の字で「陳述古舎人」が陳襄のことを指す。『古霊集』巻25に載る陳襄の年譜によれば，陳襄は熙寧3(1070)年には再び修起居注直舎人院となり，翌年冬には知陳州に，さらにその翌年秋には知杭州に移っている。一方の蘇轍は熙寧3(1070)年から6(1073)年の間，陳州教授を務めており，教授が知州のために代筆したものであることが確認できる。

34　韋驤『銭塘集』の四庫全書本は巻12までしか現存しておらず，『全宋文』第82冊，87〜96頁に関連する祝文が収められている。

35　一例をあげるならば周必大『文忠集』巻37には潭州赴任時の紹熙2(1191)年に「判潭州謁宣聖文」と「謁諸廟文」が残り，紹熙4(1193)年に隆興府に移る際に「改判隆興府辞宣聖文」と「辞諸廟文」をそれぞれ残している。なお『文忠集』の巻首にある年譜と照らせば，出立の日から数えて三日目(二日前)に辞廟をおこなっていることが確認でき，到着した三日目に謁廟するのとちょうど対照をなしている。

36　『建炎以来繫年要録』巻148，紹興十三年二月庚申条。

37　『建炎以来繫年要録』巻151，紹興十四年三月己巳条。

38　『宋会要輯稿』崇儒二之三四〜三七。

39　『建炎以来繫年要録』巻149，紹興十三年八月壬寅条。

40　張嵲『紫微集』巻32「襄陽府重修州学記」。

41　臣下が皇帝に直接上言をおこなう機会は「対」として制度化されており，地方官にも一定の機会が与えられていた。平田茂樹『宋代政治構造研究』(汲古書院，2012年)を参照。

42　乾道6(1170)年に『路史』を完成させた羅泌，字長源がおり，同一人物である可能性も考えられる。しかしそれにはいくつかの点で疑問が残る。まず『要録』が史料の性質上，姓と字で記載するのか否かという点。次に羅泌に関する伝記史料は乏しいが，進士登第や官歴に関する情報が一切ない点。最後に羅泌の父羅良弼について，胡銓『胡澹庵先生文集』巻26に「会昌県東尉羅迪功墓誌銘」が残っており，それによれば紹興27(1157)年に登第して迪功郎を授けられ会昌県尉となり，隆興2(1164)年に享年57で没している。つまり紹興14(1144)年時点では37歳で無官であり，その頃に子の泌がすでに知州を歴任しているのは不自然に感じられる。以上からここでは別人と考えておきたい。

43　『晦庵集』巻20「乞加封陶威公状」。

44　『晦庵集』巻86「謁李尚書劉屯田祠文」。

45　正徳『南康府志』巻7，壇壝(祠廟附)，本府(星子県附)。また『晦庵集』巻86「奉安五賢祠文」によれば，着任時に李常と劉渙の二人の像を学校で見，その後さ

らにこの地の先賢を尋ね聞いたところ以下の三人を見出したと述べているので，最初から学校に祀られていたのは前二者だけである。

46 『晦庵集』巻86「告熊孝子墓文」。また同書，巻99には着任当初に掲げられたとする「知南康榜文」および「牒」が残されており，ここで上述の地元の先賢にふれ，彼らに倣って風俗を厚くすることを説いている。

47 文集にはほかに「謁三賢祠文」も残るがこれは「謹以釋奠之明日致祭」と書かれていて，文字通り春秋の釈奠の際に謁したものである。全く同様の字句が「又謁高東溪祠文」「又謁李竜学祠文」にもみえ，着任時の謁廟文とは区別される。

48 万暦『漳州府志』巻 4，秩官志，名宦。

49 『東渓集』附録「高東渓先生祠記」。

50 『東溪集』附録「乞褒録高東渓忠義状」。また四庫全書所収『朱子年譜』ではこれを紹熙 2 (1191)年正月とする。

51 乾隆『福建通志』巻15，祠祀，漳州府。

52 乾隆『福建通志』巻15，祠祀，漳州府。

53 『晦庵集』巻80「平江府常熟県学呉公祠記」。

54 魏了翁『鶴山集』巻46「常熟県重修学記」には至和年間のものの可能性が示唆されている。

55 原文では「奠爵釋菜」と記す。これは春秋におこなわれる定期的な釈奠ではなく，学校でおこなわれる儀礼一般としての広義の「釈奠」の意であろう。

56 明，陳鎬『闕里志』巻 6，祀典。なお秦蕙田『五礼通考』はこれを引用しつつ「此後世到任謁廟之始」(巻119，吉礼一百十九，祭先聖先師)と注記し，着任時の謁廟が規定化されていく中で画期的なものとして位置づける。しかし実際は本章で述べるように紹興14(1144)年の詔がある上，慣例としては少なくとも北宋時代からおこなわれていたのである。

57 『続資治通鑑長編』巻65，真宗景徳四年癸酉条。

58 『宝慶四明志』巻 2，社稷。

59 南宋における地方の社稷が荒廃していたことは金井徳幸「南宋における社稷壇と社廟について」(酒井忠夫編『台湾の宗教と中国文化』，風響社，1992年)にすでに指摘がある。

60 『宋会要輯稿』礼二十三，社稷。

第 4 章　先賢祭祀の理論

1 宋代とりわけ南宋期の先賢祠に関しては Ellen Neskar, “The Cult of Worthies: A Study of Shrines Honoring Local Confucian Worthies in the Sung Dynasty (960-1279)” Ph.D dissertation, Columbia University, 1993 が最も重要で，本章と重なる内容もあるため，行論の必要に応じてその都度言及する。またほかに参照すべきものとして鄭丞良『南宋明州先賢祠研究』(上海古籍出版社，2013年)，山口智哉「宋

代先賢祠考」(『大阪市立大学東洋史論叢』15，2006年)，魏峰『宋代遷徙家族研究』(上海古籍出版社，2009年)132頁以下がある。これらは地域社会と先賢祠の関係性について考察しており，それぞれに示唆に富むが，扱う地域や事例に偏りがあるほか，先賢祠を考える際に欠かすことのできない観点である礼学の議論を欠く。本書では宋代を通して，先賢祠と学校をめぐる理論的枠組みを重視し，社会と思想の変化についてより深い理解をめざすものである。

2　宋代の祠廟に関する研究については本書第3章注5を参照。

3　「夫聖王之制祭祀也，法施於民則祀之，以死勤事則祀之，以勞定國則祀之，能禦大菑則祀之，能捍大患則祀之。」

4　『旧唐書』巻24，礼儀志四にみえる顕慶2(657)年の議など。

5　尚馳「諸葛武侯廟碑銘」(『唐文粋』巻55上)。

6　孫復「兗州鄒県建孟廟記」(『孫明復小集』)。ほかにも張方平「唐太尉趙公祠堂記」(『楽全集』巻33)など，この根拠によって祭祀が正当化される例は少なくない。

7　「凡學，春官釋奠于其先師，秋冬亦如之」。

8　「凡始立學者，必釋奠於先聖先師，及行事必以幣」。

9　注1ネスカー論文でもこの解釈の変遷について整理がある。しかし，宋代の新たな経学については主に衛湜『礼記集説』に引かれる諸説のみを用いているため，『周礼』にかかわる王安石系の説が十分検討されていない。

10　「官，謂禮樂詩書之官。周禮曰，「凡有道者，有德者，使教焉，死則以爲樂祖，祭於瞽宗。」此之，謂先師之類也。若漢禮有高堂生，樂有制氏，詩有毛公，書有伏生，億可以爲之也」

11　「瞽，樂人，樂人所共宗也。……明堂位曰，瞽宗，殷學也，泮宮，周學也……」。

12　「瞽宗以其教樂在瞽宗，故樂祖還在瞽宗」。

13　これは，各経書の説明を可能な限り矛盾なく解釈しようとした結果であるが，その説明でも矛盾点は少なくない。上庠・東序は『礼記』王制で，国老を養う場とされ，有虞氏は上庠といい，夏后氏は東序といったとあるから，時代によって名称が変わるが同じものとして描かれている。一方で「庠序」という語が『孟子』にみえるように，「庠」も「序」も学校を指す字であるため，鄭玄も『礼記』王制で，上庠と東序はともに学であると注している。しかし『礼記』文王世子にみえる文脈はそれとはかなり異なり，「春夏學干戈，秋冬學羽籥，皆於東序」と，「春誦夏弦太師詔之瞽宗，秋學禮執禮者詔之，冬讀書典書者詔之。禮在瞽宗，書在上庠」という一節がある。ここから干戈を学ぶことが春誦夏弦と同義とされ，誦が楽を指し，弦が詩を指すとされた。これとあわせて「禮在瞽宗，書在上庠」とあるから，瞽宗を礼楽を学ぶ場，上庠を書を学ぶ場と考え，詩は東序で学ぶと解釈されたのである。

14　『唐会要』巻35，学校。

15　「瞽宗蓋言，主以樂教，瞽之所宗。大司樂治建國之學政，則以合國子弟而已。其教則使有道有德者焉死祭於瞽宗，則主以樂教故也」。ここにみられる「主以樂教」

の四字の用例は『四庫全書』中，王安石・陳暘・王昭禹・方慤の『周礼』解釈にのみみられ，王安石の表現がこれら新法系の人物によって踏襲されたことは確かである。とくに10例みられる陳暘『楽書』の用例のうち巻68，詩訓義，霊台，於楽辟廱には「夏后氏以序名學，則主以禮射，而畧於樂。商人以瞽宗名學，則主以樂教，而畧於禮。周人兼而用之，而名其學以辟廱」とあり，ここでは「主」は「おもに」「主として」の意味で解して「主に楽を以て教す」と読むべきである。ところが「以」を単に目的語を導くはたらきの字ととらえ，「主るに楽教を以てす」と読んで，「楽教を主宰した」意味とするのが自然な箇所もあり，陳暘自身も厳密に区別していない可能性がある。ここでは一応後者の解釈を採ったが，もし王安石においても前者の「主に楽によって教した」の意味であったとすれば，「楽による教」をより重視していたことになり，古注との差異はより鮮明になる。

16 『淳熙三山志』巻26，人物類一，科名，治平四年許安世榜。

17 『続資治通鑑長編』巻450，哲宗元祐五年十一月壬戌条。

18 『宋史』巻432，陳暘伝。

19 『楽書』巻６，礼記訓義，郊特牲など。

20 四庫全書本において「以大司樂掌之者，以其合國子弟，王以樂教故也」とあるが，このうち「王以樂教」は文脈と『周官新義』との対照から「主以樂教」の誤りであろう。

21 「生爲樂職之長，而教於成均，死爲樂祖而祭於瞽宗。禮所謂有功德於民則祭之，是也」。

22 「死以爲樂祖而祭之瞽宗，則春誦夏弦太學之教，非小學之道也」。

23 王昭禹はその詳細が不明であるが『直斎書録解題』巻２では王安石の学を継承したと書かれている。また四庫提要は，王与之『周礼訂義』が引用された姓氏を列挙する中で楊時の後に並べていることから，徽宗朝から欽宗朝頃の人物だったと推測している。

24 『文献通考』巻43，学校考四，祠祭褒贈先聖先師。

25 『続資治通鑑長編』巻345，神宗元豊七年五月壬戌条。

26 「凡釋奠者必有合也。有國故則否」。

27 注１ネスカー前掲論文。

28 陳祥道らの新たな解釈の発生過程が礼楽一体思想にあったことや，魏了翁の所説の変遷など，ネスカーが論じていない問題も多く，本書ではそれらの点を重視して論じていく。

29 「謂天子命之教，始立學官者也。先聖，周公若孔子。國無先聖先師，則所釋奠者，當與鄰國合也。若唐虞有夔龍伯夷，周有周公，魯有孔子，則各自奠之不合也」。なおこの訳には後述の孔穎達疏を参照している。

30 「以周公孔子皆爲先聖，近周公處祭周公，近孔子處祭孔子。……若己國無先聖先師，則合祭鄰國先聖先師，謂彼此二國共祭此先聖先師，故云合也。……若魯有孔子

顔回，餘國祭之，不必於魯，若己國有先聖先師，則不須與鄰國合也，當各自祭。故云有國故則否」。

31 「合，謂合樂也。春，釋菜合舞，秋，頒學合聲。釋奠則并合之，以侑神也。有國故者，謂凶禮師旅。惟是不合也」。

32 『頖宮礼楽疏』巻1，歴代褒崇疏，大中祥符二年六月丙辰。

33 『続資治通鑑長編』巻115，仁宗景祐元年十一月辛亥。なお陳暘『楽書』巻195に載る合楽の必要性を述べた文章の末尾には「景祐元年詔釋奠用登歌」と記されているほか，『文献通考』巻44，学校考五，祠祭褒贈先聖先師の仁宗景祐元年「詔釋奠用登歌」には上の陳暘の文章が引用されている。陳暘は釈奠では常に登歌の楽を設けて合楽の意を満たす必要性があると訴えており，このことからも景祐元(1034)年の詔があっても釈奠における合楽が満たされていないと認識されていたことがわかる。

34 なお現実には釈奠で楽が具体的に定められたのは北宋末の『政和五礼新儀』以降であり，地方の学校については紹興年間に三成の楽が定められたという(黄溍「海塩州新作大成楽記」(『文献集』巻7上))。

35 この箇所は陳祥道『礼書』および陳暘『楽書』には直接みられず『礼記集説』にのみ記される内容である。これが陳祥道と陳暘のいずれを指しているのか判然としないが『礼記集説』の記述の順序からしておそらく陳祥道の説と思われる。

36 「凡釋奠必有合者，主行禮以合樂也。凡大合樂必遂養老者，主合樂以行禮也」。

37 『儀礼経伝通解』巻九「以下文考之，有合，當爲合樂，從陳説」。

38 『明集礼』巻16，釈奠文宣王，楽舞「周制凡釋奠者，必有合，合謂合樂也」。

39 また『礼部志稿』巻68の増視学釈奠儀でも同様の見解を示しているほか，清朝の『欽定礼記義疏』でも劉敞らの説を「正義」としており，明清時代の公式見解が同様であったことを示す。ただし元，陳澔『礼記集説』はまず朱熹説を掲げ，孔穎達説を旧説として併記して「未だ是非を知らず」と態度を保留している。ここからは，朱子学が体制教学となる元代においても，古注の説が一定の影響力をもち続けたことがうかがえる。

40 「古者建學，先聖先師各因其國之故，國無其人，然後合他國而釋奠焉。由漢以來，先聖先師之位，雖定於一，然郡邑先賢亦往往祠于學宮，猶古意也」。

41 「古之學者，必釋奠於其國之先師，國無其人，則取諸他國。示(祇)必有則也」。

42 「又凡始立學，必求其國之故，而祭之，以爲先聖先師。國無其故，然後不得已，合於鄰」。

43 『東萊集』巻6には紀年に関する記述がないが，『至元嘉禾志』巻16に載る同文に淳熙4(1177)年4月と記されている。

44 尹焞は『宋史』巻428に立伝されるが，墓地の記述は『大清一統志』巻226などに記される。

45 関連する史料は少なくないが，例えば『歴代名臣奏議』巻183などに朱熹の上奏

が残る。
46　和靖書院という名の書院はむしろ蘇州のものが有名であるが，これは会稽の有名な道観である龍瑞宮そばの地に建てたとあるから，尹焞の墓がある会稽県でのことである。
47　魏了翁およびその学術に関しては，蔡方鹿『魏了翁評伝』（巴蜀書社，1993年），彭東煥編『魏了翁年譜』（四川人民出版社，2003年），張文利『魏了翁文学研究』（中華書局，2008年）を参照。また魏了翁を含めた四川地域の士人と学術について鄒重華・粟品孝主編『宋代四川家族与学術論集』（四川大学出版社，2005年），胡昭曦・劉復生・粟品孝『宋代蜀学研究』（巴蜀書社，1997年）がある。
48　『鶴山集』巻48「長寧軍六先生祠堂記」。
49　『鶴山集』巻34「答呉寺丞」。なおこの書簡は四部叢刊本・四庫全書本双方ともに完全な形で残っておらず，途中が空闕となっていて次の葉には別の書簡が始まっている。ただし現存部分で話題が完結しているため，空闕部分はほかの話題と推測される。
50　龔維蕃「重建先生祠記」（周敦頤『周元公集』巻６）には嘉定11（1218）年に営道県に周敦頤祠がつくられた記載がある。
51　この記を依頼したのが当時県丞であった李亢宗だが，『鶴山集』巻34には「答長沙李県丞亢宗」という文章が残る。彭東煥編『魏了翁年譜』（四川人民出版社，2003年），315頁はこれを紹定元（1228）年にかけている。
52　「三先生之祠偏天下。況周子嘗仕合陽，傳謂蜀之賢人，君子皆喜稱之。二程先生則嘗仕大中公，游于廣漢成都，最後伊川久居涪，著錄甚衆」。
53　『宋史』巻427，邵雍伝および『九朝編年備要』巻20，熙寧十年九月条。
54　徐積『節孝集』巻32「開封尹王公奏請賜諡」。
55　嘉定年間にはほかの道学者に対する賜諡もあいつぐが，そのうち例えば張栻の諡は知潭州の衛涇が奏請しているし，呂祖謙の諡は知婺州の丘寿が奏請している。どちらも講学をおこなった地の知州による奏請である。『道命録』巻８を参照。
56　「奏乞早定程周三先生諡議」（『鶴山集』巻15）。
57　「某竊惟，古者廟事人鬼，有萃而無渙，故以同氣爲尸，非其族類則弗享也。其他人所得祠者，惟功烈祭於大烝，樂祖祭於瞽宗，有大德而無主後者祭於主國。今諸儒別族異氏，且各有主後而郡國焉得祠之。蓋自漢儒始有祀先聖先師先賢先老之說。故近世儒先之祠布滿郡縣，非其鄉邑則仕國也，此亦不爲無據，要未能盡得夫萃渙之義」。
58　『鶴山先生大全文集』巻47「道州建濂谿書院記」。当該史料は四庫全書『鶴山集』には収録されず，四部叢刊本にみられる。ただし四部叢刊本でも「道州建濂谿書院記」という題は本文中には欠けており，巻首の総目にみられるのみである。またこの説は抜粋されて，衛湜『礼記集説』巻51に「臨邛魏氏曰」として引用されている。
59　記の中に「轉運副使李公攝守」とみえ，李之亮『宋代路分長官通考』（巴蜀書社，

2003年)，1010頁は荊湖南路転運副使として李鼎を載せ，この記文を参照している。

60 「假」は通常「至(いたる)」と読むが，荀爽のように「大」の意味とする見解も存在する(李鼎祚『周易集解』巻12)。

61 『伊川易伝』巻３。

62 『周易口義』巻８および巻10。

63 『周易本義』巻２。

64 『周易経伝集解』巻30。

65 『左伝』隠公八年十二月にみえる故事。朱震『漢上易伝』巻６でも「渙」の立廟に関してこの故事に言及し，魯に周の廟があるのは先王の意に沿わないことを述べている。

66 「士讀聖賢之書，傳聖賢之心，氣脉之通，自相關屬。其祭也非諂，其歆也以類，初不必即道州而祀濂溪，即關中而祀横渠，即伊洛而祀伊川明道」。

67 朱熹の「鬼神論」については多くの先行研究があるが，「気」だけで説明しようとするとその論理は破綻しているという。この点に関して，市來津由彦『朱熹門人集団形成の研究』(創文社，2002年)453頁以下と吾妻重二『朱子学の新研究』(創文社，2004年)219頁以下には，朱熹は「気」のほかに「理」も用いて説明しており，朱熹自身は破綻しているとは考えていないことが指摘されている。

68 郷先生については，鄭丞良『南宋明州先賢祠研究』(上海古籍出版社，2013年)，片山共夫「元代の郷先生について」(『モンゴル研究』15，1984年)，鄒重華「“郷先生”—— 一個被忽略的宋代私学教育角色」(鄒重華・粟品孝主編『宋代四川家族与学術論集』，四川大学出版社，2005年)などを参照。

69 原義に近い用例を早い時期で探せば例えば唐代の劉禹錫「許州文宣王新廟碑」(『劉賓客文集』巻３)があるが，ここでは実際に教育活動に携わっていたか不明である。宋代の用例では，仕官せずに郷里で教育をおこなった人を指し，郷先生に教えを受けたという文脈でよくみられ，早い時期では例えば王禹偁『小畜集』巻20「孟水部詩集序」などがある。

70 「廬陵稱文獻之邦。蓋歐陽文忠公而下皆郷先生，故事，學祠之，合於有道德者祀於瞽宗之義」。

71 同年の咸淳４(1268)年，欧陽守道は「顔魯公祠記」(民国『吉安県志』巻６)を書いている。顔真卿の『顔魯公集』は北宋時期まで存した『廬陵集』と『臨川集』をもとに編纂されたものであり，欧陽守道の頃には散逸していたと考えられるが，この『廬陵集』をもって顔真卿と廬陵の深い関係を想定している。小林義廣「南宋晩期吉州の士人における地域社会と宗族——欧陽守道を例にして」(『名古屋大学東洋史研究報告』36，2012年)も参照。

72 『文忠集』巻60「廬陵県学三忠堂記」。

73 楊万里『誠斎集』で25例，周必大『文忠集』では周必大自身の手によらない文章を除いても17例を検出できた。『四庫全書』集部別集類，北宋および南宋の単純検

索では322例のうち，両者で45例を数え，率にして14％に近い。『四庫全書』目録によれば，集部別集類の北宋および南宋は全部で8348巻，周必大と楊万里の両者で332巻なので，およそ４％であり，約3.5倍の開きがあることになる。

74　欧陽脩に関しては『誠斎集』巻73「沙渓六一先生祠堂記」に，胡銓・劉才卲に関してはそれぞれ巻115の詩話にある。また巻121「六一先生祠堂碑」では廬陵に赴任した胡元衡の発言として欧陽脩を「吾郷先生」と述べている。

75　『檆溪居士集』の四庫提要の説明。

76　小林義廣『欧陽脩――その生涯と宗族』（創文社，2000年）52頁以下。

77　「禮言，祭有道德者于瞽宗，謂國學也。傳言，祭鄉先生於社，謂鄉學也」。

第５章　先賢祭祀と祖先祭祀

1　Ellen Neskar, “The Cult of Worthies: A Study of Shrines Honoring Local Confucian Worthies in the Sung Dynasty (960-1279)” Ph.D dissertation, Columbia University, 1993.

2　記文の中で魏了翁は楊椿が潼川に三度仕えてから「後七十年」と述べている。三度目の知潼川府になったのが隆興初と書かれるので，隆興元(1163)年から70年とすれば紹定６(1233)年となり，若干のずれはあり得るがおおよそこの頃のことである。

3　墓誌銘中に「紱冕相継ぎ，華陰に居す」と記す。これは漢代に蔡邕が楊秉について書かいた墓碑に「弘農華陰人。其先蓋周武王之穆，晉唐叔之後也。……嗣子業，紱冕相繼」(『蔡中郎集』巻５「司空楊公碑」)とあるのを踏まえた表現である。

4　「楊文安公椿墓誌銘」および『太平治迹統類』巻27，祖宗科挙取人，徽宗。

5　詳細は不明。『文献通考』巻60，宮観使に「紹熙初趙文定以使相判潼川府」とみえる人物のことか。なお文定と諡された趙安仁とは別人。

6　「是不惟吾祖所居官，瑾也實此乎生。今四百二十甲子矣，天子不以其不肖，嗣守茲土」。

7　「秦漢以來，以他姓而祠故侯，實戾古典。然猶得爲變之正，今以孫而祠其祖，尚古者外諸侯立廟都邑之近似，是敢以淺陋辭」。

8　この解釈は鄭箋と毛伝で大きく異なっており，ここでは鄭箋にもとづく。毛伝は「南仲を太祖(文王)の廟で兵を率いる将に任命し，皇父を軍を監督する太師に任命した」と理解するが，孔疏は鄭箋の方が優れているとするし，また朱熹の集伝も鄭箋と同様の解釈をしている。魏了翁もまたこれを踏襲する立場である。

9　「古之人，命其臣也，必命以乃祖之事」。

10　「殷少師祠堂記」には書かれた紀年が記されないが，同じく『鶴山集』巻49「均州尹公亭記」には末尾に紹定３(1230)年12月という紀年が記されている。これは楊恢が知均州となった際に殷少師祠の後につくったものであり，「殷少師祠堂記」もこれをさかのぼる少し前に書かれたことが想定される。

11　「某閲書未竟而罔然曰，「紂居河内，北邶，南鄘，東衛，而西薄山。少師紂之諸父

也，與國爲存亡，則其卒其葬當不出紂都之内。今均之四境，則金，房，光化，商，鄧，襄陽，與紂都不相及也。少師之祠於此乎何居……」」。

12 「伯洪又自敘其事曰，「恢之始至，訪問古今人物，長老皆言，『殷少師之裔實居此土，以比干爲氏，既文合二字爲一，而音切不改』。……况其子孫是州爲蕃，而何以無祠。」某讀之竟而重有感焉」。

13 「今守均陽，蒐輯廢墜，興校官，創殷少師祠」。

14 魏了翁「程純公楊忠襄公祠堂記」（『鶴山集』巻46）には「典校官」の三字がみえるが，『景定建康志』巻31に載る同文はこれを「興校官」につくる。意味は「学校の官をつかさどる」ことで「典」が正しいが，これと同様の意味であれば，楊恢が学校の官を務めたこととなる。しかし実際には知州であり，学官を兼任した事実は確認できない。

15 原文は「有例券百餘萬，謝不取，因贖以歸楊氏」とある。「例券」とは慣例として官に支給された正規俸給外の交子のことであろう。

16 葉紹翁『四朝聞見録』巻三，褒贈伊川。

17 趙㮚夫「濂渓小学記」（『周元公集』巻六）。趙㮚夫は咸淳二年（1266）時点で知道州を務めており（同書同巻「濂渓大富橋記」），これもその頃に書かれたものであろう。

18 袁甫「教育言氏子孫記」（『蒙齋集』巻６）。

19 『宋史』王爚伝によれば嘉定13（1220）年に進士に登第し，知常熟県を務めた後，紹定４（1231）年に江淮制置司に辟召されて泰州通判となっている。「常熟県重建学記」には県学改修に着工したのが端平２（1235）年となっており，そのときには王爚はすでに知県を離れているはずである。王爚は着任の翌年に県の士人胡洽と胡淳の二人に事業の責任者を依頼しているので，王爚が改修を決めてから実際の着工まで数年のずれがあったと考えられる。

20 『鶴山集』では四庫本・四部叢刊本ともに「訪言氏之裔，官爲衣食而延師以教之，別爲田百畝，以給其費。白于州于部使者，爲廬以貯之」とするが，同記文は『呉都文粋集』巻五にも収録されており，そこでは「凡言氏之裔，官爲衣食而延師以教之，別爲田五百畝以給其費，白于郡與部使者，爲廩以貯之」とするほか，『鶴山集』にはない「西以居言氏之裔」の句が挿入されている。「訪」を「凡」とすると言氏の子孫すべてが対象のようにも読めて不自然である一方，後述の袁甫「教育言氏子孫記」から考えても「西以居言氏之裔」が事実であったことは疑いない。

21 『儀礼』士冠礼「繼世以立諸侯，象賢也」に対して鄭玄注は「象，法也，爲子孫能法先祖之賢，故使之繼世也」とする。

22 これは，殷の末年に暴君紂王の弟であった微子が国を去り，のちに周武王に赦されて殷の祖廟を継いだ故事について述べたものである。「崇德象賢」に対して孔穎達疏は「惟考古典，有尊德象賢之義。言今法之」としており，要は『儀礼』士冠礼の鄭玄注と同様の解釈を示している。

23　夏僎『尚書詳解』巻18。「所謂崇徳者，謂先聖有徳，不幸絶祀，故立其後爲侯，以奉祭祀，所以尊崇其徳也。所謂象賢者，謂立此人爲先聖之後，以奉祭祀者。以其賢能，象于先王也」。夏僎は南宋中期頃の人で『尚書詳解』は淳熙年間に完成し，当時主流をなした林之奇『尚書全解』の影響を強く受けているという。

24　ともに『呉都文粋続集』巻6。

25　福建においては明末以降陽明学が隆盛してからも朱子学の伝統を重視しており，その系譜をまとめたのが『閩中理学淵源考』である。小島毅『中国近世における礼の言説』(東京大学出版会，1996年)，九章「明代福建朱子学の物語」参照。また福建地方の儒学に関しては高令印・陳其芳『福建朱子学』(福建人民出版社，1986年)，何俊『南宋儒学建構』(上海人民出版社，2004年)も参照。

26　林光朝『艾軒集』巻10，陳俊卿「祠堂記」。

27　『艾軒集』巻10「祠堂祝文」。

28　林亦之の祝文には「淳熙十年春二月上丁越翌日戊戌」に「郡侯の祭が已み」告礼をおこなったとある。陳俊卿の記文には林元仲が「二月丁酉」に礼をおこなったとあり，ここから林元仲は2月上丁(丁酉)に，林亦之らはその翌日に礼をおこなったことがわかる。

29　「七閩都督，義重交友，買田以祀，邈乎不朽」。

30　『艾軒集』巻10「祠堂祝文」，「聊持不腆之田，往助明清之供」。

31　弘治『八閩通志』巻60，祠廟，興化府，莆田県の「郷賢祠」および同書，巻84，詞翰，興化府の黄灝「興化軍名賢合祀記」。

32　16人を列挙すれば，林欑・林藴・林藻・方儀・蔡襄・林冲之・林郁・葉顒・鄭厚・鄭樵・陳俊卿・龔茂良・林光朝・劉夙・劉朔・鄭僑である。

33　鄭僑の没年は不明ながら，慶元3(1197)年以降に知福州や観文殿学士を務めている。黄灝「興化軍名賢合祀記」では「観文鄭公僑」という紹熙以降の肩書で記しており，紹熙よりも後に書かれた可能性も否定できない。

34　民国『莆田県志』巻11，学校志，廟学，学祠，郷賢祠。

35　劉克荘『後村先生大全集』巻89。劉克荘の『後村集』は四庫全書にも収録されているが，これは全50巻に過ぎない。本書では四部叢刊本によって巻数等を表記し，王蓉貴・向以鮮校点『後村先生大全集』(四川大学出版社，2008年，以下「校点本」)や『全宋文』を参照して一部字句を改めた。

36　福建という地域の歴史と士人たちの中に劉克荘を位置づけたのが中砂明徳『中国近世の福建人——士大夫と出版人』(名古屋大学出版会，2012年)の第一章であり，劉克荘『後村集』に関しても詳しい説明がある。

37　この経緯については，方大琮がのちにこの一件を回顧して林鈞に対して送った書簡に記されている(『鉄庵集』巻24「与林艾軒孫鈞」。ただし『四庫全書』の『鉄庵集』には採録されず明正徳8年方良節刻本による)。なお方大琮を中心とした莆田方氏に関しては小林義廣「宋代福建莆田の方氏一族について」(中国中世史研究会

編『中国中世史研究』続，京都大学学術出版会，1995年)がある。

38　窠名銭とはいわば雑収入にあたる。南宋中期福建地域の地方志である『淳熙三山志』巻17，財賦類，歳収の項に税役のほかに係省窠名銭の項目があり，具体的に「諸県鎮務商税」「浮塩旧価銭」「砂地銭」「契紙息銭」があげられている。「県の鎮寨官兵及び宗室岳廟添差等の官に県より支給する銭のほかは，費目を立てて月ごとに州に送り支出する」と規定されている。

39　この時期が正確にはいつか不明瞭である。しかし『宋史』楊棟伝や「修復艾軒祠田記」によれば，楊棟は知興化軍から福建路提刑使に転任しており，淳祐 6 (1246)年にはすでに福建路提刑使となっている。これは楊棟が羅従彦の賜謚を申請したことから裏づけることができ(羅従彦『豫章文集』巻15「請謚羅李二先生状」)，乾隆『福建通志』巻30の楊棟の伝記が興化軍に赴任したのを淳祐10(1250)年とするのは誤りである。

40　『莆陽比事』巻 3「学為置祠民競立廟」。

41　民国『莆田県志』巻11，学校志，廟学，学祠，名宦祠。

42　『宋史』巻421，楊棟伝。

43　『後村先生大全集』巻157「方君巌仲墓誌銘」および同巻151「方寧郷壬墓誌銘」。なお墓誌銘など多くの史料は「方巌仲」と記すが，『艾軒集』「艾軒集旧序」などは「方之泰」と記すほか，『閩中理学淵源考』巻 9 は「通判方巌《ママ》仲先生之泰」として項目を立てており，同一人物であることが確認できる。

44　『艾軒集』巻首「艾軒集旧序」および「鄱陽刊艾軒集序」。

45　この経緯は劉克荘「方君巌仲墓誌銘」に書かれる。

46　この点に関しては注37小林論文を参照。

47　『鉄庵集』巻24「与林艾軒孫鈞」。なお方大琮は淳祐 7 (1247)年に没しているので，この書簡は淳祐 6， 7 年頃に書かれたものである。

48　『後村先生大全集』巻90および『艾軒集』巻10。

49　乾隆『福建通志』巻 3，山川，興化府。

50　林希逸「楽軒詩筌序」(劉壎『隠居通議』巻 3「竹谿論師伝」)。

51　それぞれ林希逸「網山集原序」(『網山集』巻首)，同「楽軒詩筌序」および同「鄱陽刊艾軒集序」(『艾軒集』巻首)。なお「網山集原序」には紀年の誤りがあり，『全宋文』第335冊，336頁の指摘通り，嘉熙 2 (1238)年が正しい。また『艾軒集』についてはのちに鄱陽で刊行した際の序文を林希逸が淳祐10(1250)年に書いているが，「旧序」は嘉熙 2 (1238)年頃に陳宓と劉克荘がそれぞれ書いている。

52　「林陳之後微絶，既祀樂軒於家廟，又白尚書併禁二墓采樵，卑郷校合祀」。

53　劉克荘「網山集原序」(『網山集』巻首)。

54　「郷校」は県学を指すと考えられ，この場合は福清県学に祀られた可能性が最も高い。「網山集原序」には林希逸が申請して林亦之を「県庠に祠した」とある一方で，陳藻については「楽軒詩筌序」に，楽軒の死の10年後に礼部にこれを祠するよ

うに申請したが実現しなかったとある。陳藻が福清県の人でなかったことが影響したのかもしれない。しかし黄宗羲『明文海』巻400の林亦之伝でも，景定4(1263)年以後には両名に林公遇を加えた「三先生祠」を県の学宮に祀ったとあるほか，乾隆『福州府志』巻11，学校，福清県学の郷賢祠には，両名のほか林公遇と林希逸が名を連ねており，後世でも福清県学では祀られていたことが確認できる。

55 『宋史』巻45，理宗本紀，景定四年正月戊子。『明文海』巻400，林希逸伝などはこのときに賜諡されたと記すが，『網山集』四庫提要はこれを「私諡」と記す。『宋史』は賜諡を記しておらず，詳細は不明である。

56 『後村先生大全集』巻151「林寒斎墓誌銘」。

57 弘治『八閩通志』巻58，壇壝祠廟，王蘋祠林公遇祠。

58 『明文海』巻400，林希逸伝。ただし乾隆『福州府志』巻11，学校，福州府学の郷賢祠には，林希逸・陳藻・林公遇の名はみえるものの林亦之はみられない。

59 『艾軒集』巻10，余謙一「城山三先生祠堂告艾軒文」。

60 同記文では懐安県とあり，『淳熙三山志』巻38にも懐安県の項に宴雲院がみえるが，これは旧称で懐安県は乾興元(1022)年に羅源県に改められている(『元豊九域志』巻9)。

61 原文は「郡多不濟剎」。なお四庫全書や四部叢刊本には「濟」字がなく，『全宋文』や「校点本」は清抄本によってこの字を補っている。

62 なお『宋史』高賦伝には「俗尚巫鬼民，毛氏柴氏二十餘家，世蓄蠱毒，値閏歳害人尤多，與人忿爭輒毒之」という記述もある。

63 記文では「屯田劉公治易圖」と書かれ，易を修めた人物を想定している。易学の分野では『易数鈎隠図』のほか『新注周易』などを著した劉牧，字長民は比較的名を知られており，朱震『漢上易伝』表では周敦頤に太極図を伝えた人物として書かれ，本文中にもその引用は多い。その『易数鈎隠図』の四庫提要には「宋劉牧撰。牧，字長民。其墓志作字先之，未詳孰是，或有兩字也。彭城人。官至太常博士」とあり，字が長民であること，彭城(河南徐州にある県)の人であること，官は太常博士までなったことが基本情報として書かれる。よって劉牧を劉長民と称することもあり，宋代では馮椅の『厚斎易学』が一貫して劉長民と称しているし，魏了翁『鶴山集』巻33「答蔣得之」では河図洛書に関連して劉長民に言及するから，易学の重要人物として劉牧と劉長民が同定されている。

ところが上の四庫提要にもみられるように，衢州西安の劉牧を想定すると，字・出身地・官に齟齬が生じる。『続資治通鑑長編』によれば，仁宗天聖三年十一月丁酉条(巻103)に，劉牧は太常博士の官から屯田員外郎・権度支判官へと昇進したことが書かれる。ここで李燾は割注で「劉牧邑里及賜出身，當考」と述べ出身地は不明のため保留にしているが，一方慶暦四年八月甲辰条(巻151)では「牧，西安人也」としていて，二人を同一人物とすれば長編らしからぬ矛盾に疑問が残る。

さらに王安石が劉牧の墓誌を書いており(『臨川文集』巻97「荊湖北路転運判官尚

書屯田郎中劉君墓誌銘」)，ここでは西安県の人物，字を先之としており，また官職は死んだ時点で荊湖北路転運判官・尚書省屯田郎中であり上の劉牧長民との齟齬は大きい。また墓誌では劉牧の学問について「『春秋』を孫復に学んだ」と記すのみで，易学に関する言及がない。そうであれば易学を修めた劉牧と王安石が墓誌に書いた劉牧は同姓同名の別人であった可能性が浮かび上がる。活躍した年代も重なっており，片や屯田員外郎，片や屯田郎中となれば混同が起こるのも無理はない。

この問題には南宋の陳振孫がすでに気づいており，『直斎書録解題』巻1，新注周易十一巻の項で，この書には複数の序文があるがそのうちの一つに「三衢劉敏士刻於浙右庾司者」があることを指摘し，かつその序では劉敏士が劉牧を伯祖屯田郎中と称しているほか，上述した墓誌の問題点も指摘して「果たして一人であるか，それとも二人であるか」と疑問を呈している。問題は劉敏士が衢州西安県の人であり，劉正夫ともども(弘治『衢州府志』巻9，人物，事功，西安の項に劉敏士があり「正夫従□子」とある。民国『衢県志』によれば正夫の従孫という)，西安県の有力一族であったという点である。すなわち意図的か否かまではわからないものの，劉敏士によって易図を著した劉牧が劉氏一族の祖先という位置づけにされ，衢州西安県の先賢にされたと理解することができる。

最終的に不確実な部分は残るが，上記をみるに陳振孫の疑念はおそらく的を射ており，本来別人であった劉屯田が一人に統合されて衢州の先賢になったとするのが妥当であろう。

64　雍正『浙江通志』巻28や『宋史』巻424，孫子秀伝。

65　雍正『浙江通志』巻48に「景高堂」があり，宋の蕭忱が郡治の後圃につくったと記される。蕭忱は同書，巻115によれば光宗朝のときに知衢州となっているから，紹熙年間につくられたものと考えられる。

66　超化寺に祀られていたのがこの6人であることは記文からは確認できない。しかし，この6人を祀った「六賢堂」が弘治『衢州府志』(天一閣蔵明代方志選刊続編31，明弘治刻本の影印)巻7，古蹟，西安に記載されている。この箇所は相当印刷が悪く判読不能の部分があるが，四庫全書所収の『御定駢字類編』巻99に「六賢」の項があり，引用元が明確ではないものの，衢州城東に六賢堂があったこと，六賢が上記6人に該当することが確認できる。また「宋時」とあるから六賢堂は宋代から存在したのであろう。ただし城東とは元来超化寺のあった場所と一致するから，宋代には寺内にあったものがのちに祠堂のみとなった可能性もある。なお後述のように超化寺は元代にすでに廃れており，弘治『衢州府志』など後世の地方志からは確認できない。

67　『方輿勝覧』巻7，衢州。

68　康熙『衢州府志』巻26，陵墓。

69　『明一統志』の記述では胡安国は追贈とともにその子孫の録用を請うたとある。しかし雍正『浙江通志』巻195，寓賢には『両浙名賢録』からの引用として馬伸の

項があり，それによれば子孫を官することは「報われず」とあって，馬伸の子や孫は結局官を与えられなかった可能性が高い。

70 弘治『衢州府志』および康熙『衢州府志』を確認する限り，馬氏で名賢として名のあがるのは馬天驥のみである。馬天驥は竜游県の人で紹定2（1229）年の進士というが，民国『竜游県志』の名族に馬氏の項があり，一族は馬天驥から始まり，それ以前は不明とされている。馬伸らの馬氏との関係は強く疑われるが，詳細は不明である。

71 ただし弘治『衢州府志』の当該部分はやはり印刷が悪く，一部判読不能である。しかし四庫全書所収，雍正『浙江通志』巻195，寓賢下，衢州府にも『西安県志』からの引用として馬希言の項があり，『衢州府志』の方が若干字句が多いものの，判読可能な部分についてはほぼ同文と考えてよい。

72 『宋史』巻404，劉頴伝。

73 雍正『浙江通志』巻48「景高堂」。全文は現存せず。

74 光緒『常山県志』巻50にある范沖の伝記には「自代，司馬光家屬依公爲撫育之，又爲光編類講間十卷。奏御請以其族曾孫宗主，召主光祀。孝宗即位，錄公子以官，祀郷賢」と特筆されている。

75 康熙『衢州府志』巻26，陵墓。

76 史料は汪舎人の子である汪監税（築）と記すが，汪応辰との血縁関係が具体的には把握できなかった。

77 康熙『衢州府志』巻26，陵墓。

78 雍正『浙江通志』巻249，陵墓，衢州，常山県に引く『常山県志』。

79 劉章は『宋史』巻390に伝がある。淳熙4（1177）年に資政殿学士で致仕，死後すぐに光禄大夫を贈られるとともに靖文と諡されているから，諡されるために必要な官を満たしていて特別な措置ではない。また子の劉衡も淳熙元（1174）年にすでに知広徳軍となっているのが確認できる。

80 「浮屠氏，儒者所攘，顧使羣賢妥靈其間，其歆我哉。按『周禮』大司樂，「掌學政，凡有道有德者，死列於瞽宗，瞽宗殷學也」。然則德薫其郷，即學而祭之，何浮屠也」。

81 高橋芳郎『宋ー清身分法の研究』（北海道大学図書刊行会，2001年），第五章「宋代の士人身分」。

第6章　南宋末から明初にいたる学校祭祀

1 書院研究全体の概要については序章の研究整理において述べた。ほかに元代書院の専論として本章がとくに参照したものとして徐梓『元代書院研究』（社会科学文献出版社，2000年）がある。また州県学・書院のほか，医学なども含めて元代の地方学校を概説した基礎的研究として，陳高華「元代的地方官学」（『元史論叢』5，1993年）があるほか，明州を例にとり元代の学校が士人層の集う場となっていたことを論じる方誠峰「統会之地——県学与宋末元初嘉定地方社会的秩序」（『新史学』

16巻3号，2005年)がある。

2　前者が従来の書院研究において一般的な見方である。鄧洪波『中国書院史』(東方出版中心，2006年)は後者の立場を強調しており，「書院」は元来教育機関ではなく，宋代以降教育機関としての性格が強まったことを説く。徐梓『元代書院研究』も元代の書院が「学校化」したことを述べており，やはり教育機関としての性格を強めたことを主張している。

3　鄧洪波『中国書院史』など。

4　虞集「漳州路新建竜江書院記」(乾隆『竜渓県志』巻24)，虞集「滕州性善書院学田記」(『道園学古録』巻8)，林生泉「文公書院記」(同治『泉州府志』巻15)，掲汯「湛盧書院記」(民国17年重刊『松渓県志』巻10)，郭嘉「甬東書院記」(康熙『鄞県志』巻23)などがあげられる。

5　例えば許衡を祀る陝西の魯斎書院などがあげられる。程鉅夫「論立魯斎書院」(『雪楼集』巻2)参照。

6　元代の官学・書院が儒籍の問題からとらえられるべきことは，藤野彪・牧野修二編『元朝史論集』(汲古書院，2012年)所収の牧野修二の諸論文，とくに「元代廟学書院の規模について」(初出は1979年)や「元代生員の学校生活」(初出は1980年)および大島立子「元代戸計と徭役」(『歴史学研究』484，1980年)以来，すでに明らかにされている。

7　元代学校の祭祀について『廟学典礼』という史料があり，学校の職事官や学生の生活・待遇から基本的な祀典まで記載があり，この時代の貴重な史料であるが，実際の祭祀にかかわる記述は必ずしも多くなく，藤野・牧野前掲書などをはじめ戸籍の問題にかかわる史料として利用されることの方が多い。そのため個々の事例に関しては，やはり学記などの史料を収集するほかなく，本書では主に『全元文』所収の学記・書院記を用い，その祭祀の実情に沿って論じていく。なお『廟学典礼』については藤野・牧野前掲書のほか，森田憲司『元代知識人と地域社会』(汲古書院，2004年)，同「『廟学典礼』成立考」(『奈良史学』10，1992年)がある。

8　これら先行研究の整理は序章を参照。

9　序章に述べた諸研究，とくに鄧洪波『中国書院史』(東方出版中心，2006年)を参照。

10　寧宗朝の嘉定6(1213)年に書かれた孔子廟記が一件確認できた。

11　李師道の「海寧州重建廟学記」と「海寧州重建廟学碑陰之記」(ともに嘉慶16年刊『海州直隷州志』巻28)がそれに該当する。

12　Linda Walton, *Academies and Society in Southern Sung China*, Honolulu, 1999. ほかに鄧洪波『中国書院史』(東方出版中心，2006年)など。

13　南宋の建康府は紹興以来，正式には知府ではなく留守がおかれ，江東安撫使がこれを兼任するのが定例であった。

14　劉珙は淳熙5(1178)年から建康府学の改修もおこなっているが，程顥を祀ったの

はそれよりも前のことである。

15　黄黼・章汝楫「修学記」(『景定建康志』巻28)。なお上元県は建康府の附郭県であり，景定4(1263)年にいたるまで建康府学との重複を無駄として県学はおかれていなかった。周応合「建学後記」(『景定建康志』巻30)参照。

16　また真徳秀の記には宝祐6(1258)年に馬光祖が跋を書いており，その中でも真徳秀が「書堂」と表現していたことが確認できる。

17　山口智哉「宋代先賢祠考」(『大阪市立大学東洋史論叢』15，2006年)。

18　嘉慶『新修江寧府志』巻13，祠廟の項にみられるが，祀られているのは41名で『景定建康志』と同様である。

19　『景定建康志』巻31。

20　以下の過程は『景定建康志』巻43，程孫墓に記される。

21　『四朝聞見録』巻三「褒贈伊川」。

22　朱熹「請徐王二生充学賓申県箚子」(『晦庵集』巻20)や王炎「上蘇郎中」(『双渓類稿』巻20)にみられる。

23　程敏政『新安文献志』巻62下による。『景定建康志』巻43は「淮」を「准」につくるが，程氏の同排行に「源」や「濤」がいるため，「淮」という人名とする程敏政の見解が妥当であろう。

24　原文は「節之與克家爲兄弟，若空一代而以偃孫爲克家之孫，于法亦通。然不可使節之之無後也」。「克家」は家を継ぐ者の意味で，程節之と「兄弟」というから同じ世代であることを指す。

25　程敏政による族譜の検証作業については，常建華「程敏政『新安程氏統宗世譜』譜学問題初探」(『河北学刊』25-6，2005年)も参照した。

26　程敏政「辨河南程氏新居休寧建康陪郭程氏旧居休寧及遷徙承継之由」(『篁墩文集』巻12)。

27　詳細は程敏政「辨祁譜不知元皓与皓為一人誤分滄州中山為二房及謬増荊杞一人為河南房祖」(『篁墩文集』巻12)および「書先祖行状後」(『篁墩文集』巻39)を参照。

28　程敏政「書韓義賓所撰先別駕府君墓誌後」(『篁墩文集』巻36)。

29　程珦「自撰墓誌」(『伊川文集』巻8)。

30　欧陽脩「鎮安郡節度使同中書門下平章事贈太師中書令程公神道碑銘并序」(『文忠集』巻21)。

31　欧陽脩「袁州宜春県令贈太師中書令兼尚書令冀国公程公神道碑銘并序」(『文忠集』巻21)。

32　程敏政『新安文献志』巻62下。

33　淳熙7(1180)年以前のこと。章頴「道州故居先生祠記」(『周元公集』巻6六)参照。

34　「其宅地與本人住宅相接，……就賣與興嗣，將來起造祠堂，……庶幾……不絶春秋之奉」。

35　『周元公集』巻5，御賜道州書院額。
36　以下は趙櫛夫「濂渓小学記」(『周元公集』巻6)による。
37　「濂渓小学記」では「郡侯」とするが，『湖広通志』巻45，名宦志では「道州教授」とする。どちらが正しいか不明だが，ここでは「濂渓小学記」に従っておく。
38　『金史』巻35，礼志八，宣聖廟および『大金集礼』巻36，宣聖廟。
39　実際には72人ないし71人であろう。『政和五礼新儀』では開元27年の制に比して，顔子が配享に，曽子が十哲に昇格しており，その穴を埋めるため子思(孔伋)が七十二弟子に加えられた。一方，南宋末の『朱熹釈奠図』では孔伋は含まれず，71人の体制が一般的であった。
40　ほかにも胡祗遹「潞州増修廟学記」(弘治『潞州志』)では至元12(1275)年に七十二賢を祀る廊廡がつくられたこと，王惲「太平県宣聖廟重建賢廊記」では至元10(1273)年に七十子の像を描いたことなどの例が確認できる。
41　南宋末の咸淳9(1273)年に，『朱熹釈奠図』を参考にして配享従祀をまとめたものが福建の建寧県学で刊刻されたという。『黄氏日抄』巻32がこれを採録しており，南宋末の建寧県学における釈奠の祭祀対象が当時の国学と同様であったことが確認できる。
42　ただし大徳年間に書かれたと思われる姚遂「襄陽廟学碑」(『元文類』巻19)によれば，当時南方では顔孟曽思を配享することは普通のことであったが，北方の学者にとっては異端であり，曽子・子思の配享をやめたとある。
43　危素「尼山大成殿四公配享記」(『説学斎稿』巻2)。また『至正集』巻43，許有任「魯斎書院記」には，皇慶2(1313)年の九儒従祀も趙世延の請に従ったことが記される。
44　例えば呉澄「建昌路廟学記」(『呉文正集』巻36)，袁桷「鄞県学興造記」(『清容居士集』巻18)などをはじめ，数多くみられる。なお袁桷「鄞県学興造記」は延祐元(1314)年の事業であり，南方においては南宋以来の配享・従祀を継続していたことがうかがえる。また北方では例えば太平府の李習「至正修学廟碑銘」(光緒『太平府志』巻37)でも同様の神位の数を確認できる。
45　欧陽玄「道州路重修濂渓書院記」(『圭斎文集』巻5)によれば，道州の濂渓書院は官学と隣接しており，両者の学生はともに官学で釈奠をおこない，書院では周敦頤の祭祀をおこなったという。
46　方回「徽州重建紫陽書院記」(程敏政『新安文献志』巻14)。
47　何夢桂「重修厳先生祠堂書院記」(『潜斎集』巻8)。
48　碑文では「郡守」とするが，『江西通志』巻46，秩官一に倶瑞州路達嚕噶斉として名がみえる。
49　王構「錦江書院記」(雍正『江西通志』巻127)。
50　程鉅夫「主一書院記」(『雪楼集』巻12)。
51　程鉅夫「青田書院記」(『雪楼集』巻12)。

52 「欽惟延祐制書，周元公以次九君子者皆従祀先聖孔子之廟，起讀而感焉」。
53 『姑蘇志』巻57。
54 虞集「西山書院記」（『道園学古録』巻７）。
55 「庸詎知，百年之後而見知遇於聖明之時也。然則公之祀，豈止食於其郷而已乎」。
56 乾隆『江南通志』巻166。
57 欧陽玄「趙忠簡公祠堂記」（『圭斎文集』巻５）。
58 李応禎「大明山西等処承宣布政使司右参政祝公墓志銘」（『呉都文粋続集』巻42）。
59 虞集「董沢書院記」（『道園学古録』巻８）。
60 欧陽玄「趙忠簡公徳全書院記」（『永楽大典』巻5345）。
61 嘉靖『衡州府志』巻２（天一閣蔵明代地方志選刊）。
62 以上は雍正『湖広通志』巻25による。なお『湖広通志』では二公祠は花光山広教寺にあるとするが，宋代には花光寺という名であった可能性が高く，鄒浩『道郷集』巻四には「謝衡州花光寺仲仁長老寄作鏡湖曹娥墨景枕屏」と題する詩がみられる。
63 劉攽は衡州に左遷されたことによって祀られたという三賢祠にすでに含まれているうえ，嘉靖『衡州府志』巻６の名宦の項にも「貶官至衡州」と記されている。一方の劉安世は，現存史料からは官歴など衡州とのかかわりを確認することができない。
64 『宋史』巻342や『東都事略』巻90に伝がある。
65 『宋史』巻62，五行志一下，水下の咸平四年二月の項に屯田員外郎に任ぜられているのが確認できる。
66 「故不特仕於此，家於此，雖一旦經行之暫，片言流詠之所寄，亦足以爲此邦重」。
67 『無錫県志』巻４下。
68 『無錫県志』巻３下，学校。
69 『宋史』巻407，楊簡伝および巻400，袁燮伝。
70 尤棟「重建五先生祠堂記」（『無錫県志』巻４下）。また『宋元学案』巻25，亀山学案。
71 『宋史』巻88，地理志四。
72 詳細は不明だが，咸淳10（1274）年に進士に登第している。
73 「必釋奠于其國之先師，無先師則與鄰國合。國有人焉，何庸取諸其鄰」。
74 「若夫廣漢大儒，非不同宗河洛，景定間已繇此而陞従祀，然猶不敢先之。繹而江西顓門之派，其師友父子視吾諸老先生之所學，……以復其位，庸詎知不見幾而作乎」。
75 「非其郷國而祭之，僭也。僭祭，非古也。……凡今日之所是正者，庶幾解逐客之嘲」。
76 記文は劉叔敬と記すのみだが，叔敬は字で姓名は劉直内である。弘治『八閩通志』巻58，祠廟，福州府，郷賢祠などを参照。ただし『八閩通志』の記述と記文で

は部分的に矛盾もみられるため，ここでは記文の記述をもとにまとめた。

77　熊禾『勿軒集』巻２。四庫全書所収『勿軒集』では一連の論駁もすべて「三山郡泮五賢祀記」に含めるが，叢書集成では論駁部分は「祀典議」として独立している。記文の性格を考えるならば叢書集成の編纂が妥当であろう。

78　熊禾とその思想については朱鴻林『孔廟従祀与郷約』(生活・読書・新知三聯書店，2015年)があり，「三山郡泮五賢祀記」についても取り上げられている。本書ではとくに郷賢に対する考え方に重点をおき，これを紹介する立場をとる。

79　『閩中理学淵源考』巻37，熊勿軒先生禾。

80　朱熹『晦菴集』巻85「六先生画像賛」。

81　「舊祠邵馬以下凡十有四人，皆從改撤。……且賢牧郷賢二祠，亦聞有所建白，若其果然，慎勿復言可也」。

82　紹興年間のことであろう。本書第二章を参照。

83　『元史』巻140，特穆爾達実伝。

84　「夫唐虞成周，固非有鄰國之可合舍夷夔周公而誰歟」。

85　「長寧軍六先生祠堂記」(『鶴山集』巻48)。また本書第四章を参照。

86　「古之釋奠于先師者，必本其學之所自出，而各自祭之，非其師弗學也，非其學弗祭也」(『文献集』巻５)。

87　「古者非其君不仕，非其師不學，非其人不友，非其大夫不見」。ただし初出は北宋の劉敞「士相見義」(『公是集』巻37)である。

88　「初不以其賢而尊事之，行其學則祭其人，示有所本」。

89　「今之道學，一出於濂洛乾淳三數大儒，此學者之先師也」。

90　「當是時，學者各自祭其先師，非其師弗學也，非其學弗祭也」。

91　『明史』巻128，宋濂伝。

92　『明史』巻139，銭唐伝。

93　『明史』巻50，礼志四。

94　例えば，洪武９(1376)年の潞州学を改修した際に書かれた孔克表「潞州廟学記」には正配・十哲・従祀群弟子・歴代先儒を祀ったとある。なおこの文章は明らかに宋濂の「孔子廟堂議」の一節を踏襲しており，それによって孔子通祀を正当化している。

95　欧陽玄「貞文書院記」(『圭斎文集』巻５)。

終章　変容する学校と地域意識

1　元から明にかけて例えば鄭元祐『僑呉集』巻11「長洲県達嚕噶斉元童君遺愛碑」，程敏政『篁墩文集』巻17「蘄水県南門浮橋記」，海瑞『備忘集』巻７，雑説，計開などにあり，また類似する表現は『明史』蔡毅中伝にもみられる。

2　北宋末から南宋初めにかけて書かれた沈与求「謝祭酒挙改官啓」(『亀谿集』巻９)に「學校乃公議所歸」とあり，また南宋中期の周必大「同年祭何誠甫司業文」

に「太學又公論所自出耶」(『文忠集』巻38)と述べたものが早い例としてあげられる。

3　黄震「更革社倉公移」(『黄氏日抄』巻74)。

4　例えば中砂明徳『中国近世の福建人——士大夫と出版人』(名古屋大学出版会, 2012年)の第一章は南宋末期の劉克荘の視点から中央政府の政治をみるが, そこでは福建士人の中央に対するコンプレックスがよく表現されている。

5　本書でも福建における儒化が唐代後半になってようやく緒についたことを述べているが, 魏晋南北朝時代を研究する川本芳昭は, 南北朝時代に辺境地域でおこなわれた漢化の影響が, 実は広大な地域のうちのごく一部にしか及んでいなかったことを指摘しており, とくに四川と福建の例をあげて検証している(川本芳昭『中華の崩壊と拡大』(講談社, 2005年)および同『東アジア古代における諸民族と国家』(汲古書院, 2015年))。これら地域は中原や長江下流域と比べても, 漢と蕃の入り混じる状態が長く続いたことが指摘されていることは注目に値する。

6　Anne Gerritsen, *Ji'an Literati and the Local in Song-Yuan-Ming China*, Leiden, 2007 など。

7　Sukhee Lee, *Negotiated Power: the State, Elites, and Local Governance in Twelfth-to Fourteenth-Century China*, Cambridge, Mass., 2014.

8　G. William Skinner, "The Structure of Chinese History." *Journal of Asian Studies* vol. 44, no. 2 (1985).

9　Robert P. Hymes and Conrad Schirokauer eds., Ordering the World: *Approaches to State and Society in Sung Dynasty China*, Berkley, 1993. におけるハイムズの序文。

10　小山正明「宋代以後の国家の農民支配」(歴史学研究会編『歴史における民族の形成』, 青木書店, 1975年)および重田徳『清代社会経済史研究』(岩波書店, 1975年)所収の諸論文。